Hören in der Primarstufe

Julia Festman, Sabrina Gerth,
Maria Mairhofer, Christine Reiter

Hören in der Primarstufe

Theorie und Praxis für Hören, Hörverstehen und Hördidaktik

Waxmann 2021
Münster · New York

Diese Publikation wird unterstützt durch

Bibliografische Informationen der Deutschen Nationalbibliothek
Die Deutsche Nationalbibliothek verzeichnet diese Publikation in der Deutschen Nationalbibliografie; detaillierte bibliografische Daten sind im Internet über http://dnb.dnb.de abrufbar.

Print-ISBN 978-3-8309-4434-8
E-Book-ISBN 978-3-8309-9434-3

Steinfurter Straße 555, 48159 Münster

www.waxmann.com
info@waxmann.com

Umschlaggestaltung: Anne Breitenbach, Münster
Umschlagbild: © Rawpixel.com – shutterstock.com
Satz: Roger Stoddart, Münster
Druck: CPI books GmbH, Leck

Gedruckt auf alterungsbeständigem Papier, säurefrei gemäß ISO 9706

Printed in Germany

Vorwort

„Im Gespräch von Mensch zu Mensch liegt der Zauber im Detail, in den mitgelieferten Begleitformationen der emotionalen Art. In der Betonung eines Wortes, in der Länge einer Pause, im zynischen oder begeisterten Unterton, in der Lautstärke, der Stille, der Monotonie liegt so viel Ausdruckskraft, die Worte allein nie erfassen können. Hörsinn ist Feinsinn!“ (Bernd Chibici, Die Lärmspirale)

Dieser von Chibici beschriebene Hörsinn als Feinsinn umfasst Hören in seiner viefältigsten Art: Hören als Zuhören, Aufhören, Mithören, aber auch Hören als Hinhören, Hineinhören und Auf-sich-hören.

Die auditive Wahrnehmung ist unverzichtbar für das schulische Lernen. Es freut mich daher sehr, dass mit dem vorliegenden Band ein Werk entstanden ist, das sich mit Hören im schulischen Kontext auseinandersetzt und praktische und didaktisch sinnvolle Übungen und Höraufgaben bietet, die neben der Erweiterung der Hörkompetenz auch das Lernen allgemein unterstützen und fördern.

Dr. Beate Palfrader
Landesrätin für Bildung, Kultur, Arbeit und Wohnen

Inhalt

1 Was bedeutet Hören(lernen)?

Wir alle kennen das: Manchmal lauschen wir ganz aufmerksam, *mit gespitzten Ohren* oder sind *ganz Ohr*. Manchmal aber hören wir nur *mit halbem Ohr* hin, haben unsere Ohren *auf Durchzug gestellt* – es geht *zu einem Ohr hinein, zum anderen hinaus*. Wir *legen uns aufs Ohr*, um auszuruhen, wenn wir müde sind und es zu viel ist. Dann können wir abschalten. Wir haben *Ohrwürmer*, wenn uns ein Lied andauernd wieder einfällt. Wir schreiben uns das, was wir nicht vergessen wollen, *hinter die Ohren*. Wir können jemandem sogar *unser Ohr leihen*. Wir halten unsere *Ohren steif* oder *lassen sie hängen*, wir *liegen anderen in den Ohren* oder können ihnen auch einen *Floh ins Ohr setzen*. Und manchmal sogar sind wir ein *Schlitzohr* und haben es dabei *faustdick hinter den Ohren*.

Hören ist sicher einer unserer wichtigsten Sinne und ein ganz besonderer: Wir hören im Schlaf, wir hören in großer Entfernung, wir hören selbst, was hinter uns oder neben uns geschieht – im Gegensatz dazu sehen wir nur, was vor uns passiert. Und als Fötus können wir bereits im Mutterleib hören.

Hören wird als multimodaler Prozess bezeichnet, bei dem das Ohr und das Gehirn die biologischen und physikalischen Voraussetzungen erfüllt. Aber Hören ist viel mehr als nur die Aufnahme dessen, was als Geräusch oder Laut an das Ohr herantritt (Geissner, 2006, S. 36). Denn die Art, wie wir hören, beeinflusst dabei, was wir tatsächlich hören (ebd., S. 37). Davon ist auch abhängig, wie viel Information gehört, also aufgenommen und verarbeitet, werden kann.

Einleitend wird es in Kapitel 2 um die biologischen und physikalischen Grundlagen des Hörens gehen. In Kapitel 3 wird die Rolle des Hörens für den Spracherwerb genauer betrachtet. Der Schulkontext steht in Kapitel 4 im Vordergrund. Hier finden sich Grundlageninformationen für die Lehrperson (sprechen, vorlesen, Hörfertigkeiten beobachten), die für das Hören, die Förderung des Hörverstehens, den Umgang mit Hörmaterial und die Aufgabengestaltung besonders relevant sind. Darüber hinaus wird ein besonderer Fokus auf die Herausforderungen im Bereich Hören für diejenigen Kinder gelegt, die Deutsch als Zweitsprache erwerben (Kapitel 4.3). In Kapitel 4.4. wird auf die Rolle des Hörens für den Schriftspracherwerb eingegangen. Die Daten aus dem Fragebogen werden in Kapitel 5 beschrieben und in die relevanten Hintergrundinformationen eingebettet und mit Empfehlungen für die Praxis ergänzt.

2 Voraussetzungen für das Hören

2.1 Biologische Voraussetzungen für das Hören

Entwicklungsbiologisch beginnt ein Kind bereits im Mutterleib zu hören (Wendlandt, 2017, S. 45). In der 6. Schwangerschaftswoche ist das Hörorgan angelegt, es reift weiter und ist ab der 16. Schwangerschaftswoche funktionsfähig (ebd.). Akustische Informationen können wahrgenommen werden wie z. B. der Herzschlag und die Stimme der Mutter. Schon ab der 22. Schwangerschaftswoche kann der Embryo auf akustische Reize reagieren: Abhängig von Art und Lautstärke dieser Reize reagiert der Embryo mit Bewegungen oder durch Änderung seiner Herzfrequenz. Besonders gut kann der Embryo allerdings tiefe Töne wahrnehmen (ebd.).

Ein Neugeborenes hat - wenn es gesund (also normal entwickelt) ist - ein voll funktionsfähiges **Hörorgan**, das aber noch nicht das Hörvermögen eines Erwachsenen besitzt. Bereits sofort nach der Geburt gelingt es dem Neugeborenen, die Stimme seiner Mutter von der anderer Personen zu unterscheiden (**auditive Diskriminierungsfähigkeit**).

Das Hörorgan besteht aus dem äußeren Ohr, dem Mittelohr und dem Innenohr. Hinzu kommen die notwendigen Anschlussstellen zur neuronalen Weiterverarbeitung **im Gehirn in den Hörzentren**. Der **Hörnerv** (auch zentrale Hörbahn genannt) leitet die aufgenommenen akustischen Reize vom Hörorgan zu den Hörzentren.

Die Hörzentren im Gehirn **entwickeln sich** ständig weiter, und damit auch das Hörvermögen des Embryos. Nach dem 2. Lebensmonat steigt auch das Interesse des Babys an der Schallquelle, z. B. ein Geräusch, Musik, eine Stimme. Ein normal hörendes Baby beginnt daher ab diesem Zeitpunkt, die Schallquelle anfangs mit den Augen und ab dem 4. Monat mit dem Kopf durch eine Drehung in Schallrichtung zu suchen. Das Zuwenden zu einem auditiven Reizort wird als **Richtungshören** oder als Lokalisation bezeichnet (Kannengieser, 2015, S. 335).

Circa nach einem Jahr sind die Entwicklung des kindlichen Gehörs und die Reifung der zentralen Hörbahnen zwischen Innenohr und Gehirn größtenteils abgeschlossen. Das Kind reagiert, auch wenn es aus 1m-Entfernung leise angesprochen wird. Gerne hört es den Gesprächen der Bezugspersonen zu. Die Umwelt mit ihren Lauten und Geräuschen kann nun aufgenommen, gespeichert und wiedergegeben werden (Wendlandt, 2017, S. 45).

Gerade die **Speicherkapazität des Gehirns** ermöglicht erst eine umfassende Repräsentation der lautlichen Wahrnehmung und ein Zuordnen von Bedeutungen und Lautentsprechungen von Wörtern. Hinzu kommt die **Leistungsfä-**

higkeit des Gehirns in Bezug auf die Verarbeitung. Nur durch ein effizientes, schnelles Analysieren des Gehörten kann auch der Inhalt von kompliziertem sprachlichem Input entschlüsselt werden (Dietrich, 2007, S. 88).

Für die Verarbeitung der wahrgenommenen Information ist ein ganzes Netzwerk im Gehirn zuständig, da verschiedene Informationen hier separat analysiert werden. Phonologische, prosodische, syntaktische und semantische Informationen, die dem Lautstrom entnommen wurden, werden vor allem in frontalen und temporalen Regionen verarbeitet.

Ein stetiger Informationsaustausch findet innerhalb der linken Hirnhälfte und zwischen beiden Hirnhälften während der Verstehensprozesse statt.

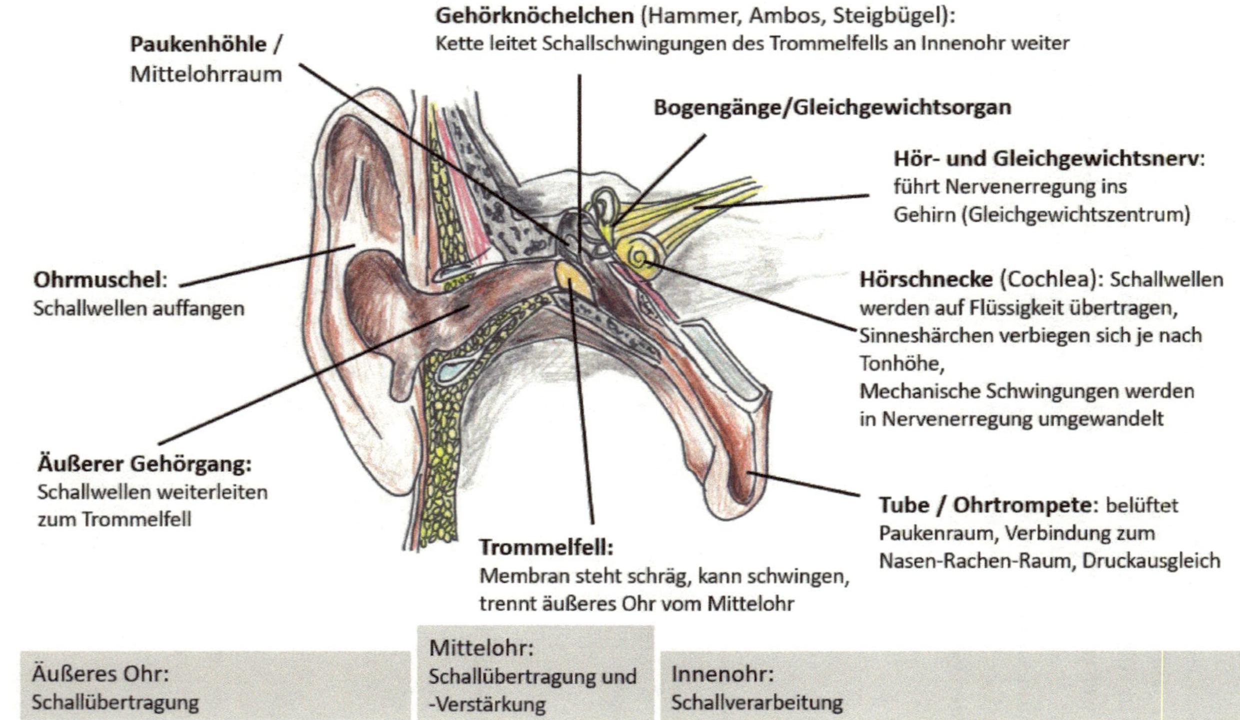

Abbildung 1: Schematischer Ablauf des Hörens im Hörorgan (Quelle: eigene Darstellung)

2.2 Wie funktioniert das Hören physikalisch?

Ein akustisches Signal erreicht als Schallwelle das menschliche Ohr. Schall ist Luftschwingung. Die Schallwelle wird durch **spezifische akustische Parameter** gekennzeichnet. Die **Amplitude** des akustischen Signals ist die Stärke des Schalldrucks und bestimmt die Wahrnehmung der Lautstärke, d.h. je größer die Amplitude, desto lauter der Ton. Die **Frequenz** des Signals ist die Geschwindigkeit der Luftschwingung und beeinflusst die wahrgenommene Tonhöhe. Töne mit hoher Frequenz werden als leiser wahrgenommen verglichen mit Tönen derselben Amplitude, die aber eine niedrigere Frequenz aufweisen (Höhle, 2012, S. 41). Mit Rhythmus werden die zeitlichen Abstände zwischen Einzelreizen verstanden, die aufeinanderfolgen. Sie haben ein bestimmtes Muster aus Dauer und Anzahl der Einzelreize.

Regelmäßige Schwingungen ergeben einen Klang, bei Geräuschen sind die Schwingungen ungleichmäßig.

Die **Ohrmuschel** nimmt Schallwellen auf und leitet diese in den Gehörgang (s. Abbildung 1 oben). Dort angekommen wird das **Trommelfell** in Schwingungen versetzt. Sie gelangen so ins Mittelohr, wo sie von den Gehörknöchelchen (Hammer, Amboss und Steigbügel) auf die Gehörschnecke übertragen werden. Über Druck wird die Luftschwingung des unteren Teils des Steigbügels auf die Gehörschnecke übertragen. In der Gehörschnecke (Cochlea) wird die dort vorhandene Flüssigkeit (Lymphe) in Wellenbewegungen übersetzt. Diese Wellenbewegungen versetzen die Membranen in Bewegung. Auf der Gehörschnecke befinden sich Haarzellen. Diese nehmen die Bewegung der Membranen auf und können die Nervenzellen reizen – so werden die Bewegungen in **elektrische Reize übertragen** (Kannengieser, 2015, S. 333).

Die Aufnahme des Schalls durch das Ohr und die Umwandlung des Schalls in neuronale Impulse wird als **körperliches, peripheres Hören** bezeichnet.

Der Hörnerv nimmt diese elektrischen Reize auf und leitet sie in die Hörzentren des Gehirns. Dort werden sie verarbeitet: Sie können dort erkannt, unterschieden und gespeichert werden. Dies fällt in die Zuständigkeit von unterschiedlichen Bereichen im Gehirn.

Will das Kind sprechen, werden vom Gehirn entsprechende Impulse an die Sprechorgane weitergeleitet, wodurch Mund, Lippen, Zunge, Kehlkopf und der Nasen-Rachen-Raum aktiviert werden (Wendlandt, 2017, S. 47).

2.3 Hören – linguistische Grundlagen

Um Sprache verstehen zu können, reicht die rein körperliche Aufnahme von Reizen über das Ohr nicht aus. Die alleinige Perzeption von akustischen Signalen erlaubt noch nicht das Verstehen und Einordnen dieser Signale. Dazu braucht es kognitive Prozesse, die auch sprachliches Wissen einschließen (Höhle, 2012, S. 40). Das körperliche (oder auch physiologische oder periphere) Hören wird von dem Begriff **auditive Wahrnehmung/Verarbeitung** getrennt (Kannengieser, 2015, S. 335). Die auditive Wahrnehmung oder auch auditive Verarbeitung ist das **„geistige" Wahrnehmen und die kortikale Verarbeitung** des Gehörten (im Gehirn). Nur aufgrund von auditiver Wahrnehmung kann sich Sprachbewusstheit entwickeln, nur so kann sich der Mensch mit Sprache auseinandersetzen, über sie nachdenken, sie verwenden (Wendlandt, 2017, S. 54–55). Babys sind schon sehr früh in der Lage, den **spezifischen Klang ihrer Erstsprache** wahrzunehmen und zu erkennen.

Um zu der geistigen Wahrnehmung und Verarbeitung des Gehörten zu gelangen, muss der sprachliche **Schallstrom** allerdings **segmentiert** werden. Dies erfolgt anhand von bestimmten akustischen Eigenschaften. Die Tatsache, dass im Deutschen Wörter oft auf der ersten Silbe betont werden, kann als Anhaltspunkt dafür dienen, wo ein Wort im Deutschen beginnt (s. Kapitel 3.3 für einen genaueren Überblick). Allerdings kommen hier einige erschwerende Bedingungen hinzu, die eine große Herausforderung für die kindliche Wahrnehmung darstellen (Höhle, 2012, S. 43–44):

- Um flüssig zu sprechen, gehen einzelne Laute ineinander über, sie werden koartikuliert. Benachbarte Laute werden durch ihre jeweiligen akustischen Eigenschaften beeinflusst (dies nennt man **Koartikulation**). Zum Beispiel beeinflussen sich der vorangehende Verschlusslaut und der folgende Vokal (vgl. /bi/ und /bu/).
- Auch **individuelle Merkmale der Sprechenden** sind physiologisch unterschiedlich: Sie unterscheiden sich in Größe und Konstellation von Stimmbändern und Artikulationstrakt und dadurch auch in Stimmhöhe und in Stimmqualität. Zwischen Kindern, Männern und Frauen gibt es systematische stimmliche Unterschiede. Es kann in Hochsprache oder in dialektaler Färbung gesprochen werden. Affektive Zustände beeinflussen die Realisierung von Sprache (z. B. Angst, Stress), aber auch situationsbedingte Störungen (am Telefon, in einem Einkaufszentrum, in der Turnhalle, bei einer Kindergeburtstagsfeier, am Flughafen etc.) beeinflussen, wie klar und deutlich Sprache produziert und dann, wie gut sie von einer anderen Person wahrgenommen werden kann. Deutlich wird, dass Babys anfangs die individuellen Realisationen von Lauten und Sprache durch ihre direkten Be-

zugspersonen wahrnehmen und davon ausgehend die sie umgebende Sprache erlernen.

Bereits mit 6 Monaten können sie **Sprachlaute unterscheiden**. Über **Betonung, Rhythmik und Sprechpausen** können sie Sätze unterscheiden. Im Alter von ca. 3 Jahren haben Kinder bereits einen rhythmischen und sprechmelodischen Zugang zur Sprache, weshalb sie gerne Fingerspiele, Sprechverse und Reime mögen. Dies zeigt auch, dass das Interesse für formalsprachliche Aspekte der Sprache steigt.

Im Alter von 4 Jahren kommt es immer wieder vor, dass Kinder die **Bedeutung von Wörtern** hinterfragen. Gerne spielen sie in dieser Zeit auch mit „Nonsenswörtern", die sie erfinden (Wendlandt, 2017, S. 54–55).

Die **phonologische Bewusstheit** im weiteren Sinne (z. B. Reime) und im engeren Sinne (z. B. Wortlängen bestimmen, Lautanalyse z. B. vom Anfangslaut eines Wortes und Lautsynthese) entwickeln sich in einem ersten großen Schub besonders in der Zeit des Kindergartens. Mit ca. 5 Jahren gelingt es Kindern, Reime zu erkennen, Wörter in Silben zu teilen und Lautgleichheit zu erkennen (Wendlandt, 2017, S. 55). Der zweite Schub ist begleitet von Erfahrungen im Kontext des Schriftspracherwerbs in der Primarstufe (s. Kapitel 4.4).

In der Sprachwissenschaft, der Linguistik, beschäftigt sich die **Phonologie** mit dem Lautverstehen, d. h. den Sprachlauten und der Erkennung von deren bedeutungsunterscheidenden Merkmalen. Zuhörer*innen müssen sich hier auf die kleinsten Details der Sprache konzentrieren. Diese kleinsten bedeutungsunterscheidenden Sprachlaute werden in der Fachsprache **Phoneme** genannt (Busch & Stenschke, 2014, S. 49f.). Phoneme sind also abstrakte Einheiten. Sie können verschiedene, tatsächlich geäußerte, phonetische lautliche Realisierungen haben (die **Phone** genannt werden) (Weinert & Grimm, 2012, S. 434).

Phoneme spielen eine große Rolle bei den sogenannten **Minimalpaaren**: „Ein Minimalpaar besteht aus zwei bedeutungsverschiedenen Wörtern einer Sprache, die sich lediglich in einem Phon unterscheiden." (Busch & Stenschke, 2014, S. 50), z. B. *Dichter – Richter* oder *lenken – schenken*. Sie haben also eine andere Bedeutung und unterscheiden sich formal nur durch ein Phonem. Kein Minimalpaar sind allerdings *Schlichter – Lichter*, da das erste Wort ein Phon mehr hat, sonst die Wörter aber identisch sind.

Um lesen und schreiben lernen zu können, müssen die **Graphem-Phonem-Korrespondenz**, die Entsprechung von Buchstabe oder Buchstabenkombination und Laut, bzw. die **Phonem-Graphem-Korrespondenz**, also die Entsprechung von Laut und Buchstabe oder Buchstabenkombination, erlernt werden.

Die deutsche Sprache ist jedoch keine rein lautgetreue Sprache, das bedeutet, dass das, was die Kinder hören, nicht exakt so verschriftlicht wird.

Hier einige Beispiele: Die Phonkombination [ks] kann als ganz unterschiedliche Graphemkombinationen realisiert werden *Fuchs* [fʊks], *Hexe* [hɛksə], *zwecks* [ʦvɛks], *Keks* [keːks], *legst* [leːkst].

Das Phon [t] kann als t, d, tt, th, oder dt im Deutschen realisiert werden (Beispiele hierfür sind *Tier* [tiːɐ̯], *Hemd* [hɛmt], *Blatt* [blat], *Methode* [meˈtoːdə], *Stadt* [ʃtat].)

3 Hören ist wichtig und zugleich schwierig

3.1 Hören als Schlüssel zum Spracherwerb

Das Hören hat eine zweifellos zentrale Rolle für den **Spracherwerb**. Der Spracherwerb kann sich nur normal entwickeln, wenn das Hörvermögen des Kindes gut ausgebildet ist. Die Grundvoraussetzungen für die Sprachentwicklung werden bereits vor der Geburt gelegt, da sich das Gehör in dieser Zeitspanne entwickelt. Seit der Geburt lernt und übt das Kind, **Geräusche** wahrzunehmen und akustischem Reizgeschehen seine Aufmerksamkeit zu widmen (auditive Aufmerksamkeit), die **Schallquelle** zu lokalisieren (auditive Lokalisation) und zu identifizieren, und verbale mit nonverbalen Signalen aufzunehmen und auch miteinander in Beziehung zu setzten. Aufgenommene Reize werden im Arbeitsspeicher kurzfristig gespeichert und Ähnliches wird voneinander unterschieden (auditive Diskrimination). Kinder können bereits in diesem Alter wichtige akustische Reize (z. B. Sprache) von **Hintergrundgeräuschen** (z. B. Straßenlärm) unterscheiden (auditive Separation) und sich auf die wichtigeren Reize konzentrieren, um diese gut wahrnehmen zu können (auditive Selektion). Bereits mit 4 Monaten zeigen Babys die Fähigkeit, Bezugspersonen von den „**Lippen zu lesen**"; sie schauen ein Gesicht wesentlich länger an, wenn Mundbewegungen und das Gehörte übereinstimmen, verglichen mit einer fehlenden Übereinstimmung (Weinert & Grimm, 2012, S. 438).

Die **zunehmende Differenzierung der Hörfähigkeit** (ca. im 7.–9. Monat) ermöglicht es dem Kind, z. B. auf Zurufe zu reagieren, leise Geräusche wahrzunehmen und Schallquellen noch besser zu erkennen. Außerdem beginnt das Kind bereits, auf bekannte Wörter zu achten und diese allmählich zu verstehen.

Den Kindern gelingen bereits Analyse und Synthese von Wahrgenommenem. Sie können z. B. einen bestimmten Ton in einem Lied analysieren; sie können auch Töne zu einem Lied kombinieren (Synthese). Akustische Reizabschnitte können also zerlegt, segmentiert und zusammengefügt werden.

Selbst nicht vollständig wahrgenommene Informationen (z. B. „Bushaltest") können vervollständigt werden (*Bushaltestelle*) (Wendlandt, 2017, S. 48). Dies wird als auditive Ergänzung bezeichnet.

Ein **gesundes Gehör** ist daher die Grundvoraussetzung für die Nachahmung von eigenen und fremden Lauten im Alter von etwa 6 Monaten. Durch das Hören erhält das Kind Anregungen und Impulse für die Entwicklung der eigenen Sprechkompetenz.

Ist das **Hörvermögen allerdings beeinträchtigt**, so kann der Sprach- und Geräuschinput nicht aufgenommen werden. Rückstände in der Entwicklung der sprachlichen Kompetenzen, aber auch Entwicklungsbehinderungen im intellektuellen, sozialen und emotionalen Bereich sind oft die Konsequenz (Wendlandt, 2017, S. 47).

Verschiedene Arten von Hörminderungen und Hörstörungen können auftreten: Manche sind vererbt, manchmal bewirken kleine Veränderungen an einzelnen Stellen der Hörorgane Fehlbildungen. Manchmal treten Funktionsstörungen an einzelnen Stellen des Hörsystems auf, wobei manche die Folge einer Erkältungskrankheit, einer Hirnhautentzündung oder von Läsionen und Traumata sind (Kannengieser, 2015, S. 347; Wendlandt, 2017, S. 47–48). Kinder können also z. B. Schwierigkeiten haben, Schallreize zu diskriminieren und zu erkennen, den Ort der Schallquelle zu lokalisieren, den Störschall zu ignorieren und somit weniger gut den Zielschall zu fokussieren, die auditive Aufmerksamkeit auf einen auditiven Stimulus zu richten, auditive Informationen zu speichern und zu sequenzieren, zu analysieren oder zu synthetisieren (Kannengieser, 2015, S. 346–347).

Welche Funktion hat das Hören für die Kinder in ihrem Alltag? Welche Funktion hat es für sie im Kindergarten? Vor der Einschulung haben die Kinder Jahre hörend zugebracht (Kommunikation, Medien wie TV und Hörspiele, Geräusche …). Dieses Hören im Alltag hat die Kinder beim Spracherwerb unterstützt, da sie den vielfältigen Input für den eigenen Spracherwerb nutzen konnten. Aus dem verbalen Input wurden Informationen herausgefiltert, die Prosodie der Sprache kennengelernt etc. Kinder haben also das Hören für sich effektiv genutzt.

3.2 Kommunikation: Familie, Kindergarten, im Alltag eines Kleinkinds

Babys suchen Nähe und Kontakt zu ihren Bezugspersonen. Sie sind soziale und **kommunikative** Wesen, die ihre Bedürfnisse – oft auch lautstark – zum Ausdruck bringen. Das **Streben nach Verständigung** bestimmt bereits die ersten Lebensmonate. Über die Körpermotorik wird nonverbal, über Laute und Schreien wird paraverbal agiert (Rickheit et al., 2007, S. 116–117).

Wie viel Kinder bereits in dieser **vorsprachlichen Phase** verstehen können, wurde lange unterschätzt (Dietrich, 2007, S. 89). Heute weiß man, dass das Kleinkind bereits bevor es selbst sprechen kann, sprachlichen Input wahrnehmen, analysieren und verarbeiten kann und sehr früh beginnt, auf sprachliche Regularitäten zu achten. All das dient dem Kind als Grundlage für die Erweiterung der sprachlichen Verstehensleistung, lange bevor es für die aktive Sprachproduktion genutzt wird.

Das Kind kann Sprache jedoch nur erwerben, wenn es auch **sprachlichen Input erhält**, der in Interaktion mit dem Kind konkret und situationsbezogen angewandt und dem Kind dadurch zugänglich gemacht wird (Dietrich, 2007, S. 88). Die Begriffe ***child-directed speech*** oder *Ammensprache* meinen ein Sprechen mit dem Kind, das sein Wahrnehmen und letztlich sein Verstehen des Schallstroms erleichtert: deutliche Aussprache und Intonation, eine besonders starke Akzentuierung von Rhythmus und Prosodie, die deutlichen Markierungen von Wortenden und Pausen erleichtern das Segmentieren des Sprachstroms und helfen beim Wiedererkennen der bereits bekannten Wörter. (Auch lieben Babys diesen akzentuierten Sprechstil.) Ein langsameres Sprechen passt sich an die Verarbeitungsgeschwindigkeit des Babys an. Kürzere Sätze reduzieren die Belastung des Arbeitsgedächtnisses und erleichtern den Fokus auf die relevanten Analyseschritte.

Die soziale Interaktion zwischen Baby und Bezugsperson ermöglicht es, die Sprache mit der Welt zu verbinden. Notwendig ist hierfür, dass Babys die kommunikativen Intentionen der Bezugspersonen verstehen lernen, die in **gemeinsamen Aufmerksamkeitsmomenten** entstehen und signalisiert werden. Dies wird als „notwendige Voraussetzung für das Verstehen sprachlicher Äußerungen“ (Rickheit et al., 2007, S. 117) gesehen.

Erst im Alter von 8 Monaten haben Babys tatsächlich **kommunikative Fähigkeiten** (z. B. um eine kommunikative Handlung auszuführen). Babys gehen zunehmend auf die dialogisch angelegten Interaktionsmuster der Bezugspersonen ein, wodurch ein Wechsel zwischen den sich Äußernden entstehen soll (das sogenannte ***turn-taking***).

Bereits im 4.–5. Monat kann ein Kind **auf seinen eigenen Namen reagieren**. Mit 12–18 Monaten kann das Kind einfache Aufforderungen befolgen (Wendlandt, 2017, S. 67).

Im Alter von ca. 6 Monaten versucht das Baby, das Gehörte (eigene und fremde Geräusche) nachzuahmen. Liegt allerdings eine Hörstörung vor, kann sich die Lautentwicklung nicht gut weiterentwickeln, da die Wahrnehmung der eigenen und fremden Lautproduktionen stark eingeschränkt ist.

Der **Dialog** ist also ein wechselseitiger Prozess von Agieren und Reagieren und schafft eine gemeinsame Erfahrungswelt, die versprachlicht wird. Die Bezugsperson weist den Gegenständen Bedeutungen zu, der Säugling erkennt Konzepte und Regeln. Wesentlich ist dieser Austausch mit einer anderen Person. Nur der reine Sprachinput (z. B. über ein Medium wie einen Fernseher) ist nicht ausreichend für einen erfolgreichen Spracherwerb (vgl. Weinert & Grimm, 2012, S. 455). Es braucht die sprachliche Auseinandersetzung mit einer anderen Person im Dialog:

- sprachlichen Input, aus dem gelernt werden kann, sprachliche Stützstrategien (wie z. B. Scaffolding und Expansionen der kindlichen Äußerungen),
- Anpassung an den sprachlichen Entwicklungsstand des Kindes (z. B. bzgl. der durchschnittlichen Länge der Äußerung),
- gezielte Wiederholungen von spezifisch besonders Interessantem,
- Momente der geteilten Aufmerksamkeit, die zu intensiven Lerngelegenheiten werden,
- und das Interesse am anderen als Kommunikationspartner und am Lernfortschritt (das oft durch Feedback signalisiert wird).

Die Interaktionen werden zunehmend von beiden Seiten, dem Kind und der Bezugsperson, gestaltet als Aktion (Äußerung, Bitte etc.) und Reaktion (entsprechende Handlung, entsprechende Äußerung etc.) (Wendlandt, 2017, S. 67). Neben der **visuellen Wahrnehmung von Aktionen ist das Hören die Grundlage der Kommunikation** – eine Kommunikationsperson agiert (z. B. spricht), der*die andere hört zu und reagiert daraufhin (und die erste Kommunikationsperson hört z. B. diese Reaktion). Jedoch beginnen Kinder erst im Alter von ca. 3 Jahren, sich in den Zuhörenden hineinzuversetzen, erst dann gelingt die **Perspektivenübernahme** (Wendlandt, 2017, S. 67).

3.3 Vom Hören zum Sprachverstehen

Zum Hören gehört im Wesentlichen zuerst eine **sensorische Empfindung** (die Wahrnehmung des Schalls) vor dem Hintergrund anderer Geräusche, anschließend eine Übersetzung der **Schallform in eine Lautentsprechung** und die Organisation des wahrgenommenen Reizes zu einer Wahrnehmungseinheit (also ein Segmentieren in Worte als Einheiten). Schließlich folgt die **Suche** nach möglicherweise abgespeicherten Lautrepräsentationen der jeweiligen Wörter und deren **Bedeutungsentsprechungen**. Erst jetzt kann die Bedeutung eines ursprünglichen Schallreizes abgerufen werden. Nur nach all diesen Schritten kann verstanden werden, was gehört (also wahrgenommen) wurde (Dietrich, 2007, S. 93; S. 211; S. 217). Hierfür braucht es das **Sprachverstehen.** Dies ist die Fähigkeit, die Bedeutung aus Wörtern und Sätzen zu entnehmen (Wendlandt, 2017, S. 60).

3.3.1 Sprachliche Laute wahrnehmen und unterscheiden

Grundlegend ist, dass Babys bereits **sprachliche von nichtsprachlichen Lauten** unterscheiden können, also wissen, worauf sie sich für das Sprachverstehen konzentrieren müssen.

Babys können jede **natürliche Sprache erlernen** und verfügen von Geburt an über diese Fähigkeit, alle denkbaren Laute verschiedener Sprachen wahrzunehmen und voneinander zu unterscheiden. Sie sind auch in der Lage, die Laute aller Sprachen zu lernen.

Sie reagieren bereits im Alter von 6 Monaten auf kleinste lautliche Unterschiede, z. B. in **ähnlich klingenden Silben** wie /ba/ und /pa/ oder /ba/ und /ga/.

Und schließlich sind sie fähig, im Schallstrom **Wortgrenzen** zu erkennen, so dass Wörter isoliert und besser wiedererkannt werden können, um sie schließlich einer Bedeutung zuzuordnen. Aber wie machen Babys das? Sie lernen, dass Wörter bestimmte **Betonungs- und Dehnungsmuster** (dies wird als **Prosodie** bezeichnet) haben, im Deutschen werden z. B. sehr viele Wörter auf der ersten Silbe betont (*Flasche, Teddy, Mama* etc.) oder eine Frage hat eine ansteigende Sprachmelodie. So können sie ableiten, dass ein neues Wort im Deutschen meist mit einer Betonung anfängt. Babys widmen beim Hören den Betonungsmustern, die für ihre Umgebungssprache typisch sind, mehr Aufmerksamkeit als den für diese untypischen. Ab einem Alter von 9 Monaten können Babys auch dann **Wortgrenzen** erkennen, wenn eine schwachbetonte Silbe am Wortanfang steht (z. B. *Karotte, Elefant*). Ab einem Alter von ca. 11 Monaten können Babys auch die untypischeren Betonungsmuster ihrer Sprache gut verarbeiten (Wendlandt, 2017, S. 60).

Auch **für die eigene Erstsprache typische Lautverbindungen** werden vom Baby deutlich registriert. Lautkombinationen wie z. B. /tk/ sind im Deutschen innerhalb eines Wortes ungewöhnlich; das Baby kann so herausfinden, dass diese beiden aufeinanderfolgenden Konsonanten wahrscheinlicher zu zwei verschiedenen Wörter gehören (z. B. *Bert kauft*). Es lernt also verstärkt ab dem 9. Monat, welche Kombinationen innerhalb eines Wortes wahrscheinlich sind und welche nur über die Silbengrenzen hinweg auftreten. Die Fähigkeit, Laute, die nicht in der eigenen Erstsprache vorkommen, zu unterscheiden, nimmt allmählich ab, denn das Baby **fokussiert nun vermehrt die Laute der „eigenen" Sprache.** Zum Beispiel lernt das Baby, dass eine deutsche Silbe nicht mit /lf/ beginnen kann, dass diese Kombination aber am Wortende möglich ist (z. B. *Golf, Wolf*). Manche Lautkombinationen sind nur am Wortanfang möglich, z. B. /fl/ wie in Flöte, Fluss, aber eben nicht am Wortende. Derartige phonotaktische Regeln (also Regeln der Lautkombination) nimmt das Baby ständig in seinem sprachlichen Input auf, filtert sie heraus, abstrahiert diese Regelmäßigkeiten, kann daraus Regeln ableiten und stellt Hypothesen dazu auf. Werden diese oft genug bestätigt, erreichen sie eine gewisse Verlässlichkeit und können vom Kind für den Spracherwerb gut benutzt werden. Dies alles geschieht implizit und unbewusst. „Der Erwerb der Sprache stellt einen stetig fortschreitenden, struktursuchenden und strukturbildenden Prozess dar“ (Weinert & Grimm, 2012, S. 436).

Babys im Alter von sechs Monaten nutzen darüber hinaus akustische Hinweise (z. B. die Längung von Lauten, die Veränderungen im Intonationsverlauf), die an den Grenzen von phonologischen Einheiten auftreten. Um die Struktur innerhalb eines Satzes zu entschlüsseln, analysieren Babys den Sprachstrom nach **Sprechpausen** und teilen die um sie und zu ihnen gesprochene Sprache in satzentsprechende Einheiten ein.

3.3.2 Bedeutungen lernen

Durch nonverbales Verhalten (z. B. **Zeigegesten, Körperhaltung, Gestik, Mimik und Blickkontakt**) wird das Verstehen von sprachlichen Äußerungen anderer unterstützt. Gerade das Zeigen auf Gegenstände und das Hinschauen auf dieses Objekt unterstützt Babys darin zu verstehen, dass Wörter sich auf einen bestimmten Aspekt der außersprachlichen Welt beziehen (Objektkognition) (Rickheit et al., 2007, S. 116). Es hilft dem Baby auch dabei, die visuelle Aufmerksamkeit auf das spezifisch gemeinte Objekt zu lenken. Die Aufmerksamkeit auf das Objekt wird von Baby und Bezugsperson in diesem Augenblick geteilt. Dieses Sich-Zuwenden und das Verfolgen eines akustischen Reizgeschehens wird als **auditive Aufmerksamkeit** bezeichnet (Kannengieser, 2015, S. 335). Es ist ein Hinhorchen, ein Lauschen, das anhaltend ist.

Um ein Wort verstehen zu können, also um einer spezifischen Aneinanderreihung von Lauten eine Bedeutung zuweisen zu können, müssen sich Babys der sogenannten Schlüsselwortstrategie bedienen. Dafür nutzen sie Wörter, die in ganz konkreten Zusammenhängen auftauchen. Zeigt die Mutter zum Beispiel auf eine Banane und sagt *„Das ist eine BANANE“*, wobei das Wort Banane besonders betont und langsam gesprochen wird, ist die Aufmerksamkeit des Kindes bereits auf dieses Wort gelegt. Hört das Kind wiederholt das Wort Banane im Zusammenhang mit dem gelben, gebogenen Gegenstand, dann verstärkt sich die anfangs nur vage Vermutung (und entsprechend ungenaue Abspeicherung) zunehmend, sie wird immer wieder bestätigt und das Kind lernt, dass genau dieser vor ihm liegende gelbe, gebogene Gegenstand Banane genannt wird. Kinder verfolgen die Strategie, dass ein neues Wort als Referent für ein gesamtes Objekt verstanden wird, nicht also nur für einen Teil oder eine Eigenschaft eines Objekts. Erst allmählich kann das Kind sich **vom einstigen Verwendungskontext (in der Küche zu Hause) lösen** und versteht das Wort *Banane* auch in Bezug auf andere Bananen, z. B. im Supermarkt.

Zentral für den lexikalischen Erwerb ist es also, spezifische Wahrnehmungsprozesse und Speicherfähigkeiten entwickelt zu haben sowie eine ausreichende Aufmerksamkeit auf relevante Gegenstände und deren Lautentsprechungen zur Verfügung zu haben (Dietrich, 2007, S. 97).

Zwischen dem 10. und 12. Monat können Kinder Wörter auch unabhängig vom Kontext verstehen und mit etwa 12 Monaten verstehen Kinder bereits ca. 50 einzelne Wörter. Das bedeutet, dass sie in den vorangegangenen Wochen circa zwei bis drei neue Wörter pro Woche gelernt haben.

Mit ca. 18 Monaten verstehen Kinder bereits 100–180 Wörter, viele davon auch ohne konkreten Bezug. Aktiv davon verwenden können sie nur ca. 50.

Mit 24 Monaten sind es bereits 200–400 Wörter, die sie lautlich präsentiert wahrnehmen und verstehen können. Mit 30 Monaten sind es 2000 Wörter. Insgesamt haben sie inzwischen auch die Bedeutung von Verben gelernt zu verstehen, so dass kurze Sätze allmählich besser entschlüsselt werden können. Nun können Babys auch Personalpronomen (*er, wir* …), Possessivpronomen (*mein, dein* ...) und Fragepronomina (*wo, wer, was*) verstehen. Mit ca. 3 Jahren verstehen sie immer besser, welche Bedeutungen Adjektive haben. Mit 3;6 Jahren wenden die Kinder die **Wortreihenfolge** in Sätzen an, um die einzelnen Informationen zu sortieren. In dieser Phase steht für sie der Akteur (das Subjekt) am Satzanfang. *Die Mutter bäckt Kuchen* kann für das Kind gut entschlüsselt werden, *den Kuchen bäckt die Mutter* jedoch nicht. Diese Satzverständnisschwierigkeiten beruhen auf der Tatsache, dass das Kasussystem noch nicht vollständig erworben wurde. Die korrekte Interpretation des Beispielsatzes gelingt ihnen erst ca. mit 5 Jahren. In dieser Phase verwenden sie zunehmend die grammatische Strategie, um Sätze zu entschlüsseln. Ihr passiver Wortschatz ist bereits stark ausgeweitet (9000–14000 Wörter).

Möglich ist dieser rasante Zuwachs an passivem Wortschatz insbesondere durch eine Strategie, die ***fast-mapping*** genannt wird. Diese schnelle, aber unvollständige Aufnahme von Laut und Bedeutungsentsprechung für einen Gegenstand beschleunigt den Aufnahme- und Abspeichervorgang (Dietrich, 2007, S. 100). Bereits fünf- bis achtmaliges Hören eines Wortes – in einem engen Zeitraum – reicht aus, dass Kinder diese Lautform-Bedeutungs-Repräsentation kurzfristig als Gedächtnisspur aufbauen. Nur durch wiederholte Begegnung mit dem rudimentär abgespeicherten Wort, seiner ganzheitlich abgespeicherten phonologischen Repräsentation und seiner Bedeutung in verschiedenen Kontexten können noch fehlende Informationen ergänzt werden, um schließlich zu einer ausdifferenzierten, vollständigen Abspeicherung zu gelangen. Bleibt die weitere Verwendung des Wortes in der kindlichen Umgebung aus, dann geht diese kurzfristige Repräsentation allerdings wieder verloren.

Mit zunehmender Entwicklung können die **ursprünglich holistisch** (also ganzheitlich) abgespeicherten phonologischen Repräsentationen von Wörtern als **immer kleinere linguistische Einheiten** abgespeichert werden. Dies ermöglicht es, sehr ähnlich klingende Wörter zu unterscheiden. Beispielsweise ist dies für die Unterscheidung von Minimalpaaren besonders wichtig. Eine genauere Segmentierung in Phoneme erlaubt es dem Kind, *Hand* und *Hund* zu unterscheiden, oder *Bus* und *Busch* (vgl. Schäfer, 2014, S. 33).

Allmählich verstehen sie auch Nebensätze (z. B. eingeleitet mit Konjunktionen wie *bevor* und *weil*), die z. B. die zeitliche Abfolge indizieren; auch Passivsätze werden zunehmend verstanden.

Schwierig bleibt es für einige Kinder, **verbale oder auch nichtverbale Kontextinformationen** zum komplexen Verstehensprozess hinzuzunehmen, da dies nur basierend auf Weltwissen möglich ist. Bei bildungsfern aufgewachsenen Kindern oder Kindern mit einem geringen Wortschatz müssen diese Verstehensprozesse ausbleiben, da die entsprechenden Verbindungen noch nicht vorhanden sind. Sie verbleiben auf der Stufe des Verstehens von direkt in der Äußerung beinhalteten Informationen. Auch das Verstehen von **nichtfigurativer Sprache** (z. B. Ironie, Metaphern) ist für Kinder ein längerer Entwicklungsprozess und reicht weit in die Schulzeit hinein.

3.3.3 Effizienz des Sprachverstehens

Die **Geschwindigkeit**, mit der einzelne Wörter erkannt und Sätze wahrgenommen, analysiert und verstanden werden können, ist enorm. Man geht davon aus, dass die Laute eines Wortes nicht nacheinander zu einem Wort „zusammengebastelt“ werden, sondern dass diese Prozesse weitaus effizienter umgesetzt werden – dass z. B. bereits während des Wahrnehmens eines Wortes die Bedeutung abgerufen werden kann.

Schwierig ist es allerdings, wenn kein Kontext mitgeliefert wird. In einem gegebenen Kontext ist es dem Menschen möglich, z. B. einzelne Phoneme innerhalb eines Wortes, die man nicht hören konnte, weil z. B. ein Rauschen, ein Husten etc. die klare Perzeption des Wortes gestört hat, zu ergänzen. Diese **Fähigkeit** der **Phonemrestauration** ist besonders ausgeprägt für Konsonanten.

Besonders herausfordernd ist es jedoch auch, wenn man gerade den **Wortanfang verpasst** hat (durch ein Störgeräusch, eine zu leise Aussprache, die Unaufmerksamkeit etc.), denn dann muss oft das ganze Wort abgewartet werden, um nach Möglichkeit den fehlenden Teil durch Kontextergänzung hinzufügen zu können. Bei geübten Hörenden ist es (insbesondere bei längeren Wörtern) ausreichend, **nur den Anfangsteil eines Wortes zu hören**, um den Rest des Wortes und dessen Bedeutung mit großer Wahrscheinlichkeit zu identifizieren (Rickheit et al., 2007, S. 93).

Die **Suche der Lautform** beginnt, sobald ein ausreichend großes Stück des akustischen Signals verarbeitet wurde (man geht von 1–2 Phonemen innerhalb von 100–150 ms aus). Die Suche läuft vergleichbar mit einem Wörterbuch pro Wort alphabetisch: Der Wortbeginn T eröffnet eine Unmenge an möglichen Wörtern, bei /ta/ ist das Wort noch immer nicht erkennbar. Alle Wörter des mentalen Lexikons, die mit /ta/ beginnen, werden aber schon einmal bereitgestellt. Hört man nun allerdings /tasch/, so wird klar, dass es nicht das Wort *Tasse* oder *Taste* ist. Diese möglichen Kandidaten werden aus der „Bereitstellung" entfernt und immer weniger Kandidaten werden bei der Lautformsuche einbezogen.

Jedes Wort hat also einen bestimmten **Worterkennungspunkt**, an welchem dem*der Zuhörenden klar wird, welches Wort gerade zu hören ist. Ganz wesentlich ist hier natürlich, dass dies nur möglich ist, wenn ein Wort bereits im Gehirn eindeutig in Lautform und Bedeutung abgespeichert ist – nur dann kann es wiedererkannt und seine Bedeutung abgerufen werden (Dietrich, 2017, S. 224). Möglich ist in unserem Beispiel immer noch, dass es das Wort Taschentuch, Taschenbier etc. ist, doch hier helfen auch der Kontext und die Satzkonstruktion.

Die zunehmende und frühzeitige **Reduzierung von möglichen Alternativen** pro gehörtem Wort ermöglichen es dem Verarbeitungssystem, besonders schnell und ressourcenschonend zu suchen, um schließlich das passende Wort auszuwählen und dessen Bedeutung abzurufen. Schwierig sind hier natürlich **Homophone** wie z. B. *Meer* und *mehr*. Diese gleichklingenden Wörter sind lautlich nicht zu unterscheiden. Hier ist die Integration im Satzkontext wesentlich.

Doch die Bedeutung von nur einem Wort innerhalb eines ganzen Satzes hilft noch nicht sehr viel. **Ein Satz kann erst dann verstanden werden, wenn der Großteil der beinhalteten Information tatsächlich entschlüsselt werden konnte** – hierzu braucht es zum einen den Abruf der Bedeutungen von Einzelwörtern, zum anderen aber auch das Aufschlüsseln der syntaktischen Struktur des Satzes (also die Beziehungen der Wortformen untereinander und die Funktionen der Wortformen) sowie die **Integration** all der im Satz vermittelten Informationen. Wortbedeutungen werden im Satzkontext herausgearbeitet, syntaktische Satzstrukturhinweise werden beachtet und außersprachliche Wahrnehmung (Kontextwissen und Weltwissen) wird hinzugezogen – und all das wird in Millisekunden-Geschwindigkeit integriert, um den Sinn eines Satzes zu ergeben (Dietrich, 2007, S. 209).

Besonders herausfordernd sind Satzkonstruktionen mit Wörtern, die dem Kind noch unbekannt sind. Die Suche nach den Wortbedeutungen kann nicht gelingen. **Komplexe Satzkonstruktionen** tragen eine zusätzliche Schwierigkeit in sich, da bei der Analyse und Integration aller erhaltenen Informationen auch die syntaktischen Relationen im Satz berücksichtigt werden müssen. Deutlich wird, dass all die Informationen, die der*die Sprechende für die Konstruktion des Satzes zur Verfügung hat, um diesen zu konstruieren (z. B. die inhaltliche Planung der Äußerung), dem*der Hörenden nicht zur Verfügung stehen. Diese*r muss alle diese Informationen erst aus dem Gehörten entnehmen. Kommt es hierbei zu Ungereimtheiten, fehlenden Entsprechungen z. B. im Bereich von Wortbedeutungen, sind häufig **Reanalysen** notwendig, in denen der*die Hörende veranlasst ist, den ganzen Satz nochmals zu überdenken, um vielleicht doch hinter des Rätsels Lösung zu kommen. Dies zieht auch ein **Zeitproblem** nach sich. Durch die nochmalige Analyse kann es gut möglich sein, dass die nachfolgenden Informationen dem*der Hörenden, dessen*deren **Konzentration bei der Reanalyse** ist, entgehen (Dietrich, 2007, S. 235).

Hören trägt zwei spezifische Herausforderungen in sich: die **Flüchtigkeit des Gehörten** (denn schon, wenn man das zweite Wort im Satz hört, ist das erste vorbei und wird üblicherweise nicht nochmal wiederholt) und die **Unmittelbarkeit der Rezeption**, die man als Hörende*r nicht steuern kann – es bleibt keine Zeit, lange über einzelne Elemente nachzudenken, Wörter oder Strukturen nachzuschlagen, denn dann würde schon viel verpasst sein von dem sprachlichen Input (Brinitzer et al., 2016, S. 25).

Hören ist also an sich eine recht anspruchsvolle Fertigkeit. Mehrere Wahrnehmungs- und kognitive Verarbeitungsprozesse laufen schnell nacheinander bzw. parallel ab. Der Schallstrom wird wahrgenommen und segmentiert, die Segmente werden in Laute übertragen, die Lautformen werden im mentalen Lexikon gesucht und falls sie vorhanden sind, in ihrer Bedeutung abgerufen. Die abgerufenen Bedeutungen müssen im Zusammenhang mit der syntaktischen Struktur des Satzes und im größeren Kontext integriert werden. Die so analysierten Inhalte müssen gespeichert werden, während parallel der weitere Verlauf der Äußerung **antizipiert** wird – es werden Hypothesen gebildet, wie ein Satz(-teil) oder Argument weiter fortgeführt werden könnte. Diese Vermutungen werden überprüft und wenn nötig verworfen (Brinitzer et al., 2016, S. 25).

3.3.4 Weitere kognitive Komponenten beim Hören

In der Psychologie geht man davon aus, dass zu jedem gegebenen Zeitpunkt immer nur eine **begrenzte Kapazität an Arbeitsleistung für kognitive Prozesse** zur Verfügung steht.

Im **Kurzzeitgedächtnis** kann man für ganz kurze Zeit (ca. 2 Sekunden lang) Informationen speichern und diese auch gleich wieder abrufen. Die Merkspanne von Zahlen wird herangezogen, um die altersentsprechende Erweiterung im Kurzzeitgedächtnis zu verdeutlichen: Zweijährige Kinder können sich zum Beispiel nur eine Zahlenspanne von zwei Zahlen merken, Fünfjährige hingegen schon die von vier Zahlen, bei Siebenjährigen gelingt das Merken von fünf Zahlen und bei Neunjährigen von sechs Zahlen. Die Zunahme der Kapazität bei Speicherung und Abruf von Informationen soll auch im Zusammenhang mit einer zunehmenden Beschleunigung der Informationsverarbeitung stehen.

Informationen, die – aufgrund der Kapazitätsbegrenzung – im **Kurzzeitgedächtnis** jedoch innerhalb dieser nicht einmal 2 Sekunden nicht bearbeitet wurden, werden nicht im Arbeitsgedächtnis behalten und in das Langzeitgedächtnis übertragen. Somit gehen sie verloren (Asano, 2018; Sodian, 2012, S. 393).

Auch das **Arbeitsgedächtnis** ist begrenzt. Insbesondere junge Kinder haben noch eine recht geringe Kapazität – verglichen mit älteren Kindern und Erwachsenen. Im Arbeitsgedächtnis werden Informationen auch bearbeitet. Um die Arbeitsgedächtnisspanne zu ergründen, werden z. B. Zahlenreihen dargeboten (z. B. *3-7-1-6-9-4*), die man sich merken soll. Die eigentliche Aufgabe ist bei der Wiedergabe der Zahlenreihe aber das gleichzeitige Sortieren der Zahlen z. B. in aufsteigender Reihenfolge (also *1-3-4-6-7-9*) oder in umgekehrter Reihenfolge (in unserem Beispiel also *4-9-6-1-7-3*) oder sortiert nach geraden und ungeraden Zahlen (*4-6* und *1-3-7-9*). Wesentlich ist z. B., dass auch die Reihenfolge von akustischen Reizen erfasst und kurzfristig gespeichert wird. Kindern im Alter von 5–6 Jahren gelingt es lediglich, ca. zwei Zahlen in korrekter Reihenfolge bei einer solchen Aufgabenstellung wiederzugeben. Mit 11 Jahren sind es bereits sechs Zahlen.

Die phonologische Schleife (*phonological loop*) ist ein von Baddeley (2000) vorgeschlagener Teil des Arbeitsgedächtnismodells. Hier werden verbale Informationen kurzfristig gespeichert und verarbeitet. Es spielt für die kognitive Entwicklung im Vorschulalter eine große Rolle. Diese phonologische Schleife besteht aus zwei Teilen: der phonologische Speicher kann auditorisch-verbale Informationen für die Dauer von 1,8 Sekunden speichern. Der artikulatorische Kontrollprozess schafft es durch eine Art „inneres Sprechen", die gerade gehörten Informationen innerlich zu wiederholen. So können diese Informationen auch länger als 1,8 Sekunden zugriffsbereit bleiben. Vielleicht erinnert das an Namen, die man zum ersten Mal hört und innerlich wiederholt, oder Telefonnummern, die man versucht sich zu merken. Wie leistungsfähig das phonologische Arbeitsgedächtnis letztendlich ist, hängt von der Funktionstüchtigkeit dieser beiden Komponenten, dem phonologischen Speicher und dem artikulatorischen Kontrollprozess, ab. Bei Kindern ist dies entwicklungsabhängig. Erst mit etwa 6 Jahren können sie auch die artikulatorischen Kontrollprozesse nutzen und kommen somit in den Genuss einer deutlichen Verbesserung ihres Informationsverarbeitungssystems (Hasselhorn & Schneider, 2012, S. 596). Und bei Kindern mit einer Lese-/Rechtschreibstörung ist die Gedächtnisspanne für akustisch präsentierte Worte, Zahlen und Kunstwörter kürzer.

Daher ist gesprochene Sprache auch anders als geschriebene, um das Arbeitsgedächtnis dennoch arbeitsfähig einzubringen. Mündlich gesprochene Sätze sind kürzer. Die Wortwahl und die Syntax sind einfacher. Es gibt mehr und längere Pausen. Mündlich Vorgetragenes ist immer wieder auch redundant. All das erleichtert die Verarbeitung des nur flüchtig, einmal Gehörten, da es das Arbeitsgedächtnis weniger strapaziert als lange, komplexe Sätze mit kompliziertem Satzbau, ungebräuchlichen Wörtern, wie es typisch ist für die geschriebene Sprache.

Eine Voraussetzung für die aktive Verarbeitung von Sinneseindrücken, u. a. von akustischen Reizen, ist die **Aufmerksamkeit**. Unter Aufmerksamkeit wird ein gelenktes Hinwenden zu einem Reiz verstanden und das Aufrechterhalten der Reizaufnahme über eine gewisse Zeitspanne. Damit die Aufmerksamkeit überhaupt auf einen Reiz gerichtet werden kann, müssen andere Reize ignoriert und ausgeblendet oder integriert werden. Erst dann ist eine Phase der erhöhten Konzentration möglich, in der sich das Kind intensiv mit dem Reiz beschäftigt. Hierfür bedarf es der Aufmerksamkeitskontrolle im Arbeitsgedächtnis. Durch diesen Mechanismus kann Aufmerksamkeit effizient auf aufgabenrelevante Informationen gelenkt werden und drängt irrelevante Informationen in den Hintergrund. Dies ist wichtig, um die begrenzten kognitiven Ressourcen bestmöglich einzusetzen.

Das Fokussieren eines auditiven Reizes wird als **auditive Selektion** bezeichnet (Kannengieser, 2015, S. 335). Babys im Alter von bis zu ca. 4 Monaten „kleben" förmlich mit ihrem Blick an Objekten, denn sie schaffen es noch nicht ohne Weiteres, sich wieder davon zu lösen. Zweijährige können zum Beispiel nur eine Art von Reiz aufnehmen – um bei einer Sache zu bleiben (z. B. mit Bauklötzen spielen), sind sie ganz vertieft bei genau dieser einen Sache; sie können noch nicht reagieren, wenn man sie während dieser Zeit z. B. anspricht. Dreijährige können schon gut zwischen zwei Reizquellen wechseln. Beispielweise gelingt es ihnen schon, beim Spielen auch einmal aufzuschauen und zuzuhören, um dann das Spiel wieder ohne große Probleme fortzusetzen (Kannengieser, 2015, S. 24).

4 Hören im Schulkontext

4.1 „Hören wird von mir sehr selten unterrichtet!“ Hören im Schulkontext – was ist anders?

Das Zitat der Stellungnahme einer Lehrperson (als Teil der Antwort auf unsere Frage 19 im Fragebogen, s. hierzu Kapitel 5) macht deutlich, dass Hören oft als gegeben vorausgesetzt wird.

Studien z.B. von Behrens et al. (2009) haben direkt die Kompetenzen von Kindern der dritten und vierten Klasse Grundschule verglichen, wenn sie einen Text lesen oder hören. Es hat sich gezeigt, dass ihre Zuhörkompetenz besser war als ihre Lesekompetenzen. Argumentiert wurde, dass Zuhören für den Spracherwerb der zentrale Sinn sei. Verglichen mit Lesen haben Kinder in diesem Alter noch einen großen Übungsvorsprung. Interessant ist besonders der Vergleich der Ergebnisse der Kinder in der dritten und vierten Klasse. Hier konnte beobachtet werden, dass es auch noch eine Steigerung der Zuhörkompetenz zur vierten Klasse gab. Für Kinder, die allerdings schon sehr gut lesen, ist die Diskrepanz zwischen dem besseren Hörverstehen und dem schlechteren Leseverstehen weniger stark ausgeprägt (Rost & Hartmann, 1992).

Deutlich wird daran, dass im Rahmen der Entwicklung in der Grundschulzeit Hörkompetenz weiterentwickelt werden kann. Klar geworden und nachvollziehbar ist auch, dass der Entwicklungsgrad der Lesefähigkeit mitentscheidet, ob ein Kind besser in der Hör- oder Lesekompetenz abschneidet. Viele Faktoren beeinflussen das Hörverstehen: Es hängt von akustischen, auditiven, kognitiven und motivationalen sowie kommunikativen Faktoren ab und keiner ist monokausal dafür verantwortlich, wie gut das Hörverstehen eines Kindes ist (Behrens & Krelle, 2014). Familiärer Kontext, Vorerfahrungen und Motivation, sich mit einem Text auseinanderzusetzen, haben einen großen Einfluss auf das Textverstehen – beim Lesen wie beim Hören (Hurrelmann et al., 1993).

Wenn man von Hören spricht und davon, **Hören im Unterricht** zu fördern, klingt dies zunächst banal, denn die meisten Kinder können augenscheinlich hören und besitzen Erfahrungen in diesem Bereich. „Über das Zuhören finden Kinder schon vor dem Schuleintritt den Zugang zur Welt des Wissens“ (Gschwend, 2014, S. 144). Doch das alltägliche Hören im Rahmen von Kommunikation unterscheidet sich doch von den Hörfertigkeiten, die im schulischen Rahmen besonders relevant sind.

- „Lernende müssen sich zuerst darin trainieren, mündlich vorgetragene Sprache zu verstehen“ (Gehring, 2018, S. 93).

- Im Alltag findet das Hören meist nicht zielgerichtet, sondern unbewusst, statt.
- Mit dem Schuleintritt stehen die Schulanfänger*innen vor der Herausforderung, **Wichtiges von Unwichtigem zu unterscheiden** und zu filtern und Hörstrategien anzubahnen und bewusst einzusetzen (s. Kapitel 4.2.7). Schüler*innen müssen entscheiden, wann es wichtig ist, genau hinzuhören, und wann akustische Signale eher ausgeblendet werden können oder sollten (s. Abb. 2 für eine stark vereinfachte schematische Darstellung).
- Für das Zuhören brauchen die Kinder **Konzentration und Aufmerksamkeit** (s. Kapitel 4.2.8) und Bereitschaft zum Zuhören, indem sie auf „Empfang" und nicht auf „Durchzug" schalten.
- Kinder müssen selbst realisieren, dass sie Wissenslücken haben, die sie durch Zuhören und neuen Informationsgewinn füllen können.
- Sie müssen Interesse an Themen und am Zuhören im Schulkontext entwickeln.
- Direkte **Handlungsaufforderungen** im familiären Rahmen, die an das einzelne Kind gerichtet waren, und deren (Nicht-)Verstehen von einer erwachsenen Person begleitet wurde, werden im Schulkontext allgemein formuliert und an alle Kinder gerichtet.
- Kinder müssen sich im Schulkontext auf das Zuhören vorbereiten und einlassen, indem sie zur Ruhe kommen, selbst im Klassensetting.
- Sie müssen ablenkende Gedanken kontrollieren.
- Von Kindern wird im schulischen Kontext erwartet, dass sie **gezielt nachfragen**, wenn sie etwas nicht verstanden haben, und dass sie zum Ausdruck bringen, ob sie Gehörtes verstanden oder nicht verstanden haben. Dies bedarf einer permanenten **Reflexion und Verbalisierung dieser Selbst-Beobachtung** (Behrens & Eriksson, 2009), und **Mut**.

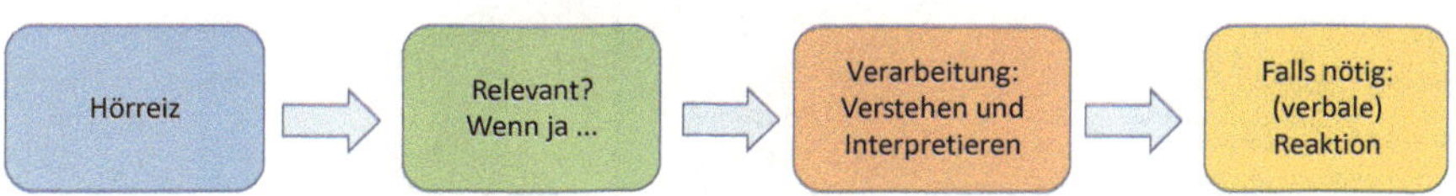

Abbildung 2: Hören und Verstehen – die Bedeutungsebene. Quelle: eigene Darstellung.

Das Hören gehört – anders als das Lesen und Schreiben (als neu in der Schule zu lernende schriftsprachliche Fertigkeiten) – zu den menschlichen Sinnen und findet bereits vor Schuleintritt alltägliche Verwendung. In der Schule sind die Schüler*innen weit mehr als die Hälfte der Unterrichtszeit mit Zuhören beschäftigt (Schlatter et al., 2016). In der Deutschdidaktik geht es daher prinzipiell um das bewusste, zielgerichtete Zuhören und damit verbunden auch das Hörverstehen (s. Kapitel 4.2.6).

Hören hat einen großen Einfluss auf das Lernen, denn in Kombination mit dem Sehen können Lernende durch das Hören bis zu 50% eines Inhaltes verinnerlichen und beibehalten (Bazhin, 2017, S. 51). Ist der auditive Wahrnehmungskanal bei Schüler*innen besonders ausgeprägt, spricht man von einem *auditiven Lerntyp*. Schüler*innen, die diesem Lerntyp angehören, profitieren vom lauten Vorlesen, von Hörbüchern und bei einigen wirkt sogar Musik lernfördernd. Bedeutsam sind hierbei auch die Stimme, die Aussprache oder die Betonung und Sprechgeschwindigkeit der Lehrperson (ebd., S. 55; s. Kapitel 4.2.1). Hören ist also generell bedeutend für das Lernen und sollte somit in der Schule aktiv gefördert werden, damit nicht nur auditive Lerntypen profitieren, sondern dieser **Wahrnehmungskanal auch für andere Schüler*innen gestärkt** wird und auch sie daraus einen Nutzen ziehen können.

Hören ist mit den anderen Kompetenzbereichen des Deutschunterrichts eng verknüpft und ist auch eine wichtige Grundlage für deren Gelingen. Da die Schüler*innen einen großen Teil der Unterrichtszeit zuhören, müssen auch das Hören und Zuhören ebenso wie das Sprechen, das Lesen und Schreiben gelernt und geübt werden. Auch im Schulkontext ist das Hören zentral für den **Aufbau der Sprachkompetenz** und damit Voraussetzung für gelingendes Lernen. Was genau ist im schulischen Kontext in Bezug auf Hörfertigkeiten wichtig und in welchen Bereichen spielt Hören eine Rolle? Abbildung 3 gibt einen ersten Überblick.

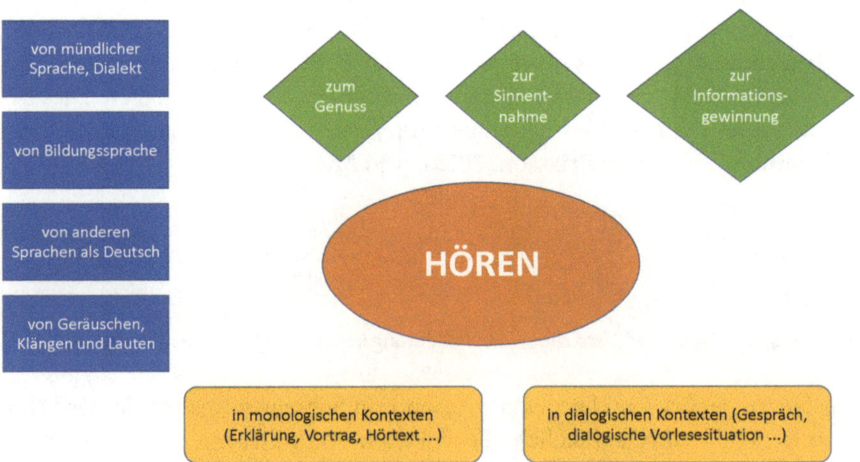

Abbildung 3: Hören im Schulkontext – Hörquellen (blau), Hörkontexte (gelb), Hörabsichten (grün). Quelle: eigene Darstellung.

Im Unterricht hören die Kinder in verschiedenen **Hörkontexten**. Sie hören monologische Äußerungen der Lehrpersonen wie beispielsweise **Organisatori-**

sches, Ermahnungen, Arbeitsaufträge oder Instruktionen (s. Kapitel 4.3.1.5). Gerade im Anfangsunterricht sind kaum Aufgabenstellungen als Text nachlesbar auf Material (z. B. im Arbeitsheft) abgedruckt, denn sehr vieles wird in dem Erstlesestadium noch mündlich formuliert. Die auditive Information als Handlungsanweisung ist also im Anfangsunterricht ganz zentral. Meist fordern diese Äußerungen ein physisches Reagieren von Seiten der Kinder, so dass die Lehrperson einen ersten Eindruck davon bekommen kann, ob der Arbeitsauftrag verstanden wurde, z. B. wenn die Hefte aus der Schultasche geholt werden sollen und die Kinder anfangen, dies auch zu tun. Doch ist das keine verlässliche Sicherung, dass tatsächlich alle Kinder die auditive Information und Handlungsanweisung wirklich verstanden haben. Viele Kinder machen vielleicht nur nach, was die anderen gerade tun, um nicht aufzufallen. Besonders wesentlich ist hierbei zu bedenken, dass Verben, die eine Arbeitsanweisung angeben, in der Sprache der Schule eine besondere Bedeutung bekommen. Diese werden **Operatoren** genannt. In der Anweisung *Malt die Kreise rot an und die Dreiecke grün* müssen die Zuordnungen von Form und Farbe erfolgen und gemerkt werden. Anmalen darf hier nicht mit Umkreisen, Durchstreichen oder neu Malen verwechselt werden.

Auch hören die Kinder, wenn die Lehrperson oder ein Kind **vorliest, einen Vortrag** hält etc. Zu den eher spontanen Hörgelegenheiten im Schulkontext zählen neben Anweisungen und erteilten Aufträgen auch Kommunikationssituationen, z. B. das Hören im Gespräch. Hören spielt ebenso eine wichtige Rolle im Dialog und Schüler*innen hören Fragen und verbale Antworten im Plenum, in Kleingruppen, im Team. Auch ist das Zuhören eine **kommunikative** Tätigkeit, bei der soziale Kompetenzen ausgebildet werden, wie etwa die Fähigkeit zum Dialog oder der Umgang mit Konflikten.

Im Schulkontext spielen mehrere **Hörabsichten** eine wesentliche Rolle. Im schulischen Kontext treten das Zuhören und das Hörverstehen in den Vordergrund. Dabei geht es um Verstehen, Interpretieren und Reflektieren von Gehörtem (Krelle, 2011, S. 20). Die Schüler*innen befinden sich in der Rolle der Zuhörenden, die ihre Aufmerksamkeit bündeln und auf das Gehörte richten müssen. Dabei sind sie gefordert, dem Gehörten Informationen zu entnehmen und den Sinn dessen zu erfassen.

Hören wird also stark im Kontext von **Informationsgewinnung** eingesetzt: Dies kann sich zum Beispiel auf Erklärungen zu einem Sachverhalt im Sachunterricht beziehen, die Einführung in ein Thema, auf eine grammatische Regel, auf alle Fachinhalte im Unterricht etc. Die Lehrperson erklärt und die Kinder filtern diese Informationen und sollen sich relevante Informationen merken. Hören Kinder anderen Kindern und der Lehrperson zu, sollen sie auch den **Sinn** dessen entnehmen lernen, was sie hören. „Hörverstehen ist eine nur im schulischen Kontext gebräuchliche Bezeichnung für das Verstehen von gehörten Texten, also ein Zuhören in monologischem Kontext“ (Gschwend, 2014, S. 147). Immer wieder wird nur ein Teil der Äußerung akustisch verstanden oder es wird nur ein Fragment produziert. Hier ist es wichtig, aus dem Wenigen, was man gehört hat, dennoch den Sinn zu entnehmen, indem man nicht Gehörtes mental ergänzt. Nicht vergessen werden sollte auch der **Hörgenuss** – angenehme Geräusche (z. B. Klangschalen), Musik, Gedichte, Hörgeschichten etc.

Unterschiedliche Hörquellen bieten den Kindern vielfältige Hörimpulse. Einfache bis sehr komplexe Erklärungen durch die Lehrperson und durch Medien im Unterricht können anstrengend sein. Gerade auch **komplexere** Erzählungen sind für das Zuhören und das Hörverstehen für Kinder aufgrund der Länge und Komplexität eine große Herausforderung. Zuhören ist schließlich eine kulturelle Tätigkeit, bei der hörästhetische Kompetenz gefragt ist – die Fähigkeit, das Gehörte zu verstehen und zu genießen (Gschwend, 2014, S. 144). Hier ist das Hören von Musik, von Gedichten, Theaterstücken, Rollenspielen etc. zentral, da hierbei mit Sprache und Stimme gespielt wird (z. B. das Sprechen wie ein Wolf, wie Rotkäppchen, wie die Großmutter oder der Förster).

Neben der Erklärung durch die Lehrperson werden Informationen auch als Hörtexte präsentiert. Die Kinder hören zum Beispiel einen Text oder einen Textausschnitt im Klassenverband an. Sehr oft schließt die Rezeption eines Hörtextes eine anschließend produktive Aufgabe mit ein, z. B. eine zusammenfassende Wiedergabe des Gehörten (Gschwend, 2014, S. 147f.).

Durch das Hören im Klassenkontext begegnen Kinder verschiedenen **Hörinhalten**. Sie begegnen neuen Wörtern und Klängen in der **Schulsprache, der Bildungssprache und anderen Sprachen**, sie hören mündlich produzierte Sätze und Satzfragmente, sie lernen verschiedene grammatische Formen auf diese Weise kennen und hören Erklärungen zu deren Verwendung, sie begegnen neuen Redewendungen und bildungssprachlichen Formulierungen (Kollokationen), und in dialektal geprägten Regionen hören sie auch die standardsprachliche Aussprache mit vollständigen Wortendungen etc.

Im Schulalltag gibt es einige im Schulkontext gehäuft auftretende **Geräusche**, wie z. B. das Geräusch, wenn Stühle verschoben werden, wenn eine Kindergruppe im Chor singt, wenn alle Kinder in die Pause stürmen, wenn sie ihre Schulsachen auspacken, ihre Schultaschen öffnen, Reißverschlüsse beim Federpennal aufmachen, im Federpennal kramen und einen bestimmten Stift suchen etc. Aber auch durch Nervosität, Unruhe und Unwohlsein sowie Angst entstehen im Schulkontext Geräusche – klickende Stifte, quietschende Stühle, wackelnde Tische etc.

4.1.1 Die Hörumgebung: Gestaltung des Klassenzimmers als hörfreundliche Umgebung

Schüler*innen stehen täglich vor der Herausforderung, eine große Anzahl an akustischen Signalen zu verarbeiten und jene herauszufiltern, die in der aktuellen Unterrichtssituation bedeutsam sind.

Die Stimme einer Lehrperson hat im Durchschnitt ungefähr 55 dB (https://alphaprof.de/2018/09/massnahmen-gegen-laerm-im-klassenzimmer/). In den meisten Klassenzimmern ist es allerdings viel zu laut. Im Durchschnitt werden selbst in **Stillarbeitsphasen** im Klassenzimmer mindestens 50dB gemessen, in **typischen Unterrichtssituationen** (z.B. im Unterrichtsgespräch oder bei der Gruppenarbeit) sind es 70–75dB, und in **Extremsituationen** kann der Lärmpegel sogar 80dB übersteigen (https://www.lehrerfreund.de/schule/1s/laermpegel-klassenzimmer/2516). Der Lärm im Klassenzimmer beeinflusst die Schüler*innen, die Lehrpersonen sowie die Konzentration, Motivation, Lernleistung und Lernerfolge.

Der **Schalldruckpegel** steigt grundsätzlich, je mehr Personen sich in einem Raum befinden und je lauter es ist. In einer Klasse ist daher bereits von einem eher hohen Lärmpegel auszugehen. Dabei ist eine der größten Schwierigkeiten, sich nicht von „Nebengeräuschen“ der vielen anderen Kinder im Raum ablenken zu lassen. Dies kann durch schwätzende Mitschüler*innen genauso verursacht werden wie z.B. durch Geräusche, die durch die Verwendung von bestimmten Materialien entstehen (Handhabung von Stiften, Federpennal oder Schultasche auf- und zumachen, Tische und Stühle rücken, Geräusche mit den Schuhen, mit Armkettchen auf die Tischoberfläche klopfen …).

Projekte wie *GanzOhr Sein* des Lehrstuhls für Grundschulpädagogik und -didaktik der LMU München (Binder et al., 2007), *Hörclubs an Grundschulen* (vgl. Bernius & Gilles, 2004) der Stiftung Zuhören, aber auch das *Projekt Ohrenspitzer* (https://www.ohrenspitzer.de/) beschäftigen sich seit einigen Jahren mit der Bedeutung und den Auswirkungen einer geräuscharmen Lernumgebung auf Lernen, Leistung, Sprach- und Wissenserwerb. Die Untersuchung *GanzOhrSein* (April 2000 bis März 2003) an 10 Grundschulen, 2 Hauptschulen und 2 Gymnasien mit 276 Schüler*innen zeigte, dass die Lautstärke in der Klasse besonders jüngere Kinder und Kinder mit nichtdeutscher Erstsprache beeinflusst. Aufgrund mangelnder Sprachkenntnisse bzw. aufgrund des Alters ist die Fähigkeit noch nicht ausgebildet, unvollständig ankommende, akustische Informationen zu kompensieren (Hagen, 2008). Hagen und Huber (2010) schlussfolgern aus dem Projekt *GanzOhrSein* aber auch, dass es wichtig ist, die Kinder selbst in die Gestaltung eines zuhörförderlichen Hörraums mit einzubeziehen. Denn die Zuhörbedingungen, Hörwahrnehmungen, zuhörförderliche und -erschwerende Faktoren werden von den Kindern ganz unterschiedlich wahrgenommen, oft auch anders als von der Lehrperson. So hat sich z. B. gezeigt, dass viele Kinder beim aufmerksamen Zuhören von dem undeutlichen und leisen Sprechen der Lehrperson gestört waren, obwohl die Lehrperson selbst der Meinung war, laut und deutlich zu sprechen.

Raumakustik sollte unbedingt hörfreundlich für die Schüler*innen gestaltet werden. Leitfäden des BMB (2017), der AUVA (2018) sowie der Deutschen Gesellschaft für **Phoniatrie und Pädaudiologie** (2019) geben Empfehlungen, wie eine gute Zuhörumgebung besonders für Schüler*innen mit auditiver Verarbeitungs- und Wahrnehmungsstörung gestaltet werden kann und welche Maßnahmen zur Lärmprävention im Kindergarten und der Grundschule wirksam sind.

Auf bauliche Veränderungen wie Soundfield-Systeme, Akustikdecken und Lautsprechersysteme, die die Sprache im ganzen Raum gleichmäßig verteilen und teils mit hohen finanziellen Kosten verbunden sind, haben Lehrpersonen oft keinen Einfluss. Jedoch tragen Teppiche und Stoffbahnen, halldämmende Vorhänge und Pflanzen sowie gefüllte Regale oder Pinnwände mit Postern und Bildern dazu bei, den Schall zu dämpfen und lange **Nachhallzeiten** zu unterbinden. Mit der Nachhallzeit ist die Zeitdauer gemeint (in Sekunden), in der ein Schallereignis, also z. B. ein Wort, nachklingt. Ist sie lang, bleiben Geräusche lange im Raum, nachfolgende Geräusche oder beim Sprechen nachfolgende Silben und Wörter werden durch die vorhergehenden überlagert (Hagen & Huber, 2010). Dadurch verschlechtert sich die Sprachverständlichkeit und der Lärmpegel steigt. „Lange Nachhallzeiten führen dazu, dass ein Geräusch auch dann noch zu hören ist, wenn die Geräuschquelle bereits versiegt ist“ (Behrens, 2010, S. 39). **Filzgleiter** an Stühlen ermöglichen ein geräuschloseres Verschieben. Bei verbalen Instruktionen sollten Fenster geschlossen bleiben, Stoßlüften statt Dauerlüften verringert den Lärm von außen.

Wichtig ist außerdem, den Schüler*innen **Störgeräusche** bewusst zu machen und diese zu mildern. Hierfür sind klare Gesprächsregeln wichtig: Melden, wenn man etwas sagen möchte; wenn eine*r spricht, hören die anderen zu; keine*r stört absichtlich den Unterricht (herumlaufen, Schmuck, Schuhgeräusche am Boden, Kippen und Tische rücken, Klettverschlüsse z. B. an Schultaschen geräuschvoll öffnen etc.).

Aber auch durch die **Gestaltung des Unterrichts** selbst leisten Lehrpersonen einen Beitrag zu einem zuhörfreundlichen Schulalltag.

- Klares Begrenzen der Zuhörzeiten erleichtert es, den Fokus auf das (Zu-)Hören zu richten und Zuhörpausen wie beispielsweise das Einbauen von „Stille-Oasen“ als Teil des Unterrichtstages bei Stillarbeit oder zu Beginn der Stunde schaffen Entspannung für das Gehör.

- Gut zu überlegen ist auch immer, **wo man als Lehrperson im Raum steht**, wenn längere Arbeitsanweisungen und Erklärungen gegeben bzw. Monologe gehalten werden. Ist man sichtbar, damit Kinder zur Unterstützung die Lippenbewegungen mitverfolgen können (s. Kapitel 4.2.1)? – „Obwohl nur etwa 15% der Laute im Deutschen an den Lippenbewegungen eindeutig erkennbar ist, werden eventuelle Verstehenslücken auch von gut hörenden Personen auf diese Weise geschlossen" (Behrens, 2010, S. 43). Steht man in akustischer Nähe zu Kindern, die ihre Schwierigkeiten beim konzentrierten Zuhören haben?
- Aus ähnlichem Grund sollte auch immer gut bedacht werden, wo technische Geräte (z.B. CD-Spieler, Tablets, Tonieboxen) im Klassenraum aufgestellt werden, wenn Kindern darüber Hörtexte vorgespielt werden. Oft stehen diese Geräte in der direkten Nähe einer Steckdose, doch diese befinden sich selten in der Raummitte. Vielleicht ist es möglich, durch **zusätzliche kleine Lautsprecher** die akustische Wiedergabe für die gesamte Klasse zu verbessern (einige Lautsprecher können z.B. über Bluetooth mit einem Handy/Tablet verbunden werden). Auch ein **Verlängerungskabel** könnte dabei helfen, die Hörquelle zentraler im Klassenzimmer zu positionieren.
- Das Reduzieren der Klassen- und Gruppengröße, beispielsweise durch den gezielten Einsatz von Zusatzlehrpersonen, das Arbeiten im „erweiterten" Klassenzimmer (Gruppenräume, vor der Klasse, Garderobe …) und Wechsel der Sozial- und Unterrichtsformen bei Unkonzentriertheit verringert den Arbeitslärm.
- Mit einer **Lärmampel** (selbst gebastelt, gekauft oder als App auf dem Handy/Tablet) bzw. einem akustischen Signal (Klangschale) in der Klasse kann den Schüler*innen Lärm bewusst gemacht bzw. visualisiert werden. Hier ist das Ziel, dass die Schüler*innen lernen, ihren Klassenlärm selbst zu kontrollieren und zu reduzieren.
- **Kopfhörer und Ohrstöpsel** in bestimmten Phasen des Unterrichts tragen zu einer Steigerung der Konzentration bei.
- Schüler*innen, die sich auch bei stillen Phasen sehr leicht ablenken lassen und sich sehr schlecht konzentrieren können, nutzen dieses Angebot meist selbstständig und steigern ihre Arbeitsleistung.

(vgl. AUVA, 2018; BMB, 2017; Deutsche Gesellschaft für Phoniatrie und Pädaudiologie, 2019)

4.1.2 Zum Zuhören verleiten und hinleiten: Rituale

Rituale sind nach einem festen Muster ablaufende Handlungen mit Symbolcharakter. Festgelegte Gesten und bestimmte verbale Informationen können sie begleiten. Schnell denkt man vielleicht an den Ablauf einer Hochzeitsfeier, doch Rituale sind nicht nur religiöser Natur. Auch im Schulkontext gibt es viele kleine Rituale, die helfen können, Struktur in den zeitlichen Ablauf und das räumliche Geschehen zu bringen. Sie geben den Schüler*innen Sicherheit. Und durch Rituale kann die Lehrperson unterstützt werden und durch sie kann ein Großteil des Unterrichtsgeschehens mitgestaltet werden.

Die **Einstimmung** und die **Vorbereitung** auf das Hörerlebnis lenken die Aufmerksamkeit auf das „Begreifen der Welt“ mit den Ohren und haben deshalb besondere Bedeutung.

- Dabei spielt die **Atmosphäre** in der Klasse für das Zuhörerlebnis eine wesentliche Rolle. Genügend Licht und gute Luft sind hierfür grundsätzlich wichtig.
- Die Raumakustik spielt eine wesentliche Rolle dafür, wie anstrengend das Hören auf Dauer ist. Hallt es im Raum sehr lange nach, gibt es eine Baustelle in der Nähe der Schule, ist es laut im Nebenraum – all das kann die Kinder sehr ablenken und ein konzentriertes Erfüllen der Höraufträge sehr schwierig machen.
- Auch die **Sitzordnung** sollte gut durchdacht sein. Am besten gibt es die Möglichkeit zum **Blickkontakt** mit der Hörquelle (Person, technisches Gerät), denn dies hilft manchen Kindern, sich auf das Zuhören einzustimmen, ihre Aufmerksamkeit darauf zu lenken oder auch ihre Aufmerksamkeit wieder dorthin zu richten, wenn sie abgeschweift sind.
- Positiv wirkt sich auch aus, wenn Schüler*innen über die eigene **Sitzposition** mitentscheiden dürfen. So können sich einige Kinder besser konzentrieren, wenn sie auf dem Boden sitzen, knien oder liegen, andere bewegen sich beim Hören mit (Hagen, 2008; Schönicke et al., 2014).
- Aufmerksamkeit und Konzentration werden manchmal leichter gesteigert, wenn der **visuelle Sinn durch das Verbinden** der Augen vorübergehend reduziert wird (Hagen, 2008). Dies kann man z. B. mithilfe von bunten, blickdichten Tüchern, im Kunstunterricht gebastelten Masken mit Malvorlagen z. B. unter https://www.kinder-malvorlagen.com/zum-ausmalen/vorlagen-masken-basteln.php, bei denen die Augen nicht ausgeschnitten werden oder mit Schlafmasken für die Augen, die man aus dem Flugzeug kennt, einfach und kinderfreundlich umsetzen.

Stille allein reicht nicht, damit Schüler*innen sich auf den akustischen Input einlassen, dem Gesagten bzw. Gehörten lauschen, sich auf ihn konzentrieren und ihm längere Zeit folgen. Gerade beim bewussten, gerichteten Hören müssen Schüler*innen unwichtige Geräusche ausblenden und gleichzeitig die gesprochene Sprache inhaltlich und formal verstehen. Wichtig ist natürlich, dass der Geräuschpegel sinkt. Wesentlich ist aber, dass Schüler*innen lernen, gerade vor einer Zuhöraufgabe wirklich zur Ruhe kommen.

- **Stille-Übungen und Entspannungsspiele** helfen den Kindern, aufnahmebereit und konzentriert zu werden. Eine Vielzahl an ganz passenden Stille-Übungen und Entspannungsspielen sind in Erkert (2011) *Inseln der Entspannung – Kinder kommen zur Ruhe mit 77 phantasievollen Entspannungsspielen* zusammengestellt. Beim Spiel „Hören wie eine Katze“ (ebd., S. 47) sitzt ein Kind mit geschlossenen Augen in der Mitte auf dem Boden und spielt eine schlafende Katze. Neben dem Kind liegt ein Wollknäuel. Ein Kind, das von der Lehrperson durch Blickkontakt und Augenzwinkern bestimmt wird, versucht – leise schleichend auf Samtpfötchen –, dieses Wollknäuel zu entwenden. Wenn es der diebischen Katze gelingt, das Wollknäuel zu entwenden, darf es als nächstes schlafende Katze sein. Macht es jedoch ein Geräusch, wacht die „Katze“ auf und zeigt mit geschlossenen Augen in die Richtung, in der es die diebische Katze vermutet. Nun darf ein anderes Kind diebische Katze spielen. Das Spiel funktioniert nur, wenn alle Kinder wirklich leise sind und auf Samtpfötchen gehen – wird dies den Kindern vermittelt, stärkt es auch die Rücksichtnahme aufeinander.

  In die Ruhe hören kann mit Kindern geübt werden, wobei alle möglichst leise sind. Dann lauschen alle Kinder zuerst den Geräuschen im Klassenzimmer (für eine Minute). Die Kinder können auch zuerst die Geräusche im Raum wahrnehmen, dann wird leise die Tür oder das Fenster geöffnet und die Geräuschkulisse verändert sich: Man kann einen Vogel hören, andere Schüler*innen im Treppenhaus, das Telefon im Sekretariat, den Hausmeister etc. Kennen die Kinder diese Stille-Übungen schon gut, kann auch ein Ruhespaziergang im Hof gemacht werden. Dabei sollten die Kinder ganz langsam gehen, um bewusst und intensiv alle Geräusche aufnehmen zu können, und nicht nur Geräusche von Schritten anderer Kinder. Nach jeder Variante der Stille-Übung können die Kinder von den wahrgenommenen Geräuschen erzählen, sie aufschreiben oder aufmalen (ebd., S. 42, 88).

  Ein Buch zur Förderung der Achtsamkeit und Entspannung für Groß und Klein gibt es von Alex Bauermeister (2020) mit dem Titel *Hände vors Herz.*

- **Klangschale:** Damit die Kinder schneller zur Ruhe kommen, wird gern eine Klangschale verwendet. Holt die Lehrperson sie aus ihrer Ecke / aus dem Regal / unter einem Tuch hervor und stellt sie gut sichtbar im Klassenraum auf (z. B. in der Mitte eines Sitzkreises, auf dem Tisch der Lehrperson), wissen die Kinder, dass sie nun ruhig werden müssen, um den Klang der Klangschale hören zu können. Mit einer leichten Berührung ertönt ein sanfter Klang. Nun wissen die Kinder, dass sie jetzt alle für einen Moment ihre Augen schließen sollen, um ganz ruhig zu werden. Ein erneuter Schlag auf die Klangschale wird als Signal verwendet, die Augen wieder zu öffnen. Nun kann die Höraufgabe beginnen.
- **Regenmacher** (oder auch Regenstab, Engl. *rain maker, rain stick*) sind ein rituelles Instrument, das aus Chile und Australien bekannt ist. In dem Bambus-Holzstab, der ca. 20–150 cm lang ist und ca. 4–10 cm Durchmesser hat, sind Kieselsteine, die gegen Holzstäbchen, Kaktusdornen oder Nägel prallen, wenn sie bewegt werden. Ein schneller Richtungswechsel (z. B. wird der Regenmacher senkrecht gehalten und um 180° gedreht) klingt wie ein heftiger Regenschauer. Verändert man die Ausgangslage des Regenmachers nur um einige wenige Grad, dann entsteht ein langsameres, ganz ruhig klirrendes Geräusch. Eine langsame Drehbewegung ohne Gradveränderung macht das Geräusch noch weicher. Die Geschwindigkeit der Bewegung verstärkt die Lautstärke der Geräusche, durch eine langsame gleichmäßige Bewegung entsteht auch ein längeres, gleichmäßiges Geräusch, denn die Kieselsteine fallen oder rutschen schnell und heftig oder langsam und sanft gegen die Holzstäbe/Dornen/Nägel im Inneren des Rohrs. Durch die verschiedenen Bewegungen kann mit Geräuscheindrücken, die beruhigend sind, mit den Kindern akustisch experimentiert werden, indem man gemeinsam eintaucht in einen mächtigen Platzregen, einen Wolkenbruch, einen prasselnden Regenschauer und in feinen Nieselregen.

Diese verschiedenen Fähigkeiten in Bezug auf das Hören müssen gezielt angebahnt und regelmäßig trainiert werden.

Insbesondere Rituale verbunden mit spezifischen Gegenständen, die zu Beginn der Zuhöreinheit für alle sichtbar platziert werden, erleichtern es den Kindern umzuschalten, sich zu konzentrieren, sich auf die folgende Höraufgabe einzulassen und geben den Schüler*innen durch ihre Wiederholung Struktur und Sicherheit. Ihr Einsatz wird meist durch die Lehrperson vorgeschlagen und erklärt und dann eingeführt und mit den Kindern geübt. Im Folgenden werden nun einige Beispiele angeführt. Bei mehrmaligem Einsatz schaffen diese Möglichkeiten eine konzentrierte, erwartungsvolle Atmosphäre in der Klasse (vgl. Claussen, 2010, S. 23–82):

- Eine **Hördecke** oder ein **Erzählteppich**, die vor der Zuhöreinheit ausgebreitet werden, symbolisieren eine Reise mit einem *fliegenden Teppich* und sind eine zusätzliche Zuhör- und Erzählhilfe. Je nach Abmachung sitzen die jeweiligen Erzählkinder nacheinander bzw. bei mehreren Erzähler*innen auch gleichzeitig auf dem Teppich und beginnen mit der Erzählung. Es bietet sich jedoch an, die Decke als Ablage für Erzählkarten bzw. Gegenstände zu nutzen, die das Verstehen der Geschichte unterstützen. In diesem Fall sitzen die Zuhörenden um den Teppich herum.
- Der Einsatz des **Erzählstuhls** beim Vortragen und Erzählen ist für Schüler*innen sehr motivierend. Erzähler*innen rücken so in den Mittelpunkt und die möglicherweise nervöse Situation des Sprechens vor der Klasse wird deutlich entspannt.
- Die Idee des **Erzählkoffers** ist, das Vorlesen einer Geschichte in Bezug zu einigen Gegenständen im Koffer wie Spielfiguren, Stofftiere, Handpuppen, Holzspielzeug usw. zu bringen. Neben der Veranschaulichung der Höreindrücke werden die Kinder im Anschluss angeregt, die Geschichte selbst nachzuerzählen. Somit fördern sie ihr Sprachgedächtnis, schulen den Wortschatz und verbessern das Sprachverständnis.
- **Erzählkisten oder Erinnerungsschachteln**, die von Schüler*innen selbst gestaltet werden, beinhalten Mitbringsel beispielsweise aus den Ferien oder vom Wochenende. Die gesammelten Gegenstände, die den Zuhörenden beim Erzählen gezeigt werden, helfen, den roten Faden beim Erzählen nicht zu verlieren.

So unterstützen Übungen, Spiele und Rituale, die das Zur-Ruhe-Kommen fördern und der Schulung der Wahrnehmung dienen (vgl. die Kapitel 5.2.2.1–5.2.2.3), auch das Zuhören. Ebenso ist es wichtig, das von den Schüler*innen erwartete Verhalten vorab zu vermitteln (Göthe, 2018). Das **Besprechen des genauen Hörauftrages** bzw. das Einhalten von genau definierten **Gesprächsregeln**, aber auch eine klare Begrenzung der Zuhörzeiten und das Einplanen von Pausen sollten in die Vorbereitung miteinbezogen werden.

Erfahrung:
Zuhörzeiten sollten klar begrenzt werden. Durch das Ankündigen einer Zuhöraufgabe wissen die Kinder, dass von ihnen erwartet wird, dass sie ruhig werden müssen und zuhören sollen. Dies kann z. B. auch durch ein akustisches Signal verdeutlicht werden. Nach dem Zuhören braucht es Phasen zur Erholung, in denen nicht zugehört werden muss.

Gerade nach Hofpausen oder auch kognitiv anspruchsvollen Einheiten helfen ritualisierte Übungen, einen entspannten Zustand herbeizuführen und ein Sammeln der Kräfte für die nächsten Zuhöraktivitäten zu erreichen. Auch der Ablauf (zweimaliges Vorspielen des Hörtextes …), der Zeitpunkt (Morgenkreis …), verwendete Symbole und Gegenstände (Glocke, Erzählstein) müssen nachvollziehbar sein.

4.2 Die Rolle der Lehrperson in Bezug auf die Entwicklung der Hörkompetenz

4.2.1 Sprachvorbild sein – die Sprache der Lehrperson als auditiver Input für die Kinder

Kommen Kinder in die Schule, ist ihre Sprachentwicklung im Normalfall im Groben abgeschlossen, durch die Unterrichtssprache kommt jedoch eine neue sprachliche Herausforderung auf sie zu. Die Lehrperson muss dabei ihre „Lehrer*insprache" an die Kompetenzen der Schüler*innen anpassen. Begleitet eine Lehrperson die Schüler*innen in ihrem individuellen Spracherwerb bewusst, auch durch den eigenen Sprachgebrauch, spricht man von einer **sprachsensiblen Herangehensweise an das Unterrichten** (Eiberger & Hildebrandt, 2013, S. 12). Besonders bei Schüler*innen, die in ihrem persönlichen Umfeld kaum Unterstützung in der Sprachentwicklung erhalten (können), müssen Lehrpersonen als Sprachvorbilder Unterstützung leisten (ebd., S. 14). Lehrpersonensprache soll „bewusst dafür eingesetzt werden, um:
- (sprachliche) Ziele des Unterrichts zu erreichen,
- den Unterrichtsprozess differenziert zu gestalten,
- individuelle Sprachanregungen zu bieten." (ebd., S. 16)

Ganz grundsätzlich sollte die Lehrperson oft **handlungsbegleitend sprechen** (s. Festman, 2021). Dadurch können Kinder bei aufeinander abgestimmten sprachlich verbalisierten Informationen mit der entsprechenden Tätigkeit die auditive mit der visuellen Information koppeln. So verstärkt sich z. B. die Verbindung von Verbbedeutungen, von Gegenständen etc. Missverständnissen kann oft vorgebeugt werden.

Ganz zentral ist auch das vorbildliche Agieren der Lehrperson, wenn es darum geht, **selbst der*die Zuhörende** zu sein. Hierbei ist wichtig, dass die Lehrperson

- sich dem Kind, das etwas äußern möchte, zuwendet,
- es direkt (motivierend) anschaut,
- sich für das Kind Zeit nimmt und ihm wirklich auch zuhört (und nicht nebenbei noch drei andere Tätigkeiten verrichtet) und
- Verstehen signalisiert (meist nonverbal, um den Redefluss des Kindes erstmal nicht zu unterbrechen).
- So fühlt sich das Kind wertgeschätzt – man hört ihm zu, seine Botschaft ist wichtig.
- Dadurch wird das Selbstwertgefühl des Kindes gestärkt – man hört mir zu, ich bin wichtig.
- Und **genau diese ungeteilte Aufmerksamkeit ist es ja, die sich Lehrpersonen von Kindern wünschen, wenn sie zuhören** sollen. **Daher ist es gut, wenn die Lehrperson selbst als gutes Beispiel vorangeht und diese Kernkriterien von gelungener Kommunikationsatmosphäre regelmäßig vorlebt**. Vielleicht gibt es Kinder, denen im Familienkontext selten Aufmerksamkeit geschenkt wurde. Das hör- und sprechsensibilisierende Grundschulprojekt *GanzOhrSein* hat bewirkt, dass sich die Kinder untereinander besser zuhörten und ausreden ließen und dass die Lehrperson ihnen besser zuhörte und weniger oft schreien musste (Hagen & Huber, 2010).

Der auditive Wahrnehmungskanal kann wirkungsvoll unterstützt werden, wenn der*die Hörende **während der Artikulation auch das Gesicht des Sprechenden sehen** kann. Die gleichzeitige Darbietung der visuellen und auditiven Information erleichtert das Identifizieren von Lauten, die Verarbeitung von Wörtern, Sätzen und längeren Passagen. Dies gilt sowohl für das Hören einer klaren Sprache als auch einer von Störgeräuschen überlagerten auditiven Information. Auditive und visuelle Wahrnehmung ergänzen und unterstützen sich (Höhle, 2012, S. 49). Man denke hier nur an

- Durchsagen auf Bahnhöfen, die durch die allgemeine Geräuschkulisse und die Lage der Lautsprecher auf den Bahngleisen meist besonders unverständlich sind,
- eine schlechte Verbindung am Telefon, so dass nur Teile der Äußerungen der Sprechenden verstanden werden können oder
- die Irritation bei der Wahrnehmung von synchronisierten Filmen (wenn die Lippenbewegungen nicht zu den Dialogen passen).

Hagen und Huber betonen (2010, S. 191), dass es einen „Zusammenhang zwischen stimmlichen Eigenschaften und der pädagogischen Effektivität" gibt. Zuhörer*innenfreundliches Sprechen ist charakterisiert durch eine Vielzahl von Aspekten (s. Tabelle 1).

Tabelle 1: Merkmale zuhörer*innenfreundlichen Sprechens (Aliakbari, 2008, S. 102f.; Eckhardt, 2017; Imhof, 2013, S. 66; Krempin & Mehler, 2017; Littwin, 2018; Müller 2012; Pabst-Weinschenk, 2007; Rösch, 2011; Spiegel, 2009; Staatsinstitut für Schulqualität und Bildungsforschung (ISB), 2016; Staatsinstitut für Schulqualität und Bildungsforschung München, 2010)

Aufmerksamkeit
Gemeinsame Aufmerksamkeit: Zwischen Sprechenden und Zuhörenden wird ein Moment/eine Situation gemeinsamer Aufmerksamkeit hergestellt (z. B. durch Rituale, s. Kapitel 4.1.2). In einer ruhigen Atmosphäre kann man auch ruhiger sprechen und die verbale Botschaft kann ungestört aufgenommen werden. Soll ein bestimmtes Kind gezielt zuhören, kann es hilfreich sein, sich diesem Kind zuzuwenden, vielleicht durch das Nennen seines Namens seine zusätzliche Aufmerksamkeit zu wecken (ohne Angst zu machen) und die Botschaft erst nach einer kurzen Sprechpause zu artikulieren. So hat das Kind Zeit, „seine Ohren zu spitzen" und genau aufzupassen und zuzuhören. Der Zuhörende schafft es dann auch leichter, dem*der Sprechenden seine ungeteilte Aufmerksamkeit zukommen zu lassen, signalisiert Interesse an der Äußerung durch Blickkontakt und meist auch durch körperliches Sich-Hinwenden zum*zur Sprechenden.
Körperliche Aspekte
Sprechausdruck und Körperhaltung: Beides beeinflusst auch, wie die verbale Botschaft aufgenommen wird – findet die sprechende Person das, worüber sie spricht, selbst auch interessant, anstrengend? Äußert jemand mit Wut in der Stimme, angespanntem Gesicht und Körper, bösem Blick und gepresster Stimme *Ich bin nicht wütend*, wird man ihm*ihr kaum glauben. Idealerweise sollten sich also die nonverbalen Signale und die sprachliche Form der Botschaft nicht widersprechen. Die multimodale und widerspruchsfreie Vermittlung der Inhalte ist also wichtig.
Herstellen und Aufrechterhalten des Blickkontakts: Dies hilft, eine Beziehung zu den Schüler*innen aufzubauen; damit wird Neugier geweckt und Aufmerksamkeit gelenkt. Eine zuhörfreundliche Sitzordnung sollte gewählt werden, bei der alle Schüler*innen Blickkontakt herstellen können (Halbkreis …). Mit dem Blickkontakt geht bei manchen ganz automatisch auch ein Öffnen der Haltung, ein nonverbales Signalisieren von *Ich hör dir jetzt zu, ich bin ganz da für dich* einher. Sind die Arme dabei aber z. B. verschränkt, wird eher eine abwehrende, distanzierte Kommunikationshaltung zum Ausdruck gebracht. Sprachunterstützendes Gestikulieren und nonverbales Erklären werden in solch einer Haltung nicht stattfinden. Eine offene Haltung ist daher für kindliche Zuhörende weitaus angebrachter.
Ruhe beim Formulieren des verbalen Inputs: Zuviel Bewegung (z. B. ständiges im Klassenzimmer Hin- und Hergehen) führt zu Verwirrung, ein Abwenden beim Schreiben an der Tafel unterbricht die Kommunikation, ein vertrautes ritualisiertes Einnehmen eines Platzes während einer Erklärung jedoch schafft Sicherheit. Die Schüler*innen wissen dann genau, was kommt bzw. dass sie aufpassen müssen.

Sprecherische Redemittel
Deutliche Artikulation: Diese soll auch im Gesicht zu erkennen sein, da Schüler*innen mit DaZ beispielsweise Laute mithilfe der Mundöffnung, Lippenspannung und Zungenposition unterscheiden lernen (Ministerium für Bildung, Wissenschaft und Kultur des Landes Schleswig-Holstein, 2018, S. 23). Schauspieler*innen wird geraten, vorne im Mundraum zu sprechen, da sich dadurch der Resonanzraum vergrößert und der Klang der Stimme voller wird. Auch wird dadurch die Mimik lebendiger. Deutlich sprechen heißt also, den Mund kräftiger zu bewegen und mehr zu öffnen und das **deutliche Aussprechen der Wortendungen**, die beim mündlichen Sprachgebrauch oft verschluckt oder unklar ausgesprochen werden.
Anpassung des Sprechtempos an die sprachlichen Bedürfnisse der Schüler*innen: Als normales Sprechtempo gilt etwa 250 Silben in der Minute zu sprechen. Sicher ist dies aber abhängig von der Situation: Wird vom letzten Wandertag erzählt, eine Grammatikregel erklärt, ein Vortrag gehalten? Diese unterschiedlichen Sprechsituationen sollten immer im Blick auf die Zuhörenden in Bezug auf das Sprechtempo gestaltet werden. **Zu langsames Sprechen** führt dazu, dass Wort- und Satzbilder einzeln wahrgenommen und der Sinn nicht erfasst wird. Von einem Wort-für-Wort-Sprechen ist dringend abgeraten, da so keine Sinnzusammenhänge entstehen können. Aber auch bei zu schnellem Sprechen können Schüler*innen überfordert sein, da ihre Aufnahmefähigkeit vielleicht nicht so hoch ist. Ein passendes Sprechtempo ermöglicht es, der auditiven Botschaft und den Sinneinheiten Gewicht zu verleihen.
Strukturieren des Sprachstroms durch Pausen in Sinneinheiten: Dies ist ein besonders wirksamer Weg zu sinngestaltendem Sprechen und Vorlesen. Das häufige, gezielte Einlegen von Redepausen bewirkt, dass die Zuhörenden Zeit haben, das Gehörte zu verarbeiten, z. B. sind Satzzeichen eine visuelle Unterstützung für Lesende, wann eine Mini-Denkpause eingelegt werden kann; dies gilt auch für die Zuhörenden, wenn diese Pause im Hörinput durch die*den Sprechende*n gemacht wird. Doch viele Satzzeichen sind syntaktischer Natur, z. B. Kennzeichnung von Haupt und Nebensatz, eingeschobener Nebensatz etc. Daher ist ein reines Achten auf Satzzeichen nicht zielführend für den Sinnzusammenhang, gerade in der Grundschule bei Leseanfänger*innen. Es klingt abgelesen, ohne dass dem Text „Leben eingehaucht" wurde. Ob das Bilden von Sinneinheiten z. B. beim Vorlesen eines Kindes geklappt hat, ist leicht herauszuhören – das Vorlesen macht den Text verständlicher, zugänglicher, einfacher zu knacken. Die **Sinneinheiten werden durch die richtige Pausensetzung in verarbeitbare Chunks eingeteilt**, die die sprachliche Analyse erleichtern, da nicht erst nach Sinneinheiten im fortlaufenden Sprachstrom gesucht werden muss. Wichtige Stellen im Satz müssen also nicht durch das bloße Lauterwerden der Stimme hervorgehoben werden – wirkungsvoller ist es, den Sprachstrom durch Pausierungen sinngestaltend einzuteilen. Einheiten am Anfang und Ende einer Äußerung sowie vor und nach deutlichen Pausen sind für die Informationsverarbeitung leichter zugänglich. (Für eine kleine Zusammenstellung von kurzen Übungen zum prosodischen Gestalten des Vorlesens, s. Littwin, 2018). Pausen beim Sprechen sind natürlich auch für die*den Sprechende*n wichtig – zum **Atmen**. Holt man nur kurz Luft, atmet flach und ist unentspannt, verändert sich schnell die Stimme. Sie wird angespannt, gepresst, leiser, und gerade bei Aufregung höher. Wichtig ist also tief in den Bauchraum zu atmen, dann kann man ruhig, kraftvoll und deutlich sprechen. Die kleinen Sprechpausen sollten also nicht mit *äh, hmmmm, halt, mh* und anderen Füllwörtern gestopft werden. Diese wirken störend.

Unterstützung des Gesagten durch stimmige, eindeutige nonverbale Signale: Sie motivieren und lenken die Aufmerksamkeit auf das Gesprochene. Mimik und Gestik dienen der Vermittlung und Absicherung von Sprachinhalten. Pantomimen erzeugen beispielsweise beim Vorlesen Spannung und helfen bei der inhaltlichen Erschließung.
Variation der Tonhöhe, Sprechtempo, Betonung (Satzakzent), Intonation (Satzmelodie) und Lautstärke: Diese Variationen lassen das Gehörte nicht monoton und langweilig, sondern lebendig und interessant wirken; ein **gepresster oder verhauchter Stimmklang** und zu schnelles Sprechen erschweren das Zuhören. Ein derartiges eintöniges Sprechen im Unterricht lässt Schüler*innen leichter ermüden – dann ist die Ablenkungsgefahr sehr groß und führt dazu, dass der auditive Input nicht ausreichend aufgenommen und somit auch nicht verstanden wird. Durch die bewusste Verwendung der Satzmelodie werden die Rezeption von Satzlänge und Aussageabsicht gleich mitgeteilt: Bei der Aussage fällt die Stimme deutlich ab, bei der Frage geht die Stimme deutlich nach oben, außer, wenn Fragewörter die Frage einleiten. Wird in einem Aussagesatz aber die Stimme nicht deutlich genug abgesenkt, entsteht ein fragender Unterton – der*die Sprechende und der Inhalt wirken unsicher. Daher sind kurze Sätze, klares Absinken am Satzende und klar gesetzte Pausen wirkungsvoll, leicht verständlich und lange interessant. So kann über eine bestimmte Zeit gut zugehört werden. Bei besonders langen Sätzen und Aufzählungen steigen viele Zuhörende aus – die Stimme bleibt zu lange in der Schwebe, man weiß nicht, wann der Satz zu Ende ist, dem*der Sprecher*in geht die Luft aus und die Zuhörenden sind von Informationen überladen. Wichtig ist daher, bestimmte Silben, Wörter oder Satzteile besonders zu **betonen**. Sie treten dadurch aus dem Sprachstrom hervor und können zur Entschlüsselung des Inhalts herangezogen werden. Wird z. B. **wörtliche Rede** überzeugend durch Stimmklangimitationen gestaltet, vereinfacht das zum einen die Analyse der Textstruktur (Sprecher*innenwechsel werden leicht nachvollziehbar, wörtliche Rede und Erzählstimme unterscheiden sich und strukturieren den Text), zum anderen die Idee, die man beim Zuhören von der Person gewinnt, die im Text beschrieben wird und in wörtlicher Rede spricht – ist sie alt und grantig, ist sie jung und fröhlich oder ängstlich? Es ist daher sinnvoll, immer auch die Gefühlslage, die im Text interpretierbar ist, mit einzubeziehen, wenn vorgelesen wird, und dies auch mit den Kindern zu thematisieren.
Sprachliche Aspekte
Vorentlastung: Inhalte von Hörtexten werden durch Schlüsselwörter, spezifische Satzstrukturen und Kommunikationsformen (im Sinne des sprachsensiblen Unterrichts) **vorentlastet** und durch ein erstes Eintauchen in den Kontext des Textes wird der Zugang zum Text von Anfang an, noch vor dem ersten Hören, erleichtert. Die Vokabelauswahl soll für DaZ-Kinder gezielt geschehen und zu viel neuer Wortschatz vermieden werden; neue sprachliche Phänomene können durch Regeln erläutert werden. Die explizite Thematisierung und verständliche Erläuterung von Fachbegriffen bzw. neuen oder schwierigen Wörter sind wesentlich für das Hörverstehen – diese sollten nicht einfach vorausgesetzt werden, da ansonsten das Arbeitsgedächtnis der Zuhörenden überlastet werden könnte.
Klare Vermittlung von Instruktionen (Anweisungen) und Aufgabenstellungen: Hierbei gut eingesetzte Betonung, gezielt eingesetzte Sprechpausen sowie unterstützende Wörter wie *erstens, zweitens, … vor allem, … besonders wichtig, …* lenken die Aufmerksamkeit der Schüler*innen auf die wichtigen Informationen.

Wiederholungen: Vielleicht sind Wiederholungen des Gesagten notwendig, weil zu viel unklar geblieben ist, nicht verstanden wurde, es zu viel oder zu schnell war. Hierbei ist abzuwägen, ob es sinnvoller ist, den möglichst exakten Wortlaut zu wiederholen oder das Gesagte umzuformulieren, wobei der Inhalt jedoch gleichbleibt. Häufiges Wiederholen führt dazu, dass Sprachmuster verinnerlicht werden. Erwiesen ist, dass Wörter, die gehäuft und wiederholt vorkommen, leichter erkannt werden als selten verwendete Wörter.
Zuhörermotivation
Zuhörersteuernde Fragen: Durch zuhörersteuernde Fragen, die Gehörtes und Verarbeitetes abrufen und zur Reflexion anregen, wird die **Zuhörermotivation** immer wieder hergestellt – die Zuhörenden fühlen sich einbezogen.
Aktivierungsphasen: Zuhörende können das Gehörte durch solche Phasen weiter aktiv verarbeiten, anwenden, umsetzen oder Nicht-Verstandenes klären.
Botschaft
Input mit maximaler Klarheit und Strukturiertheit: Wichtig ist die Vermeidung von unstrukturierten Reden und unstrukturierten Gesten, die nicht zum verbalen Text passen, denn sie können das Verständnis bei den zuhörenden Schüler*innen vermindern. Die verbalen Botschaften sind an den Normen der Schriftlichkeit orientiert – sachlogisch im Aufbau, klar und präzise, in vollständigen Sätzen. Von verschachtelten Sätzen wird abgeraten.

Hier noch ein Beispiel:
Versuchen Sie, den Satz mit verschiedenen Sprechhaltungen, mit Pausen, Mimik, Betonung und unterschiedlichen Emotionen und Intentionen zu sprechen:

Kannst du bitte das Fenster zumachen? (fröhlich, einfach eine Bitte)
Kannst **du** bitte das Fenster zumachen? (von sich ablenkend, den anderen auffordernd)
Kannst du bitte **das Fenster** zumachen? (nicht die Tür, sondern das Fenster soll geschlossen werden)
Kannst du bitte das Fenster zumachen? (Roboterstimme, genervt)
Kannst du bitte das Fenster zumachen? (mit sehr deutlichem Aufforderungscharakter und Nachdruck)
Kannst du **bitte** das Fenster zumachen? (wenn man zum dritten bis zehnten Mal diese Bitte äußert, die schon keine Bitte mehr ist ...)

4.2.2 Wenn die Lehrperson vorliest und die Kinder zuhören

Beim Vorlesen – im Gegensatz zum Selbstlesen – fallen die Anstrengungen des noch nicht gut etablierten Dekodierens weg, um einen Text zu rezipieren. Diese Entlastung des Dekodierens und der erleichterte Zugang zu den Inhalten des Textes durch das Vorgelesen-Bekommen setzen sonst blockierte Verarbeitungskapazität frei, die für intensive Verstehensleistungen genutzt werden können (Belgrad et al., 2011). Es ist also davon auszugehen, dass bei den frühen

Bemühungen des Dekodierens von Grundschüler*innen bei vielen wenig Ressourcen frei sind nach dem Dekodieren für eine vertiefte Auseinandersetzung mit dem Textinhalt. Um diese Prozesse dennoch zu üben, ist es ratsam, immer wieder auch als Lehrperson vorzulesen und die Textverstehensprozesse anzuleiten und zu begleiten.

Weitere Gründe, die für das Vorlesen durch die Lehrperson sprechen, werden im Folgenden angeführt:

- Der Eintritt in die Schule wird oft als erste Lesekrise erlebt, da die Anforderungen rasch höher werden. Durch das Vorlesen, das im Idealfall bereits in der primären Sozialisation (durch die Familie) erfolgt ist, kann das Leseinteresse aufrechterhalten werden.
- Das Vorlesen bildet eine Brücke zwischen Mündlichkeit und Schriftlichkeit, zu der die Schüler*innen in der Grundschule hingeführt werden.

Dazu ein kleiner Exkurs:

Texte werden in **medial schriftlich/mündlich und konzeptionell schriftlich/mündlich** eingeteilt. Mit medial ist dabei das Medium gemeint, welches sich einfach bestimmen lässt. Ein geschriebener Text ist medial schriftlich, ein gehörter/gesprochener Text medial mündlich. Komplexer wird es bei der Zuteilung von konzeptioneller Mündlichkeit und Schriftlichkeit. Dies betrifft die Merkmale und die Struktur eines Textes. Whatsapp-Nachrichten sind beispielsweise medial schriftlich, konzeptionell jedoch mündlich, da sie sich an der gesprochenen Sprache anlehnen. Umgekehrt ist es beim Vorlesen. Wird ein Text vorgelesen, ist er zwar medial mündlich, da er gesprochen und gehört wird, konzeptionell orientiert er sich aber an der Schriftlichkeit – so ist etwa der Satzbau strukturierter und komplexer als in der gesprochenen Sprache; auch die Wortwahl wird im geschriebenen Text meist bewusst getroffen und genauer ausgewählt als beim Sprechen. Jedoch sind nicht alle Hörtexte konzeptionell schriftlich. Es können beispielsweise Alltagsgespräche, so etwa ein Radiogespräch oder ein Dialog zwischen Verkäufer*in und Kunde*Kundin, abgespielt werden, die sich wiederum nicht nur medial, sondern auch konzeptionell an der Mündlichkeit orientieren.

- Vorlesen macht mit „elementaren Prozessen literarischen Lesens vertraut“, Kinder kommen beispielsweise in Berührung mit narrativen Mustern (Müller, 2012, S. 60). Es ist auch bereits belegt, dass Vorschulkinder sprachliche Muster der konzeptionellen Schriftlichkeit der Hörtexte in die eigenen Texte übernehmen (Müller, 2012, S. 62).

Tabelle 2: Vorlesen durch die Lehrperson – Tipps und Ablauf (in Anlehnung an Müller, 2012, S. 92f.)

Vorbereitung zu Hause	• Gezielte Textauswahl in Hinblick auf die Thematik, Interessen der Kinder und Schwierigkeit des Textes • Probelesen • Schwierigkeiten und sprachliche Hürden (Wortschatz, Grammatik) erkennen und Vorentlastungen vorbereiten (Wort-Bild-Karten, Gegenstände zur Veranschaulichung etc.) (vgl. Sprachsensibles Unterrichten, Festman, 2021) • die Stimmung der Geschichte erfassen • wörtliche Rede gezielt gestalten – verschiedene Rollen einnehmen, Stimmgestaltung überlegen und üben (hier hilft es, mit Textmarker die wörtliche Rede zu markieren. Tauchen mehrere Charaktere auf, kann pro Charakter eine Farbe verwendet werden – z. B. Rotkäppchen ROT, Großmutter GRAU, Förster GRÜN etc., um sich an die bestimmte Stimmgestaltung beim Vorlesen zu erinnern) • Textumfang bestimmen, der vorgelesen werden soll (ganzes Buch/Kapitel oder einzelne Abschnitte?)
Vorbereitung in der Klasse	• Sitzordnung (im Kreis) • Ritual zum Zuhören/Vorlesen, z. B. Erzählstuhl • Assoziationen zu Buchcover und Titel sammeln, Hypothesen bilden zum möglichen Inhalt des Textes (vgl. Dialogisches Vorlesen; Festman et al., 2020) • eventuell Zusammenfassung des bisher Gelesenen
Beim Vorlesen	• Blickkontakt herstellen • langsames Lesetempo • deutliche Artikulation • Abwechslungsreiches Sprechen (Tempo, Lautstärke) • Charaktere stimmlich markieren und ausgestalten (z. B. wörtliche Rede) • Erzähler*in-Stimme einnehmen (z. B. die Geschichte dreht sich um eine fröhliche Bäuerin, um einen gefährlichen Drachen, um eine verstaubte Bibliothek); die Erzählstimme kann schon die Atmosphäre für die Geschichte vorbereiten • es muss nicht Wort für Wort gelesen werden, die Lehrperson kann auch Erklärendes hinzufügen oder langweilige Passagen überspringen • Pausen machen, damit die Schüler*innen das Gehörte verarbeiten können • Fragen stellen zum Gehörten • die Reaktionen der Schüler*innen wahrnehmen und aufnehmen • den Fragen der Kinder Raum geben

Erfahrung:
Damit lautes Vorlesen durch die Schüler*innen selbst zu einer angenehmen Zuhörerfahrung für andere wird, ist es wichtig, nicht nur einzelne Wörter nacheinander zu erfassen, sondern auch das Lesen in Sinneinheiten zu trainieren. Texte wie *Die besonders nette Straßenbahn*, *Der blaue Autobus* oder *Henriette Bimmelbahn* (von James Krüss), die in Gedicht- und Reimform geschrieben sind, unterstützen das laute Lesen in Sinneinheiten.

4.2.3 Verschiedene Medien und Formate (z.B. CD, MP3, Hörbuch, Internet) für die Begegnung mit Höraufgaben

Wo es früher nur Fernsehen und vielleicht einen LP-Spieler oder Kassettenrekorder gab, sind heute die Möglichkeiten der Medien für Hörtexte und Höraufgaben weitaus vielfältiger.

- Viele Bücher und Lehrwerke bieten CDs im Buch an, es gibt sie aber auch separat mit Hörgeschichten und Musik.
- Noch einfacher zugänglich sind Hörgeschichten, Aufnahmen von Geräuschen oder Musik im Internet.
- Für vieles gibt es kostenfreie Hörproben (ähnlich wie der Blick ins Buch bei Büchern), manchmal steht die ganze MP3-Datei zum kostenfreien Download zur Verfügung. Diese kann dann, wird sie vor dem Unterricht heruntergeladen, auch ohne Internet in der Schule auf Handy, PC oder Tablet abgespielt werden.
- Auch Kreativ-Tonies dienen als Möglichkeit, MP3-Dateien über die Toniebox abzuspielen, wenn sie vorher hochgeladen wurden (s. Kapitel 5.2.2.14).

Für Kinder ist es interessant mitzuerleben, wie vielfältig das Angebot von Hörmedien und Hörquellen ist; sie lernen damit den Umgang mit Medien und wie sie selbst in ihrer Freizeit auf Hörquellen zurückgreifen können.

4.2.4 Hörfertigkeiten der Kinder einschätzen – Beobachtungsverfahren und Förderung

Systematische Beobachtung und Dokumentation braucht es, um den Lern- und Entwicklungstand der Schüler*innen gezielt begleiten zu können. Da Schüler*innen bis zwei Drittel der Unterrichtszeit mit Zuhören verbringen und damit auch der Lernerfolg davon abhängt, ist es umso wichtiger, die Hörfertigkeiten der Kinder richtig einzuschätzen und gezielt (individuell) zu fördern.

Regelmäßige Aufzeichnungen des Lernstandes bieten deshalb eine gute Basis für eine gezielte Förderung durch das Lehrer*innenteam in der Schule und die Möglichkeit, Eltern in die Lernprozesse Ihrer Kinder einzubeziehen.

Die organischen Hörfähigkeiten können nur durch einen Kinderarzt mittels Hörtest bestimmt werden. Hierfür sind verschiedene Hörmessungen möglich, die in den Bereich der **Phoniatrie und Pädaudiologie** fallen.

Beobachtungen und deren Interpretation im Schulkontext durch Lehrpersonen erfolgen immer indirekt über Schüler*innenäußerungen (s. Tabelle 3) und physische Reaktionen auf Arbeitsaufträge und Handlungsanweisungen, die im Klassenkontext und in Fördersituationen beobachtet werden können (s. Tabelle 4). Meist spielen hier Lese- und Schreibkompetenz oder das Weltwissen eine wesentliche, wenn nicht übergeordnete Rolle. Stellt man folgende Aufgabe *In der Geschichte heißt jemand Kokosnuss. Wer ist das?* und gibt die folgenden vier Möglichkeiten zur Auswahl als Multiple-Choice-Format: *eine Ratte, ein Kobold, ein Baum, ein Drache*, muss ein Kind, das die Reihe *Der kleine Drache Kokosnuss* bereits kennt, den Text nicht angehört haben. Sinnvoller sind folgende Fragen aus Tabelle 3 und 4: Die erste Tabelle führt einfache Fragen zur Einschätzung des Hörverständnisses an, sie fragen nach häufigen Wörtern, einfachen Satzstrukturen. Es geht um das Erfassen von einfachen inhaltlichen und sprachlichen Details und zentralen Handlungselementen. Es werden erste Vorstellungen von Handlungen und Personen entwickelt (mentales Modell). Komplexere Fragen zur Einschätzung des Hörverständnisses erfragen komplexer versprachlichte Einzelinformationen, in denen manchmal auch die Perspektiven von literarischen Figuren eingenommen werden müssen, bei denen mehrere Aspekte integriert werden müssen, die über den Text verstreut mitgeteilt werden, bei denen implizite Informationen selbst ergänzt werden müssen.

Tabelle 3: Fragen zur Einschätzung des Hörverständnisses

Aufgaben, die sich hinter den Fragen verbergen	Einige Beispielfragen
Personen identifizieren	*Wer kommt in der Geschichte außer dem Drachen noch vor?* *Wer befreit ihn?*
Ort, Situation, Personen beschreiben	*Wie ist das Wetter im Tal der Drachen?* *Wie heißt das kleine Indianermädchen?* *Wie ist sie gekleidet?*
Handlung beschreiben	*Wie verhält er sich, als er den Indianern begegnet?* *Was tut er, als er dem Häuptling begegnet?* *Wie endet die Geschichte?*
Begründen	*Warum ist der Drache diesmal so wütend?* *Weshalb hilft ihm das kleine Indianermädchen?*
Gefühle erkennen	*Wie geht es ihm, als er dem Häuptling begegnet?* *Bei welchem Satz hörst du, dass er ungeduldig ist?*
Bewerten	*Wo ist die Geschichte am spannendsten?*
Kernaussage erfassen und abgleichen	*Welcher Satz fasst die Geschichte am besten zusammen?*
Minimale Unterschiede bei Sätzen identifizieren	*Welchen Satz spricht er zu dem Indianerjungen? (4 ähnlich klingende Sätze mit kleinen Unterschieden angeben)*

Bei den Fragen in der nachfolgenden Tabelle 4 geht es vorwiegend um paraverbale Informationen, also wie gesprochen wird – der Tonfall, die Stimmlage, die Lautstärke, die Aussprache, das Sprechtempo, die Sprachmelodie und die Betonung. So soll herausgefunden werden, ob das Kind Stimmen und sprechbegleitende Geräusche erkennen und zuordnen kann, ob Emotionen einer Äußerung zugeordnet werden, ob Emotionen in einer Äußerung und anhand der Intonation erkannt werden.

Tabelle 4: Fragen nach paraverbalen Informationen

Aufgaben, die sich hinter den Fragen verbergen	Einige Beispielfragen
Fokussiert die richtige Stelle finden und dann genau zuhören; Betonung gezielt erkennen	*Achte darauf, was Mathilda in der nächsten Passage spricht und welches Wort sie besonders betont.*
Modulation der Sprachmelodie erkennen, Text im Lied erkennen	*Wie fängt das Lied an, das Mette für den kleinen Drachen singt?*
Ein Geräusch erkennen und die Handlung danach verstehen	*In der Geschichte macht es KNAX. Was passiert als nächstes?*
Eine Emotion identifizieren und dann dazu den Satz merken	*Bei welchem Satz ist die Indianergruppe aufgeregt?*
Auf Lautstärke achten und sie einstufen	*An welcher Stelle spricht Magnus besonders laut?*
In die Rolle der Person schlüpfen und anhand der Stimme und Situation eine passende Ergänzung finden	*Achte auf die Stimme des Indianermädchens, wenn sie Kokosnuss vorstellt. Was könnte sie vorhersagen?*
Geräusche und Veränderungen in der Aussprache wahrnehmen und identifizieren	*Oskar hat der Fisch geschmeckt. Bei welchem Satz hörst du das?*
Auf Aussprache achten und sie einstufen	*Achte darauf, als Oskar immer leiser spricht und dann nuschelt. Kannst du verstehen, was er sagt?*
Mehrere Situationen und Äußerungen einer Person vergleichen und eine Emotion identifizieren	*An welcher Stelle hörst du am besten, dass der Häuptling erstaunt ist?*
Auf Sprechtempo achten und es einstufen	*Das Indianermädchen sagt einen Satz ganz langsam, einen anderen ganz schnell. Was sagt sie?*

Die erfragten Bereiche (sprachliche oder paraverbal), das Alter, die Lese- oder Schreibleistung und die Sprachkenntnisse bedingen die Wahl des Beobachtungsinstruments und sind so von Erhebungsziel und von den Kindern abhängig.

Zur Ermittlung der Hörverstehenskompetenz eignen sich Multiple-Choice-Aufgaben auch dann für leseschwächere Kinder und Leseanfänger*innen, wenn ihnen Fragen und Antworten vorgelesen werden. So wird das Lesen nicht zum Hindernis bei der Beantwortung der Fragen. Fragen müssen auch so konzipiert sein, dass sie nicht allein durch Weltwissen beantwortbar sind. Fragen nach unwichtigen Details haben mehr mit der Gedächtnisleistung zu tun – sie sollen vorkommen, aber nicht ausschließlich. Aufgaben sollten unterschiedliche Anspruchsniveaus aufweisen, die an die Kompetenzbeschreibungen gekoppelt sind (Käser-Leisibach & Zingg-Stamm, 2016).

4.2.4.1 Beobachtungsbogen für den Unterricht (s. Tabelle 5, Teil 1–3)

Wie in den Einleitungskapiteln deutlich wurde, gibt es viele unterschiedliche Bereiche, die für das Hören im Schulkontext relevant sind. Als Lehrperson ist es daher wichtig, immer wieder den Blick auf die Einschätzung der Hörfertigkeiten der Kinder in der Klasse zu legen. Hierzu haben wir einen Beobachtungsbogen erstellt. Dieser Beobachtungskatalog bietet Lehrpersonen Richtlinien, welche Aspekte sie rund um das Hören in der Schule im Auge behalten sollen.

Die Hörfertigkeiten in der nachfolgenden Tabelle 5 sind in Bereiche gruppiert. Teil 1 fokussiert die auditive Grundwahrnehmung, das allgemeine Hörverhalten und die auditive Aufmerksamkeit. Teil 2 erfasst die Hörfähigkeiten etwas genauer: Richtungshören, auditive Merkfähigkeit, das Verstehen von Arbeitsaufträgen und das Verhalten in Gruppengesprächen werden eingehend beobachtet. Teil 3 soll das genaue Beobachten und Einschätzen des Hörverstehens und des Umgangs mit Hörbüchern unterstützen. Durch Beobachtung der Kinder im Hörkontext können die Sicherheit der Kinder bei einzelnen Aspekten und die Häufigkeit eines bestimmten Verhaltens eingeschätzt und mit einfachen Symbolen (+ = sicher/oft; ~ = manchmal; - = oft unsicher/häufig) im Beobachtungsbogen vermerkt werden. Im Anmerkungsfeld rechts können noch weitere genauere Beobachtungen festgehalten werden.

Tabelle 5: Beobachtungsbogen für Hörfertigkeiten – TEIL 1

Allgemeine Informationen zum Kind:

Name, Alter, Erstsprache, Beobachtungszeitraum

______________________ ___ __________ ___________________________

Kriterien	+	~	-	Anmerkungen
Auditive Grundwahrnehmung und Diskrimination				
Kann Geräusche, Töne, Sprache wahrnehmen und identifizieren				
Kann Geräusche, Laute und Wörter unterscheiden (diskriminieren), z. B. Minimalpaare				
Kann Ähnliches (Geräusche, Laute, Wörter) unterscheiden ohne visuelle Unterstützung / ohne Mundbild				
Kann Reimwörter erkennen und nachsprechen				
Kann Wichtiges von Unwichtigem unterscheiden und heraushören				
Hörverhalten				
Reagiert, wenn er*sie beim Namen gerufen wird				
Blickt beim Zuhören gerne auf die Lippenbewegungen und Hörquellen				
Blickt im Klassenraum umher, scheint abzuschweifen				
Ist leicht ablenkbar durch auditive Signale				
Fragt nach, wenn etwas nicht verstanden wurde				
Sucht aktiv nach Gelegenheit für Hörquellen (z. B. Hörspiel, Hörstift, hört bei Erzählungen gern zu etc.)				
Hört am liebsten allein mit Kopfhörer				
Arbeitet gerne mit dem Hörstift und nutzt diesen für individuelles Wiederholen des Hörinputs				
Auditive Aufmerksamkeit				
Ermüdet schnell, wird unruhig				
Hat Freude beim Zuhören				
Kann sich auf ein Hörereignis einlassen (Hörgeschichte, Hörauftrag ...)				

Notizen und weitere Beobachtungen:

Tabelle 5: Beobachtungsbogen für Hörfertigkeiten – TEIL 2

Name, Alter, Erstsprache, Beobachtungszeitraum

__________________________ ___ ______________ ____________________________________

Kriterien	+	~	-	Anmerkungen
Richtungshören				
Kann die Richtung von Hörquellen lokalisieren				
Kann die Entfernung von Hörereignissen und -quellen ungefähr einschätzen (nah/weit)				
Auditive Merkfähigkeit				
Kann kurze Sequenzen (z. B. Zahlen- oder Buchstabenfolge) speichern und korrekt wiedergeben				
Kann auch einen längeren Satz richtig nachsprechen				
Kann Gehörtes wiedererkennen und wiederholen				
Arbeitsaufträge und Instruktionen, Operatoren				
Kann kurze Arbeitsaufträge gut erfassen und ausführen				
Orientiert sich an den anderen Kindern und macht Handlung nach				
Kann auch komplexe Arbeitsaufträge gut erfassen und ausführen				
Ist sicher im Umgang mit Operatoren				
Ist für Höraufgaben motiviert				
Gruppengespräche				
Kann bei Gruppengesprächen den anderen Äußerungen folgen				
Bringt sich selbst bei Gruppengesprächen ein				
Bringt sich nur in Kleinstgruppengesprächen ein				

Notizen und weitere Beobachtungen:

Tabelle 5: Beobachtungsbogen für Hörfertigkeiten – TEIL 3

Name, Alter, Erstsprache, Beobachtungszeitraum

________________________ ___ ____________ ______________________________

Kriterien	+	~	-	Anmerkungen
Hörverstehen				
Kann einem Text / einer Geschichte aufmerksam zuhören				
Kann die Hauptinformation in einem Text erfassen				
Kann Gehörtes in eigenen Worten wiedergeben				
Kann – gelenkt durch Vorinformation – gezielt selektiv hören				
Kann Fragen zum Gehörten beantworten: Details				
Reagiert emotional auf Gehörtes (z. B. lacht, reagiert durch Mimik, Gestik)				
Versteht prosodische Signale				
Kommt gut mit Sprecherwechsel in Dialogen zurecht				
Umgang mit Hörbüchern				
Hört eine Geschichte bis zum Ende an				
Bricht das Hörbuch nach kurzer Zeit ab				
Widmet sich beim Zuhören ausschließlich dem Hören				
Sucht sich eine*n Hörpartner*in und tauscht sich aus				
Hört aus eigenem Interesse Hörbücher				
Hat ein Lieblingshörbuch / eine Lieblingsreihe				
Erzählt vom Lieblingshörbuch				
Hört gerne Hörbücher in der Erstsprache				
Empfiehlt anderen Kindern Hörbücher				
Hört sich manche Stellen wiederholt an, spult zurück				
Benutzt Wörter aus dem Hörbuch beim Sprechen				
Wählt immer wieder andere Hörbücher				

Notizen und weitere Beobachtungen:

Bei den wenigen Untersuchungen, die das Hörverstehen von Kindern mit Deutsch als Erst- und als Zweitsprache verglichen haben, hat sich gezeigt, dass anspruchsvolle Hörverständnisaufgaben beiden Gruppen gleichermaßen Schwierigkeiten bereiten (s. Eckhardt, 2017 für einen Überblick).

4.2.4.2 Weitere Beobachtungs- und Förderinstrumente

Der Rundgang durch Hörhausen: Diagnose und Förderung im Schriftspracherwerb

Rundgang durch Hörhausen (Martschinke et al., 2014) ist ein Diagnoseverfahren, konzipiert für die Schuleingangsphase, eine Durchführung am Ende der Kindergartenzeit wäre auch möglich. Ziel ist es, fehlende Voraussetzungen für den Schriftspracherwerb bei Schüler*innen der ersten Klasse sofort zu Schulbeginn zu ermitteln. Mit diesem Verfahren werden vor allem mögliche Schwächen im Bereich der Silbensegmentierung, der Silbenzusammensetzung und der Identifizierung von Endreimen, aber auch im Bereich der Phonemanalyse und der Lautsynthese sichtbar. Anweisungen der Aufgaben werden den Schüler*innen vorgesprochen, die Schüler*innen sprechen nach, arbeiten mit visuellen Hilfsmitteln bzw. bearbeiten Lese- und Schreibaufgaben für Schulanfänger*innen. Fehlende Sprachkenntnisse finden nur zum Teil Berücksichtigung.

Der darauf aufbauende zweite Band *Leichter lesen und schreiben lernen mit der Hexe Susi* (Forster et al., 2001) beinhaltet Übungen, um den Bereich der phonologischen Bewusstheit gezielt zu trainieren. Hier sind Lausch- und Reimaufgaben, Aufgaben zur Silbe, Aufgaben zur Phonem-Graphem-Korrespondenz und Aufgaben zum schnellen Lesen zu finden (Martschinke et al., 2001).

Mit Mirola durch den Zauberwald: phonologische Kompetenz, Merkfähigkeit, Sprachkompetenz, Wahrnehmung

Mit Mirola durch den Zauberwald (Hirschfeld & Lassek, 2008) ist ein strukturiertes Beobachtungsverfahren, das als Gruppenspiel für 6 bis 8 Kinder und für die Schuleingangsphase konzipiert ist. Es dient dazu, die Kompetenzen der Schulanfänger*innen in spielerischer Umgebung (in einem imaginierten Zauberwald, der durch eine Rahmengeschichte eingebunden ist und von Mirola, einer Handpuppe begleitet wird) zu erfassen. In vorgefertigten Beobachtungsbögen dokumentieren Lehrpersonen, die mit den Kindern das Spiel durchführen, den Lernstand in den Bereichen Grob- und Feinmotorik, Wahrnehmung, Merkfähigkeit, Lateralität, Sprachkompetenz, Artikulation, phonologischer und pränumerischer Kompetenz und im Bereich Arbeitsverhalten und sozialemotionalem Verhalten. Das Beobachtungsverfahren ist wie ein Stationenbetrieb aufgebaut, der großflächig zu planen ist, da z. B. auch grobmotorische Fähigkeiten eingebunden sind. Durch die Abwechslung der Aufgaben (Einzel- und Gruppenaufgaben), die Erläuterung unbekannter Begriffe durch die Lehrperson, sind auch Kinder mit Migrationshintergrund unabhängig von den Deutschkenntnissen in der Lage, mitzumachen (Hirschfeld & Lassek, 2008). Es wurde von der Universität Bremen in zahlreichen Grundschulen erprobt und evaluiert.

Ohrwärts: zuhören und literarisches Hörverstehen

Ohrwärts, eine Kompetenzerhebung mit Förderangeboten für 9- bis 10-Jährige, beinhaltet neben einer Lernstandserhebung in zwei Teilen auch ein anschließendes Förderprogramm. Hier wird das Zuhören nicht isoliert geübt, sondern erfolgt in einer Kombination mit anderen Sprachlernbereichen und Fächern. Zuhöraufgaben stehen bei diesem Programm im Zusammenhang mit dem Experimentieren von Reimen und Lauten, mit der Erweiterung des Wortschatzes, aber auch mit der Erforschung der Rechtschreibung und dem Schreiben von Texten. Bei der Durchführung der Erhebung werden der Hörtext, alle Anweisungen an die Kinder, die Fragen und auch die Auswahl der Multiple-Choice-Antworten von einer CD abgespielt. Die eigenen Ergebnisse der Kompetenzerhebung können mit Durchschnittswerten aus Versuchsklassen verglichen und somit eventuell besser eingeschätzt werden.

Das Förderangebot enthält die Themenbereiche „über das Zuhören nachdenken“, „gezielt Sprachbausteine heraushören“, „Zuhören und Verstehen“ und „zwischen den Zeilen hören“, aber auch Unterrichtseinheiten mit weiterführenden Ideen (Stamm et al., 2014).

Das Trainingsprogramm ***Hören, lauschen, lernen*** von Küspert und Schneider (2008) ist zur Vorbereitung auf den Schriftspracherwerb gedacht. Mit Vorschulkindern kann die phonologische Bewusstheit spielerisch trainiert werden. Der Trainingszeitraum umfasst 20 Wochen und ist konzipiert für Kleingruppenarbeit mit einem täglichen Training von 10 min. Es umfasst Lauschspiele, Reimübungen und Aufgaben zu Lauten und Silben.

Erfahrung:
Neben den vielfältigen standardisierten Beobachtungsverfahren spielt selbstverständlich auch die individuelle Beobachtung durch die Lehrperson selbst eine entscheidende Rolle. Gerade bei der unterschiedlichen oft unbewusst eingesetzten Verwendung von Operatoren (*Kreuze an! Du musst die richtige Antwort ankreuzen! Mach ein Kreuz! Hast du richtig angekreuzt?* usw.) kann es schon vorkommen, dass gerade jüngere Kinder oder Kinder mit anderen Erstsprachen die Aufgaben nicht richtig lösen können, da sie die Arbeitsanweisung nicht verstehen.

4.2.5 Wie die Lehrperson Hörverstehen unterstützen kann

Damit Kinder aus dem eingehenden **Lautstrom Informationen herausfiltern können, um das Gehörte überhaupt verstehen zu können, muss der Lautstrom** segmentiert werden und den so isolierten Teilen müssen **Bedeutungen** zugeordnet werden (vgl. Kapitel 3.3).

Wie können Lehrpersonen bestmögliche Voraussetzungen für das Hörverstehen im Klassenkontext schaffen? Fünf wesentliche Voraussetzungen werden im Folgenden beschrieben:

- **Zuhörmotivation:** Die Bereitschaft zuzuhören und sich mit den auditiv präsentierten Informationen auseinanderzusetzen, ist ganz grundsätzlich. Um die Zuhörmotivation der Kinder zu steigern und bei eventueller Abwehr gegen das Zuhören, können Maßnahmen eingesetzt werden, bei denen nicht sofort eine Leistungssituation im Raum steht. Dies sind beispielsweise Entspannungsübungen, die zu einer „**Entschulung der Situation**“ beitragen. Manche Kinder brauchen vielleicht auch eine Gewöhnung an und eine **Vertrautheit mit Zuhöraktivitäten** im Klassenkontext und ihnen helfen kürzere, aber **regelmäßige Zuhörzeiten und Rituale**, die auf das Zuhören einstimmen (s. Kapitel 4.1.2).
- **Auditive Aufmerksamkeit:** Eine mangelnde Zuhörfähigkeit ist häufig auf eine mangelnde Aufmerksamkeit zurückzuführen. Die **Konzentration** der Schüler*innen lässt sich etwa durch eine gute Raumakustik, eventuell durch Kopfhörer herstellen, aber zum Beispiel auch durch das Basteln von Masken, die das Sehen unterbinden, so dass sich die Schüler*innen ganz auf ihren Hörsinn fokussieren können.
- **Kognitive Muster und Hörmuster anbahnen:** Durch **Sprachwissen, Textwissen und Weltwissen** kann das Gehörte besser verstanden, gemerkt, strukturiert und interpretiert werden. Da der Umfang dieser Wissensbereiche bei den Schüler*innen der Klasse sehr unterschiedlich groß sind, ist

zu erwarten, dass auch die Höraufgaben unterschiedlich einfach zu bewältigen sind.

Nicht alle Kinder kennen bereits Märchen und wissen, dass es sich spezifisch um Märchen handelt, wenn ein Text mit *Es war einmal* anfängt. Empfehlenswert ist es daher, mit den Kindern explizit die jeweilige Textsorte zu besprechen bzw. sie auf die zu hörende Textsorte im Vorfeld gezielt vorzubereiten. Wenn Schüler*innen beispielsweise mehrere Märchen hören, bildet sich im Gehirn ein Muster, welches der Textsorte Märchen zugeordnet werden kann – so etwa der Anfang *Es war einmal* oder das *Happy End*. Hören sie weitere Märchen, können sie diese als solche erkennen.

- **Empathie einbeziehen:** Dasselbe wie für das Erkennen textsortenspezifischer Strategien gilt für die Zuordnung von Geräuschen oder das Schließen von der Sprechweise einer Figur auf deren Befindlichkeit. Sinnvoll ist es, im Klassenverband die jeweiligen Vermutungen zu besprechen und diese explizit zu erklären, um diese Interpretationen für alle Kinder gut nachvollziehbar zu machen.

  Kleine Spielsituationen, bei denen die Kinder leise, ängstlich, stark, laut, aufbrausend, wütend etc. sprechen dürfen, unterstützen die Identifikation dieser Sprechweisen.
- **Hörverstehen unterstützen:** Schwierige Begriffe können vorab erklärt werden (Vorentlastung), damit Kinder bei dem ersten Begegnen mit dem Begriff im Hörtext nicht verunsichert sind und länger bei dem Wort hängen bleiben, das sie noch nicht kennen. Rätseln die Kinder zu lange, was ein unbekanntes Wort bedeuten könnte, verpassen sie schon viel von der sich fortlaufend fortsetzenden Geschichte. Manchen Kindern helfen dabei vielleicht ein Glossar oder Bild-Wort-Karten, um schnell das gehörte neue Wort identifizieren und verstehen zu können.

  Die Lehrperson kann das Hörverstehen zudem durch weitere Informationen zu den Gegebenheiten des Hörtextes unterstützen, wie etwa die **Existenz mehrerer Handlungsstränge** oder das Vorbesprechen der im Hörtext auftauchenden Personen (vgl. Müller, 2012, S. 88ff.).

  So wird zum einen das Hörverstehen vereinfacht, zum anderen kann im Vorfeld der Begegnung mit dem Hörtext bereits eine Erwartungshaltung und Spannung aufgebaut werden, die die Hörmotivation steigert.

4.2.6 Zuhördidaktik

Didaktik im Allgemeinen meint die „Wissenschaft von der Lehre und die Kunst des Unterrichtens“ (Lehner, 2019, S. 12). **Hördidaktik** bezieht sich also auf das Unterrichten des Hörens.

Obwohl das Hörverstehen im Fremdsprachenunterricht schon seit Jahren eine zentrale Rolle einnimmt, hat der Aspekt Hören in der Deutschdidaktik erst in den letzten Jahren an Bedeutung zugenommen.

Die **Zuhördidaktik** konzentriert sich auf drei große Bereiche (Krelle, 2011, S. 51):

- **Hörästhetik**: Hörästhetik beinhaltet Hörerleben, Hörgenuss. Es geht um das Wahrnehmen von Geräuschen, Lauten oder Tönen, um Lauschen und Horchen, und auch um das Hörerleben. Oft gelingt es, dass von einem solchen Hörerlebnis starke Eindrücke bleiben; diese Erlebnisse haben innere Bewegtheit ausgelöst, das Kind ist erstaunt, fasziniert – die Eindrücke sind für das Kind bedeutsam. Es handelt sich vor allem um ungerichtetes, selbstvergessendes Hören (Ästhetik).
  Zur Steigerung der Hörsensibilität und Hörbereitschaft und um Konzentration und Aufmerksamkeitssteuerung sowie Orientierungssinn und Raumgefühl zu verbessern, werden auch zielgerichtetes und konzentriertes Hören miteinbezogen.
- **Zuhören und Hörverstehen**: Hierfür sind kognitive Verstehensleistungen nötig. Es muss ausreichend Aufmerksamkeit aufgebracht werden, um zuhören zu können. Das Gehörte muss aufgenommen und verarbeitet werden, um den Inhalt des auditiven Inputs verstehen zu können.
- **Interaktives Sprechen und Zuhören**: Dieser Bereich bezieht sich vor allem auf Gesprächsfähigkeiten. Hören ist kein losgelöster Prozess, er findet in Interaktion und meist in einem Wechselspiel mit dem Sprechen statt.

4.2.7 Hörstrategien

Bei den Hörstrategien (Gehring, 2018, S. 95) werden grundsätzlich zwei Arten unterschieden, wobei diese bewusst oder unbewusst und manchmal auch als Mischformen angewendet werden:

- **Top down:** Der Text wird als Ganzes aufgenommen und dieser Verarbeitungsprozess ist wissens- und erwartungsgeleitet; es wird nicht auf jedes Wort einzeln geachtet, sondern so oft wie möglich eine Verbindung zu bereits Bekanntem, also zu Vorwissen, hergestellt (Schlatter et al., 2016). Der*die Hörer*in nimmt also die Textinformationen vom Text oder Satz im Ganzen wahr. Einzelne Wörter werden aus dem Kontext oder durch Vorwissen erschlossen. Geübte Zuhörende müssen also nicht jedes Wort verstehen – sie können es sinngemäß ergänzen. Größerer Bedarf an solchen Rekonstruktionsleistungen sind kognitiv allerdings sehr beanspruchend, weshalb man unter diesen Umständen schnell ermüdet (Behrens, 2010).

- **Bottom up:** Damit wird eine aufsteigende Informationsaufnahme bezeichnet, bei der ausgehend vom einzelnen Wort oder Satz ein Text erschlossen wird. Die Hörer*innen versuchen, jedes Wort zu verstehen und ihnen Bedeutungen zuzuschreiben. Der akustische Speicher behält so viele Sprachreize wie möglich, um sie zu analysieren und zu entscheiden, welche weiterverarbeitet werden sollen. Bei geringer Automatisierung dieser Prozesse kommt es leicht zu einer Überlastung des Arbeitsgedächtnisses (Schlatter et al., 2016).

4.2.8 Kognitive Prozesse im Unterricht, damit Hören gelingt

Imhof (2010) teilt die folgenden drei Grobkompetenzen für das Zuhören ein. „Fragt man nach Hörverstehenskompetenz, so ergeben sich aus der Sicht des Zuhörens als aktiv-rekonstruierender Tätigkeit des psychischen Systems mehrere Analyseebenen: Zum einen die der kognitiven Kompetenzen, zusätzlich jedoch auch die Ebenen der Metakognition und der Selbstregulation.“ (Behrens & Krelle, 2014, S. 92).

Zu den **kognitiven Kompetenzen** zählen die Verarbeitung des (verbalen und nonverbalen) Signals, welches der*die Hörer*in empfängt, das Vorwissen, das sinngemäße Erfassen und die Kategorisierung des Gehörten, ebenso wie die Aufmerksamkeit und Konzentration auf die relevanten Informationen, die eine wichtige Voraussetzung für das Verstehen bilden (Behrens & Krelle, 2014, S. 91f.). Diese Fähigkeiten erwerben Kinder allerdings erst in der Grundschulzeit (Imhof, 2010). Auch kann relevantes Vorwissen aus dem Langzeitgedächtnis abgerufen und in den Verarbeitungsschritten im Arbeitsgedächtnis einbezogen werden. Als kognitive Kompetenz gilt auch das Bestimmen eines bestimmten Fokus, also eine angestrebte Selektion für das neu zu Hörende.

Metakognitive Kompetenzen beinhalten bereits eine selbstreflexive Komponente. Damit ist gemeint, dass eigene Schwierigkeiten, Störungen oder miteinfließende Emotionen in Bezug auf das Hören erkannt werden. Die Schüler*innen reflektieren also, ob sie alle Informationen vollständig erfasst haben, ob und welche Informationen sie verpasst haben. So wird das Gehörte auf Vollständigkeit und Lücken überprüft. (ebd., S. 93). Anzumerken ist, dass Kinder erst im Alter von 10–12 Jahren fähig sind, die eigene Verstehensleistung zu überprüfen und dann entsprechend die Verarbeitung von Informationen anpassen können (vgl. Imhof, 2010).

Unter **Selbstregulation** versteht man die eigene bewusste Wahl, wem man wann und wie lange zuhört. Dabei entscheidet der*die Hörer*in, wie er*sie die gehörten Informationen aufnimmt und damit auch gleichzeitig, was die Konsequenz aus dem Gehörten ist (ebd., S. 93). Im Rahmen der Selbstregulation wird auch entschieden, ob, in welcher Form und in welchem Umfang man sich Notizen macht. Schließlich ist ein Kern der Selbstregulation, dass überprüft wird, ob Konzentration, Aufnahmebereitschaft und Vorwissensaktivierung aktuell ausreichen.

Die Lehrperson kann durch die Hörumgebung (s. Kapitel 4.1.1), insbesondere aber durch ihr eigenes Sprechverhalten die Zuhörfreundlichkeit der eigenen verbalen Botschaften entscheidend mitbestimmen (und gegebenenfalls verändern; s. Kapitel 4.2.1 zu Sprachvorbild). Je zuhörfreundlicher das Sprechverhalten, umso leichter fällt es den Kindern, länger aufmerksam zu bleiben.

In Bezug auf das Hören im Unterricht werden mehrere kognitive Anforderungen an die Zuhörer*innen gestellt (Imhof, 2010, S. 17–18):

- mündliche Textarten unterscheiden und sich adaptiv in ihrem Zuhörverhalten darauf einstellen.
- Die SuS erkennen die Anforderungen, mit denen verschiedene Zuhöraufgaben verbunden sind, z. B. Information heraushören, Emotionen erkennen.
- Erkennen, wie Intentionen der Sprecher*in und Zuhörer*in Form und Inhalt beeinflussen; Selektion, Organisation (Zusammengang herstellen) und Integration (mit Vorwissen verknüpfen) von verbalen und nonverbalen Informationen.

Bezogen auf Textlängen von Hörtexten gilt, dass bei besonders kurzen Texten, also mit einer Dauer von unter 2 Minuten, die Möglichkeit besteht, dass die Kinder den Inhalt gar nicht verstehen. Ist der Text nicht spezifisch für Kinder geschrieben, dann ist eine ultrakurze Textbegegnung zu abstrakt, ein komplexes Thema zieht auch spezifische Bedeutungen, Konnotationen und Vokabular nach sich und ist vielleicht von besonders hoher lexikalischer Dichte (Weirich et al., 2019, S. 7). In landesweiten Vergleichsstudien wie VERA und BIST im Bereich Hörverstehen werden Texte zwischen 2–4 Minuten mit 4–8 Aufgaben bzw. 6–9 Minuten mit 8–10 Aufgaben eingesetzt (Weirich et al., 2019), da eine ausreichende Fülle an Hörtext notwendig ist, die vielleicht inhaltlich nicht zu komprimiert ist, dennoch aber ausreichend Stoff bietet, um sinnvolle Fragen zum Textverständnis stellen zu können. Zu lange Texte überfordern die Aufmerksamkeit und den im Gedächtnis behaltenen und verarbeitbaren Inhalt.

Imhof (2010) beschreibt die begrenzte Kapazität des Arbeitsgedächtnisses. Die eingelangten Informationen müssen schnell und abschließend verarbeitet werden, da es keine Möglichkeit hat, diese flüchtigen Informationen erneut zu bearbeiten. In dem Fall, dass allerdings spezielles und relevantes Vorwissen aktiviert wurde, ist die Verarbeitung für eine längere Zeit möglich.

4.2.9 Hörstile und Hörziele

Es gibt verschiedene Arten von Hören, die eingesetzt, aber auch trainiert werden können. Denn die Art und Weise des Hörens (Hörstil) ist davon abhängig, welche Informationen dem Text entnommen werden sollen (Hörziel). Braucht man z.B. nur die Information einer Straße und Hausnummer, ist im Sprachstrom die genannte Telefonnummer unwichtig. Hier muss also nicht die gesamte Informationsflut gemerkt werden – das Adressdetail ist ausreichend.

In der Literatur werden die folgenden sechs Hörstile beschrieben, die unterschiedliche Hörziele verfolgen (Gehring, 2018, S. 96f.; Müller, 2012):

- **Globales Hören:** Ziel ist es, einen ersten Höreindruck zu gewinnen und den Hörtext überblicksmäßig zu verstehen.
- **Selektives Hören:** Die Schüler*innen sollen Informationen zu bestimmten Themen des Textes finden und andere Aspekte ausschließen.
- **Detailliertes Hören:** Ziel ist es, Einzelinformationen eines Textes herauszufiltern.
- **Interpretierendes (bzw. inferierendes) Hören:** Hierbei ist das Hörziel, implizite Informationen zu erfassen, im Sinne der Stimmung, die der*die Sprecher*in hat (vgl. Kapitel 4.2.5), z.B. *Ist das zornig gemeint?*. Darüber hinaus sind auch Fragen relevant wie *Was will der*die Sprecher*in erreichen?*
- **Physisches Reagieren:** Auf das Gehörte, bei dem es sich zum Beispiel um Instruktionen handeln kann, folgt eine körperliche Reaktion.
- **Produktionsorientiertes Hören:** Informationen aus einem Hörtext sollen für die Produktion von eigenen Texten verwendet werden oder die Lernenden sollen mit einem eigenen Produkt, mündlich oder schriftlich, auf den Text reagieren.

Deutlich wird bei dieser Auflistung, dass die Hörstile und Hörziele unterschiedlich anspruchsvoll für die Kinder sind. Ist für eine Höraufgabe im Sinne des globalen Hörens ein erster Zugang zum Hörtext wichtig, die mit ausreichender Aufmerksamkeit für viele noch recht leicht erfüllt werden kann, sind für selektives und detailliertes Hören schon spezifische Kenntnisse im Bereich von Wortschatz ganz grundlegend. Ohne diese können Aufgaben, die auf diesen Hörzielen basieren, nur schwer bearbeitet werden. Werden Instruktionen im Klassenkontext gegeben, muss das physische Reagieren auf eine auditiv erfasste Aufgabe nicht unbedingt bedeuten, dass diese auch verstanden wurde, da die Option der Imitation von Handlungen der anderen besteht. Bei produktorientiertem Hören ist für die Kinder viel Spielraum – alle können Anknüpfungspunkte und Inspiration für sich finden. Besonders anspruchsvoll ist das interpretierende Hören, weil hierfür sowohl detailliertes Hören und Wortschatz, aber auch Weltwissen notwendig sind und nur durch die Zusammenführung dieser Informationsquellen können implizite Informationen erfasst und verstanden werden.

Frühe Studien, die das globale und detaillierte Textverstehen kontrastiv untersuchen, haben gezeigt, dass beim Lesen vor allem ein besseres detailliertes Textverstehen beobachtet werden konnte, beim Hören des Textes ein besseres globales Verstehen (vgl. Rubin et al., 2000). Erklärt wurde dieser Unterschied mit unterschiedlich guten Selbststeuerungsmöglichkeiten: Beim Lesen kann der Fokus auf Details gelegt werden; dahingegen muss beim Zuhören eine Konzentration auf die wesentlichen Informationen erfolgen.

Wichtig ist, dass es durch **Vorabinformation** über den Kontext des Textes den Zuhörenden gelingt, mehr Informationen herauszuhören, selbst wenn das Hören beeinträchtigt und gestört wird; Kindern sollte die grundsätzliche inhaltliche Information sehr helfen (vgl. Davis et al., 2005). Einen ähnlichen Effekt hat man dabei festgestellt, wenn **Fragen vorab gestellt** werden, wie z. B. beim selektiven Zuhören – auch hier verbessern sie die Informationsaufnahme und das Herausfiltern der relevanten Informationen (vgl. Taboada & Guthrie, 2006).

4.3 Hören für Kinder mit anderen Erstsprachen

Die Schule ist der Spiegel der Gesellschaft: gesellschaftliche Veränderungen wirken sich daher auf die Schule aus und so ist sprachliche und kulturelle Heterogenität auch im Unterricht alltäglich (Schader, 2012, S. 17). In diesem Kapitel soll deshalb genauer auf den Umgang mit Schüler*innen mit anderen Erstsprachen als Deutsch eingegangen werden. Eine Erstsprache, im Folgenden auch häufig als L1 (*Language* 1) abgekürzt, ist jene Sprache, die ein Kind als erstes erwirbt. Schüler*innen, deren Erstsprache nicht Deutsch ist, die jedoch in einer deutschsprachigen Umgebung leben, lernen Deutsch als Zweitsprache (kurz: DaZ). Damit ist gemeint, dass die Schüler*innen der Sprache nicht nur im schulischen Kontext in Form einer Lernsprache begegnen, wie es beispielsweise bei Englisch (Fremdsprache) der Fall ist, sondern, dass sie auch im Alltag ständig damit konfrontiert sind (Klinglmair, 2008, S. 4.).

Bei Kindern, deren Erstsprache nicht Deutsch ist, spielt daher Hören eine besondere Rolle. Genau wie in der Erstsprache lernen diese Schüler*innen ihre Zweitsprache zunächst rezeptiv durch das Hören, bevor sie sich selbst sprachlich äußern (können). Sie nehmen also im Hören und im Dialog Wörter und sprachliche Strukturen auf und verarbeiten diese für die eigene Sprachproduktion. Ein Gewöhnen an bestimme Laute bzw. Lautkombinationen und auch eine Veränderung und Erweiterung der bisherigen Hörgewohnheiten hilft, Laute und Klangbilder im Gehirn zu verankern. Allmählich können Lebenswelt und Spracherfahrung verknüpft werden. Dabei müssen sie noch die schwierige Aufgabe lösen, Äußerungen in kleinere Sinneinheiten zu zerlegen und mit eigenem Wissen zu verknüpfen (DaZ-Portal, 2021). Schon kleine Erfolge im verstehenden Zuhören stärken die Selbstwirksamkeit der Kinder, sie konzentrieren sich bei der nächsten Zuhörsituation gerne noch stärker und fragen eigenständig nach, wenn sie etwas nicht verstehen konnten. Wiederholte Misserfolge im Hörverstehen hingegen sind frustrierend, die Anstrengung bei Höraufgaben wird reduziert und es erfolgt eher eine imitierende Anschlusshandlung zu mündlich erteilten Aufträgen (Schlatter et al., 2016).

4.3.1 Höraufgaben als besondere Herausforderung für DaZ-Kinder

Kinder, die erst eine kurze Kontaktzeit mit der deutschen Sprache haben, sind mit Betonungs- und Silbenmuster noch nicht vertraut, der Wortschatz ist noch gering, Wörter und Wendungen sind noch nicht schnell und automatisiert abrufbar. Daher sind geringe Wortschatzkenntnisse der Hauptgrund für schwächere Hörverstehensleistungen, insbesondere bei DaZ-Kindern mit geringer Kontaktzeit (Schlatter et al., 2016): Z. B. ist der Unterschied zwischen *Macht drei Gruppen* und *Macht Dreiergruppen* kaum hörbar, vor allem dann nicht, wenn dieser feine semantische Unterschied noch nicht verstanden werden kann.

Die Forschung hat gezeigt, dass die Verarbeitung von akustischen Informationen in der Zweitsprache anspruchsvoller ist als in der Erstsprache, sie stellt also eine höhere kognitive Belastung dar (vgl. Asano, 2018). Somit bleiben auch weniger kognitive Ressourcen frei, um zusätzliche, ablenkende Geräusche auszuschalten.

Folgende Punkte stellen eine besondere Herausforderung für Kinder, die Deutsch als Zweitsprache erlernen, dar und sollten daher im Unterricht beachtet werden:

4.3.1.1 Varietäten und Sprachen

Wie bereits erwähnt, begegnen DaZ-Lerner*innen dem Deutschen als Verkehrssprache im Alltag, in Österreich bezieht sich dies vor allem auf die österreichische Standardsprache und deren Varietäten und Dialekte. Die meisten Lehrwerke orientieren sich aber an der Standardsprache Deutschlands und bilden **keine österreichische, dialektale Färbung** ab, sodass Schüler*innen in der Schule einer anderen Varietät begegnen als im Alltag (Klinglmair, 2008, S. 9). Dies kann ohne entsprechende Thematisierung für Schwierigkeiten und Verwirrung sorgen. Österreichische Schulbuchverlage wie auch Bundesländer in Deutschland versuchen, auf diese Problematik einzugehen und geben land- bzw. bundeslandspezifische Versionen der Lehrwerke heraus (natürlich auch in Abstimmung mit dem jeweiligen Lehrplan).

Richtiges Verstehen und Wiedergeben gesprochener Texte fällt jenen Schüler*innen schwer, die den mündlichen Darbietungen der Lehrpersonen bzw. der anderen Kinder nicht folgen können. Anforderungen sind dann besonders hoch, wenn sie mit dem bildungsrelevanten Sprachgebrauch nicht vertraut sind oder Sprachvarietäten (Dialekt, Soziolekt) das Zuhören erschweren.

Gerade bei Hörtexten sollte man vor deren Verwendung eine sprachliche Einordnung treffen und abwägen, wie dialektal gefärbt oder welcher Standardsprache zugehörig die Sprechenden im Hörtext gesprochen haben.

4.3.1.2 Kontextualisierung und Vorwissen

Bei der Informationsentnahme aus der gesprochenen Sprache setzen Verstehensprozesse ein, die mit einem Wiedererkennen der Wörter verbunden sind. DaZ-Kinder haben meist – aufgrund der kürzeren Kontaktzeit mit der deutschen Sprache – einen kleineren Wortschatz in dieser Sprache, meist insgesamt aber einen größeren Wortschatz, nimmt man alle Wortschatzeinträge in allen Sprachen zusammen. Bedeutungszuweisung zu auditiv gehörtem Input kann nur durch ein Wiedererkennen von bekannten Wörtern funktionieren, in der Geschwindigkeit des Gehörten. Ein kleinerer Wortschatz bedeutet, dass nur ein Teil des Gehörten wirklich gut verstanden werden kann.

Wenn zu viele Wörter und grammatikalische Strukturen unbekannt sind, kann es schnell zu Überforderung kommen, zu Frustration (*Ich versteh' gar nichts*) und damit zum Sinken der Motivation.

Das Sammeln von Wörtern und Begriffen, die im Hörtext wichtig sind und/oder schwierig sein könnten, das vorherige Besprechen dieser möglicherweise problematischen Begriffe, das Einbetten des Hörtextes in einen thematischen Kontext – all das trägt zu einer Vorentlastung des Textes bei. Die Kinder stolpern nicht mehr über unbekannte Wörter. Durch die Kontextualisierung können sie mit einer Top-down-Hörstrategie arbeiten, bei der neu Gehörtes an bereits Bekanntes angeknüpft werden kann. So kann die begrenzte Kapazität des Arbeitsspeichers effektiver genutzt werden (Schlatter et al., 2016). Dann muss auch der Großteil des zu Hörenden nicht mehr verpasst werden, da die Kinder bei der Bottom-up-Strategie mental bei der Suche nach der Lautentsprechung oder Bedeutung eines unbekannten Wortes hängen bleiben und dadurch Hörinput nicht aufnehmen können. Durch Vorentlastung haben sie mentale Ressourcen frei, um sich ganz auf den Hörtext zu konzentrieren.

Gehörte Äußerungen werden außerdem über die Bedeutung der Wörter mit dem vorhandenen Weltwissen in Zusammenhang gebracht. Klappt aber der Bedeutungsabruf nicht, kann auch das Weltwissen nicht konkret einbezogen werden. Vielleicht ist es manchmal möglich, Bezüge über den Kontext herzustellen – dies ähnelt aber schon einem Rätselraten und kostet viel Zeit bei der Verarbeitung des Gehörten und dem Bearbeiten von Aufgaben, die in diese Richtung zielen.

Ein weiterer Punkt, der das Verstehen von Texten für Kinder mit DaZ zur Herausforderung werden lässt, ist der teils völlig unterschiedliche kulturelle Hintergrund, den die Schüler*innen mitbringen. Auch dadurch sind eine **Kontextualisierung des Gehörten und eine Verknüpfung mit Vorwissen schwierig.** In diesem Sinne ist es für den Unterricht von Bedeutung, dass die Themenauswahl bewusst geschieht und eventuell kulturübergreifende Themen bzw. Themen aus der Herkunftswelt der Schüler*innen gewählt werden (Klinglmair, 2008, S. 7). Da dies nicht immer möglich ist, ist ein kultur- und diversitätssensibles Heranführen an den Kontext und ein Vermitteln von Basiswissen vor dem Anhören für das allgemeine Verständnis des Hörtextes unabdingbar. Eine Herausforderung für DaZ-Lernende stellen in diesem Kontext ebenfalls (Fach-)Begriffe dar, die oft nicht explizit thematisiert bzw. weiter erklärt werden, sondern von der Lehrperson vorausgesetzt werden (Imhof, 2013, S. 66).

4.3.1.3 Phonologie und Syntax

Sprachliche Hürden müssen Schüler*innen mit DaZ auch dann bewältigen, wenn in der deutschen Sprache **unbekannte Laute** vorkommen, also solche, die es in ihrer Erstsprache nicht gibt (Ministerium für Bildung, Wissenschaft und Kultur des Landes Schleswig-Holstein, 2018, S. 22), dazu zählen oft auch **Konsonantencluster** (z. B. **Streichelzoo**). Ist ein Kind z. B. mit Serbisch aufgewachsen und lernt nun Deutsch, ist ihm der Laut /ö/ nicht bekannt, es kommt zur Verwechselung mit /e/ und aus der Instruktion *Löst die Aufgabe 1* wird für das serbische Kinde *Lest die Aufgabe 1* (Schlatter et al., 2016).

Besonders schwierig, aber auch wichtig im Zuge des Hörverstehens, sind **Tonhöhenverläufe und Intonation**, die auf einen Sprecherwechsel hindeuten, die Wichtigkeit von Passagen anzeigen oder das Ende eines Satzes bzw. einer semantischen Einheit darstellen (ebd., S. 23). Diese Betonungen können sich in der Erstsprache unterscheiden und für Verwirrung sorgen. Ein explizites Erklären von Satzintonationen in der deutschen Sprache kann hier helfen, den Kindern Orientierung zu geben.

Während Schüler*innen mit Deutsch als L1 bereits seit ihrer Geburt mit vielen sprachlichen Äußerungen in Kontakt gekommen sind und etwa **Tempus-Formen, Modi oder Satzkonstruktionen** rezeptiv aufgenommen und unbewusst auch produktiv geäußert haben, sieht das bei Schüler*innen mit DaZ anders aus. Für sie bedeutet Hören häufig zunächst das Übersetzen von Einzelbegriffen in die eigene Erstsprache, um alles zu verstehen. Ist dieser Prozess abgeschlossen, können sie sich auf die Syntax und die Sprecher*innenintentionen konzentrieren. So muss beispielsweise der Imperativ in mündlichen Aufgabenstellungen als Arbeitsaufforderung verstanden werden. Bezogen auf die Vergangenheitsformen dominiert üblicherweise das Präteritum (finites Verb an zweiter Stelle) in Hörtexten, in konzeptionell und medial mündlichen Äußerungen aber das Perfekt (finites Verb am Ende des Hauptsatzes – Wissen um Verbklammer nötig). Auch das kann Kinder verwirren bzw. die Identifikation der Verbbedeutungen erschweren.

4.3.1.4 Flüchtigkeit der auditiven Information

Eine weitere Schwierigkeit, mit der Lernende von DaZ besonders konfrontiert sind, ist die **Geschwindigkeit von Hörtexten bzw. die Geschwindigkeit der Artikulation der Sprecher*innen**. Während diese beim Lesen, Schreiben und Sprechen selbst gewählt wird und Wiederholungen beliebig oft durchgeführt werden können, müssen sich Schüler*innen beim Hören an die Sprechenden oder Vorlesenden anpassen. Besonders zu Beginn des Sprachenerwerbs versuchen Lernende, Hörtexte mit einem Bottom-up-Verfahren (vgl. Kapitel 4.2.7 Hörstrategien) zu verstehen. Dabei ist ein globales Textverständnis aufgrund des gegebenen Zeitlimits kaum möglich.

Diese Problematik der Geschwindigkeit betrifft auch die verbal produzierte Sprache. Viele Lehrpersonen sprechen in einem für Erstsprachenlerner*innen angemessenen und verständlichen Tempo. Für DaZ-Kinder ist dies jedoch zu schnell, da sie die wahrgenommenen Informationen nicht in einer hohen Geschwindigkeit verarbeiten können. Wird undeutlich gesprochen oder ist der

Lärmpegel zu hoch, kann nur ein Teil der auditiven Information überhaupt von den Kindern aufgenommen werden – nur ein Bruchteil der Äußerung kann so überhaupt verstanden werden.

Während Kinder mit Deutsch als L1 häufig unbewusst hören und kognitive Prozesse dahingehend bereits automatisch ablaufen, verhält sich das bei Schüler*innen mit Deutsch als Zweitsprache anders. Sie haben Schwierigkeiten, „Wörter und Sprechlaute zu identifizieren" (Wiemann, 2009, S. 7) und den Sinn des Gesagten zu verstehen und zu interpretieren.

Da DaZ-Lerner*innen während des Hörens nicht sofort zwischen wichtigen und unwichtigen Informationen selektieren können, versuchen sie **zunächst alles zu verstehen**. Diese Verarbeitung erfordert viel Zeit (ebd., S. 8).

Mehrere kognitive Prozesse müssen gleichzeitig ablaufen – das Gehörte wird dekodiert, Wörter werden erkannt und deren Bedeutung wird abgerufen, das Gehörte muss auf das Wesentliche reduziert und unmittelbar gespeichert werden. Der Wechsel von Sprecher*innen kann verwirrend und eine zusätzliche Herausforderung darstellen, da die Hörenden dann auch darauf achten müssen, wer gerade spricht und die analysierten Informationen zusätzlich den Sprecher*innen zugeordnet abspeichern müssen.

Zu bedenken ist auch, dass monologische Hörtexte häufig einen dichteren Informationsgehalt aufweisen als dialogische. Daher gelten monologische Hörtexte als anspruchsvoller, da sie weniger redundant sind als Dialoge, in denen Äußerungen oft aufgegriffen, wiederholt oder umschrieben eingebunden werden.

Geist und Krafft (2019, S. 46) empfehlen daher folgendes Vorgehen:

- Zuerst wird der Hörtext einmal gehört. Dabei geht es prinzipiell darum, ihn zunächst global so gut wie möglich zu verstehen. Hier soll herausgefunden werden, welche Schlüsselbegriffe relevant sind.
- Im Anschluss daran soll den Kindern Zeit gegeben werden, damit sie für sich aufschreiben können, was ihnen wichtig erschien. Auch sollen sie notieren, was unklar geblieben ist oder unbekannte Wörter aufschreiben.
- Im nächsten Schritt sollen die Notizen mit einem anderen Kind verglichen werden. Die eigenen Notizen können hierbei ergänzt werden, auch Unklarheiten und Wortbedeutungen können geklärt werden. Außerdem können die Kinder gemeinsam versuchen, das Verstandene zu besprechen und das Textverständnis zu sichern und zu vertiefen.
- Am Ende der Erarbeitungszeit gibt es die Möglichkeit für Rückfragen im Plenum.

Ebenso wie für L1-Hörer*innen sollte beim ersten Hören der Text **global erfasst werden. Erst beim zweiten und dritten Hören sollten Aufgaben gestellt werden, die durch selektives und detailliertes Hören gezielt gelöst werden können.** Wichtig ist auch, die unterschiedlichen Hörziele mit den Kindern zu besprechen, zu erklären, wie man diese umsetzen kann und auf welche Weise die Aufgabenstellung das jeweilige Hörziel impliziert. Es sollten also zunächst Hörübungen geboten werden, die immer nur eines der Hörziele explizit erfordern sowie antizipierendes Hören und Intonationsübungen einschließen (ebd., S. 9).

4.3.1.5 Instruktionen und Operatoren

Eine Hürde stellt ebenso das Verständnis eines mündlichen Arbeitsauftrages und der dazugehörigen Operatoren dar (vgl. Kapitel 5.2.2.6 für mehr Details). Diese müssen klar formuliert sein und das Ziel der Aufgabe soll für die Schüler*innen ersichtlich sein. Der Grad der Schwierigkeit wird erhöht, wenn neben dem Hören auch noch zusätzliche Aufgaben erfüllt werden müssen wie beispielsweise das Ankreuzen von wahren oder falschen Aussagen. Dies führt häufig zu einer Überlastung des Arbeitsgedächtnisses (Klinglmair, 2008, S. 22f.).

4.3.2 Chancen von Sprachenvielfalt und Einbindung der L1

Auch wenn es viele Herausforderungen für Schüler*innen mit DaZ zu bewältigen gibt, sollten Kinder, die Deutsch nicht als Erstsprache gelernt haben, primär nicht mit Problemen assoziiert werden, sondern die Sprachenvielfalt in der Klasse kann als potenzielle Chance gesehen und wahrgenommen werden.

Durch die Anerkennung und Beschäftigung mit Vielfalt richtet Schule den Blick auf die multikulturelle Realität in der Gesellschaft. Werte wie Toleranz, Offenheit, Solidarität und Interesse werden „gelernt, geübt und gelebt" (Schader, 2012, S. 24).

Des Weiteren ist das Wissen über die eigene Erstsprache Teil der Identität dieser Schüler*innen. Sie haben meist eine bikulturelle Identität, d. h. sie haben an zwei Kulturen gleichzeitig teil (ebd., S. 26).

Damit einher geht auch, dass jene Schüler*innen mit mindestens zwei Sprachen leben. Häufig sind diese Sprachen sozialräumlich klar getrennt: In der Schule dominiert Deutsch und zu Hause die Erstsprache. Bei außerschulischen Freizeitbeschäftigungen, die mit Freunden ausgeübt werden, ist es jedoch oft eine Verwendung von beiden oder noch weiterer Sprachen, z.B. weil man mit Kindern befreundet ist, die Deutsch oder die eigene Erstsprache oder andere Erstsprachen sprechen.

Um die Identität von bikulturellen Schüler*innen zu stärken, ist es von Bedeutung, dass auch in der Schule beide „Teilidentitäten" wahr und ernst genommen werden (ebd., S. 29). Als Lehrperson kann man dies insofern unterstützen, dass verschiedenen Sprachen und Kulturen Interesse und Wertschätzung entgegengebracht werden und Anlässe der Sprachbegegnung und des kulturellen Austausches geschaffen werden. In diesem Kontext können Schüler*innen mit anderen Erstsprachen zum Beispiel beim Hören von Texten aktiv damit eingebunden werden, in dem bewusst sprachenvergleichende Fragen gestellt werden wie etwa *Gibt es einen Laut, der in deiner Erstsprache ähnlich klingt? Wird dieser auch auf dieselbe Weise eingesetzt*? (weitere Beispiele zur Einbindung der L1 siehe Kapitel 5.3. sowie Festman, 2021). Dabei sind jedoch immer auch Grenzen zu beachten, denn Schüler*innen nehmen nicht zwingend einen Expert*innenstatus für ihre Erstsprache ein. Das intuitive Sprechen einer Sprache, die im familiären Kontext erworben wurde, und das bewusste Sprachwissen (*metalinguistic awareness*) sind zwei unterschiedliche Paar Schuhe. Daher ist darauf zu achten, dass Schüler*innen nicht sprachlich überfordert werden oder in eine Situation der Bloßstellung geraten. Es könnte sein, dass Schüler*innen einfach nur zum Rest der Klasse dazugehören wollen und sich in ihrer Sonderstellung daher nicht sonderlich wohlfühlen (ebd., S. 34–35).

Das Miteinbeziehen der L1 in den Sprachunterricht ist aber nicht nur bezüglich der Identitätsausbildung von Schüler*innen relevant, sondern die sichere Kenntnis in der Erstsprache ist förderlich für den Spracherwerb der Zweitsprache.

Um als Lehrperson einen solchen **Unterricht der Vielfalt** zu gestalten, sind nach Schader (2012, S. 46) zwei Kompetenzen von Wichtigkeit:

- „Kompetenzen im Bereich der Vermittlung von Deutsch als Zweit- bzw. Fremdsprache: Stützung des Deutscherwerbs von Schülerinnen und Schülern mit nicht deutscher Erstsprache." Dazu gehören beispielsweise Schüler*inbeobachtung und damit einhergehend die Analyse von Förderbedürfnissen oder auch Hilfe zur Selbsthilfe.
- „Bewusstsein und Kompetenzen hinsichtlich einer sprachfördernden Anlage des gesamten Unterrichts: Gefühl für sprachliches Lernpotenzial und allfällige sprachliche Probleme beliebiger Lernsituationen; [...] Fähigkeit, sprachliche Komplexität bei Anweisungen, Texten usw. variieren zu können."

Auch die Kinder mit deutscher Erstsprache sollen in einem solchen *Unterricht der Vielfalt* nicht untergehen und so kann hier speziell in Österreich und Deutschland etwa der Dialekt miteingebunden werden, z.B. in authentischen Hörtexten mit verschiedenen Variationen des Deutschen. Hier sollte Sprachverwendung ebenso bewusst thematisiert werden (ebd., S. 51; Bellet & Festman, in Druck).

4.3.3 Sonderkompetenzen von Kindern mit DaZ

Wenn man den Fokus weg von der Fehler- und Problemorientierung legt und hin zur Nutzung der vorhandenen Ressourcen, sollte klar sein, dass Schüler*innen mit DaZ nicht nur teilweise Sprachdefizite aufweisen, sondern wegen ihrer besonderen Sprachsituation auch einige Sonderkompetenzen mit sich bringen. Diese sind beispielsweise (Schader, 2012, S. 32):

- die Beherrschung einer weiteren Sprache mitsamt ihren Charakteristika und Spezifika wie Laute, Aussprache, Wortschatz, Syntax ...
- die Fähigkeit des Code-Switchings (Sprachwechsel) und damit verbunden auch das Wissen darüber, wann welche Sprache gebraucht wird
- die Fähigkeit zu dolmetschen
- das Wissen und Können bezüglich Strategien zur Bewältigung von Ausdrucks- und Verstehensnot
- die Fähigkeit, Deutsch von „außen" zu betrachten und mit einer anderen Sprache zu vergleichen
- stärkere Ausprägung des nichtlinearen, kreativen Denkens und der kreativen Begriffsbildung gegenüber Monolingualen

Wie bereits im vorherigen Kapitel erwähnt, sollte man nicht immer von einem unbezweifelbaren Expert*innenstatus der Schüler*innen ausgehen. Der Vergleich von Wortklang, Sprachrhythmus oder Sprechtempo zwischen der eigenen L1 und Deutsch hingegen, der in dem hier behandelten Bereich des Hörens durchaus von Bedeutung ist, fällt den betroffenen Schüler*innen meist jedoch nicht allzu schwer (ebd., S. 34).

Abschließend soll erwähnt werden, dass sich für Kinder, die mit anderen Erstsprachen aufgewachsen sind, inbesondere beim Erwerb der Fremdsprache Englisch, auch für die Kompetenzen im Hörverstehen ein positiver Effekt gezeigt hat. In der DESI-Studie wurden die Kompetenzen der Schüler*innen in den Fächern Deutsch und Englisch erhoben und, wenn Bildungsgang, sozioökonomischer Hintergrund, kognitive Grundfähigkeiten und Geschlecht in der Analyse kontrolliert werden, zeigt sich eben dieser positive Effekt: Diejenigen, die mit einer anderen Erstsprache aufgewachsen sind, waren besser im Hörverstehen in Englisch (Hesse et al., 2008).

4.4 Hören als Grundlage für Schriftspracherwerb

4.4.1 Phonologische Bewusstheit

Phonologische Bewusstheit ist die **Fähigkeit, die phonologische Struktur** eines gesprochenen Wortes zu **erkennen, zu analysieren und auch zu manipulieren** (vgl. Schäfer, 2014, S. 25). Diese Prozesse laufen unabhängig von der Bedeutung des Wortes ab.

Unter phonologischer Bewusstheit versteht man ein **metalinguistisches Konzept**, das sowohl im engeren als auch im weiteren Sinne definiert werden kann. Mit Bewusstheit meint man dabei die Fähigkeit „jederzeit und ohne Probleme auf das Wissen und die Erkenntnisse, die unser Gehirn gespeichert hat, zurückgreifen zu können“ (Brehm, 2014, S. 27).

Phonologische Bewusstheit im **weiteren Sinne** umfasst das Vermögen, Silben zu unterscheiden. Dazu zählt beispielsweise auch das Reimen. Diese Kompetenz kann etwa durch Silbenklatschen überprüft werden (Kuhl, 2020, S. 16).

Phonologische Bewusstheit im **engeren Sinne** bezieht sich auf die kleinsten sprachlichen Einheiten, also auf einzelne Laute, die erkannt und herausgehört werden können (ebd., S. 16).

Die phonologische Bewusstheit wird anhand von zwei Dimensionen beschrieben: erstens die Größe der linguistischen Einheit und zweitens die Explizitheit der metasprachlichen Operationen.

Bezogen auf die **Größe der linguistischen Einheit** unterscheidet man zwischen Silben-, Onset-Reim-, und Phonembewusstheit.

- Am Beispiel *Taube* verdeutlicht wäre die Silbenbewusstheit die Fähigkeit der Trennung des Wortes Taube in *Tau-be*, was im DUDEN als *Tau|be* umgesetzt wird.
- Mit Onset ist der Anlaut im Wort genannt, also z. B. **T***aube*-**T***aucher*, mit Reim der Auslaut, z. B. *T***aube**-*L***aube**. Onset-Reim-Bewusstheit wird bei Aufgaben geprüft, die erfordern, dass man z. B. den Onset erkennt (*Klingt das Wort am Anfang gleich?*), einen Reim finden soll (*Was reimt sich auf Taube?*), den Onset ersetzen soll *(Was ergibt Taube mit /h/? – Haube),* oder bei einem Wortpaar Onset und Reimeinheit austauscht *(Was wird aus Tauben und Lasten? – Lauben und Tasten).*
- Die Phonembewusstheit wird im Beispiel *T-au-b-e* deutlich, wenn die einzelnen Phoneme wahrgenommen und identifiziert werden können.

Anhand von drei Identifikationsaufgaben lassen sich die unterschiedlichen Bewusstheiten verdeutlichen, wobei sich die Größe der Einheit und damit der Fokus der Analyse ändert (vgl. Schäfer, 2014, S. 25):

- **Silbe identifizieren:** Hören sich *Hase-Hose* am Anfang oder Ende gleich an? Wieviele Silben hörst du in *Marmelade*?
- **Reim identifizieren:** Reimen sich *Hund-Mund*? Welches Wort reimt sich nicht mit den anderen: *Hase – Hose – Nase*?
- **Phoneme/Laute idenfizieren:** Hören sich *Geld* und *Hand* am Ende gleich an?

In Hinblick auf die **Explizitheit der metasprachlichen Operationen** werden vier verschiedene Kompetenzen unterschieden:

- **Identifizieren** (= Erkennen einer linguistischen Einheit), z. B. gleiche Endsilbe bei *Nagel* und *Vogel*;
- **Segmentieren** (= Erkennen und Untergliedern von linguistischen Einheiten), z. B. das Wort *Affe* in die zwei Silben *Af-fe* unterteilen,
- **Synthetisieren** (= Erkennen und Zusammensetzen von linguistischen Einheiten), z. B. die Laute /b/ + /a/ + /l/ ergeben zusammengesprochen das Wort *Ball*;
- **Manipulieren** (= Weglassen, Hinzufügen oder Vertauschen von linguistischen Einheiten, die vorher erkannt und untergliedert werden müssen), z. B. durch Weglassen des ersten Lauts des Wortes *Tor* entsteht *Ohr*; bei Vertauschen der Anlaute von zwei Wörtern *Bus – Schaum* entsteht daraus *Baum – Schuss*.

Es gilt: Je intensiver eine Wortfom reflektiert und auch manipuliert werden muss, umso expliziter ist die Aufgabe und umso höher die kognitive Anforderung. Identifizieren ist also weitaus einfacher als Synthetisieren und Manipulieren.

Die Grundlage für die Entwicklung der phonologischen Bewusstheit liegt in der frühkindlichen Sensititivät für die Umgebungssprache, die es Babys ermöglicht, phonetische Kontraste und Regelmäßigkeiten im akustischen Signal wahrzunehmen.

Von phonologischer Bewusstheit wird allerdings erst dann gesprochen, wenn Kinder bewusst über die Wortform reflektieren. Dazu sind sie erst im Kindergarten- und Vorschulalter fähig. Auch zum Lösen von Aufgaben im Bereich der phonologischen Bewusstheit braucht es eine gewisse kognitive Reife.

Im Laufe der Entwicklung können Drei- und Vierjährige zunehmend Silben- und Onset-Reim-Aufgaben lösen. Anlautaufgaben sind hingegen noch sehr herausfordernd. Deutlich ist aber eine grundsätzliche Entwicklung von phonologischer Bewusstheit über größere hin zu kleineren Einheiten.

Wie Studienergebnisse belegen, konnten Segmentierungs- und Syntheseaufgaben von Drei- und Vierjährigen schon recht gut gelöst werden (vgl. Schäfer, 2012, S. 30–31). Reimaufgaben waren noch schwierig, insbesondere wenn sie ohne Kontext getestet wurden. Sollten jedoch Kinderreime ergänzt werden, war das für die Kinder in dem Alter schon gut möglich. Manche Kinder zeigen auch in diesem Alter schon eine Anlautbewusstheit.

Insgesamt zeigt sich also eine zunehmende Entwicklung und Verfeinerung der verschiedenen Fähigkeiten im Bereich der phonologischen Bewusstheit. Die rezeptiven Fähigkeiten sind weitaus ausgeprägter vorhanden als die expressiven. Im Alter von 4 Jahren besteht ein positiver Zusammenhang zwischen kindlicher Wortschatzleistung und phonologischer Bewusstheit, auch bei bilingualen Kindern (vgl. Schäfer, 2014, S. 34). In diesem Alter wurde auch ein wechselseitiger Zusammenhang zwischen Buchstabenkenntnis und phonologischer Bewusstheit belegt (Sénéchal et al., 2006).

Zu beachten ist, dass sich **Sprachen darin unterscheiden, welche linguistischen Einheiten akustisch besonders auffallend** sind. Im Deutschen ist es zum Beispiel die deutlich wahrnehmbare Onset-Reim-Einheit. Doch dies gilt bei weitem nicht für alle Sprachen!

Auch ist es unterschiedlich,

- welche **Silbenstrukturen** in Sprachen vorkommen können (z. B. Vokal, Vokal-Konsonant, Konsonant-Vokal, Konsonant-Vokal-Konsonant) und wie häufig diese jeweils auftreten,
- ob es **Konsonantencluster** gibt. Konsonantencluster sind Häufungen von Konsonanten. Im Deutschen gibt es z. B. diese Häufungen in Wörtern wie **Straße, Pferd, Platz**. Im Hebräischen gibt es z. B. Konsonantencluster wie /**ktzat**/ (was auf Deutsch so viel wie *ein bisschen* oder auch *wenig* bedeutet) oder /**pkak**/ (auf Deutsch *Korken*), die im Deutschen ganz unbekannt sind. Im Koreanischen gibt es z. B. gar keine Konsonantencluster.

Nach der Einschulung wird die Auseinandersetzung mit Schrift im Unterricht stark fokussiert. Kinder müssen an bereits vorhandene phonologische Fähigkeiten anknüpfen, um die Schriftsprache zu erwerben. Ein gewisses Maß an phonologischen Fähigkeiten und phonologischer Bewusstheit wird gleichermaßen vorausgesetzt, um die Schriftsprache zügig erwerben zu können. Daher gilt phonologische Bewusstheit als Voraussetzung für den erfolgreichen Schriftspracherwerb, um z. B. Phoneme mit Graphemen verknüpfen zu können. Im Rahmen des schulischen Schriftspracherwerbs wird von einer Wechselwirkung zwischen phonologischen Sprachverarbeitungsfähigkeiten und Verbesserung der Schriftsprachkenntnisse gesprochen, da sich durch zunehmende Kenntnis z. B. der korrekten Schreibung eines spezifischen Wortes auch die phonologischen Detailinformationen dieses Wortes spezifizieren lassen, das vielleicht im mündlichen Sprachgebrauch vorher undeutlich ausgesprochen wurde. Hinweise darauf geben Schreibungen von Kindern im Grundschulalter, die versuchen zu schreiben, wie sie sprechen, und die sprechen, was sie gehört haben. Z. B. wird das Wort *Roller* oft als **Rolla* ausgesprochen und von Kindern anfangs auch so geschrieben.

4.4.2 Hören und Lesen

Vor allem in der Primarstufe wirkt das Hören für Kinder oftmals entlastend, da das Dekodieren von Buchstaben, wie es beim Lesen erfolgen muss, wegfällt – somit kann der Fokus auf das Verstehen gerichtet werden. Dies führt wiederum zu mehr Motivation in Bezug auf das Hören und Lesen von weiteren Texten.

Ein Aspekt, der für das gezielte Einsetzen von Hörtexten im Unterricht spricht, ist die Unterstützung der Entwicklung von **mentalen Modellen**. Schüler*innen haben beim Hören von Texten ein gewisses „Kopfkino", mit dem zugleich Vorstellungen und Strukturen des Gehörten im Gehirn gebildet werden (Hannken-Illjes et al., 2016, S. 158). Wenn Kinder in der Grundschule lesen, ist das noch sehr anstrengend, oftmals werden viele mentale Ressourcen für das Dekodieren und das Verstehen von Wörtern und Satzkonstruktionen gebraucht. Somit bleibt wenig Kapazität, sich die Inhalte des Gelesenen gut vorstellen zu können – gerade bei längeren Texten. Daher können Hörtexte entlastend sein.

Dennoch ist auch das Verstehen von Hörtexten oft anspruchsvoll. Hier ein Beispiel: Hören Kinder die folgenden Sätze, entsteht schnell ein Modell der Ausgangssituation im Text. *Lisa war auf dem Weg in die Schule. Sie hatte Bedenken wegen der Deutschstunde.* Nach diesen Sätzen ist es am wahrscheinlichsten, dass Lisa eine nicht so gute Schülerin ist, vor allem in Deutsch. Hört man weiter, wird folgendes präsentiert: *Sie hatte Angst, sie könnte die Klasse nicht im Griff haben.* Durch das letzte Verb wird deutlich, dass Lisa nicht eine Schülerin, sondern wahrscheinlicher eine Lehrerin ist. Dieser zweite Satz irritiert also die Zuhörenden, die anfangs davon ausgegangen sind, dass Lisa eine Schülerin ist. Das ursprüngliche mentale Modell muss also rückwirkend überarbeitet und revidiert werden. Das können Zuhörende aber nur, wenn sie tatsächlich die Bedeutung von *im Griff haben* verstanden haben. Wird das Verb nicht genau verstanden, sondern überhört oder ist es nicht bekannt, bleibt die erste Version des mentalen Modells bestehen – und die Verwirrung wird später noch größer.

Hörtexte fördern nachweislich die Leseflüssigkeit und Hörverstehen steht in enger Verbindung mit dem Leseverstehen (Müller, 2012, S. 62). Studien bestätigen die Steigerung der Leseflüssigkeit und -motivation durch simultanes Lesen und Hören (Gailberger, 2011), wenn beide Texte wortgleich sind. Die Prozesse des Hörens und des Lesens haben gemeinsam, dass sie analog sind und somit Bilder im Kopf entstehen lassen – durch das Hören werden die räumlichen Dimensionen eines Textes stärker deutlich (Müller, 2012).

Hüttis-Graff (2008) stellte in ihrer Studie fest, dass das Hören von Hörmedien und deren Verarbeitung in Hörgesprächen einen positiven Effekt auf das Interesse in Bezug auf die literarische Kompetenz hat.

Hören und Lesen können im Unterricht gut miteinander kombiniert werden, entweder simultan oder aufeinanderfolgend. Bei Letzterem kann beispielsweise ein umfangreicheres Buch nur passagenweise gelesen werden, die Lücken zwischen den gelesenen Passagen werden dann durch Stellen aus dem Hörbuch überbrückt (Müller, 2012). Geeignete Hörbücher für die Primarstufe sind beispielsweise *Mio, mein Mio* von Astrid Lindgren, *Das Vamperl* von Renate Welsh oder *Drachenreiter* von Cornelia Funke. Weiters bietet der Auditorix Hörkoffer (www.auditorix.de) eine Sammlung an Hörbüchern für Kinder ab etwa acht Jahren.

> Literarisches Verstehen hat mit Sinneswahrnehmung zu tun. Das Hören von literarischen Texten ist auch deshalb so wichtig, weil literarisches Lernen eine sinnliche Erfahrung von Sprache einschließt. Dies bezieht sich in erster Linie auf den Klang und den Rhythmus von Sprache [...]. Intensive Hörerfahrungen wirken sich auf das Stille Lesen aus, sie fördern die Fähigkeit, mit dem inneren Ohr mitzuhören (Spinner, 2007, S. 4).

4.4.3 Hören und Schreiben – Warum *schreib, wie du's hörst* keine hilfreiche Schreibstrategie ist

Mit der Aufforderung *Hör' genau hin, dann weißt du, wie man das Wort schreibt* wird oft die Idee verbunden, dass Kinder durch das intensive Zuhören und Hinhören den (Recht-)Schreiberfolg erhöhen könnten. Fölling-Albers (2017) äußert sich zu dieser Annahme jedoch kritisch: „Dass durch genaues Hinhören die Schriftsprache angemessen abgebildet wird, ist allerdings ein Irrtum, der nachhaltige Folgen für die Kinder haben kann" (ebd., S. 205). Hier ein erstes Beispiel: die Schreibung der Wörter *schwer*, *sehr* und *leer*.

Die deutsche Sprache gilt als nur zum Teil **lautorientiert**. Das heißt, dass es zwar einige Wörter gibt, die man so schreibt, wie man sie spricht, d.h., dass ein bestimmter Laut durch ein bestimmtes Graphem (also einen Buchstaben) aufgeschrieben werden kann (vgl. Kapitel 3.1), z.B. *Banane*. Allerdings gibt es für viele Laute viele verschiedene Buchstabenrealisationen, wodurch diese einfach scheinende Phonem-Graphem-Korrespondenz für die deutsche Sprache doch recht schwierig wird. Wörter wie *Ente* und *Äste* klingen im Anlaut /ɛ/ gleich, werden aber unterschiedlich geschrieben. *Igel* müsste durch das lange I im Anlaut /i:/ als *Iegel realisiert werden – und ist damit in Anlauttabellen ein schlechtes Beispiel für ein kurzes I im Anlaut wie bei *Insel* oder *Indianer*.

Beim Hören werden Laute miteinander verwechselt, die an ähnlichen Stellen im Sprechapparat liegen; es kann nur gehört und verstanden werden, was man eigentlich schon kennt, da Gehörtes mit Erfahrungen, Wissen und Regeln in Verbindung gebracht werden muss.

Außerdem ist Rechtschreibung ein langwieriger Prozess. Einem Kind ist nicht immer sofort klar, welche Regel bei welchem gehörten Wort angewendet werden muss. Bei vielen Wörtern, die eine Ausnahme darstellen, ist ihre korrekte Schreibung auch nicht nach Regeln ableitbar.

Wenn Kinder schreiben lernen, setzen sie zuerst die sogenannte **Skelettschreibung** ein, die nur einen Teil der Buchstaben eines Wortes beinhaltet. Hierbei kann es sein, dass ein Kind eben nicht alle notwendigen Buchstaben kennt und daher nur die verwendet und niederschreibt, die es schon kennt. Möglich ist allerdings auch, dass das Kind die anderen Laute in der auditiven Präsentation eben noch nicht genau heraushören kann (*FATA für *Vater*).

Wendet das Kind bereits die **alphabetische Strategie** an, wird basierend auf der Phonem-Graphem-Korrespondenz gearbeitet (*FATER für *Vater*). Das Kind versucht also, alle ihm bekannten Laut-Buchstaben-Entsprechungen beim Schreiben einzusetzen. Erst bei Verwendung der orthographischen Strategie kann das Kind dann *Vater* schreiben, normgerecht.

Hat es aber die Regel erworben, dass bei einem [ɐ] im Auslaut ein <er> geschrieben wird, klappt diese Regel bei *Vater*, aber nicht bei *Opa*, denn daraus würde dann *Oper* werden.

5. Fragebogen rund um das Hören an Tiroler Volksschulen

In diesem Teil des Buches werden wir uns einerseits mit den Ergebnissen aus einem Fragebogen, der sich an Lehrpersonen in der Primarstufe richtete, beschäftigen. Daran anknüpfend werden wir andererseits zahlreiche praktische Empfehlungen rund um das Hören im Unterricht geben.

5.1 Allgemeiner Aufbau und Inhalt des Fragebogens

Wichtig erscheint es, dass die Lehrpersonen selbst die Vor- und Nachteile der Methoden zum Hören im Primarbereich kennen und gezielt im Unterricht anwenden können, damit die Kinder effektiv gefördert werden. Um einen Ist-Stand der aktuellen Hörmethoden in der Primarstufe in Tirol zu erfassen, haben wir einen Fragebogen eingesetzt, der einen Einblick geben kann.

Der Fragebogen, der den hier vorgestellten Daten zugrunde liegt, umfasst insgesamt fünf Teilbereiche der Grundkompetenzen Deutsch:

- Lesen (Leseerwerb, Leseunterricht, Lesezeiten)
- **Hören (Hörziele, Hören im Unterricht, Hörmaterial),**
- Texte verfassen,
- Sprachbetrachtung,
- Rechtschreibung.

Der erste Teil zum Lesen wurde bereits von Festman, Gerth, Reiter und Alber (2020) veröffentlicht. Im vorliegenden Buch legen wir den Fokus auf den Bereich *Hören*. In diesem zweiten Teil des Fragebogens haben wir die Lehrpersonen danach gefragt, welche Methoden sie im Bereich Hören im Deutschunterricht in der Primarstufe aktuell verwenden (s. Kapitel 5.2) und ob sie spezifische Herangehensweisen bei Kindern mit Migrationshintergrund haben (s. Kapitel 5.3). Auch haben wir danach gefragt, mit welchen Hörtexten die Lehrpersonen im Unterricht arbeiten (s. Kapitel 5.4).

Insgesamt umfasste der Fragebogen 29 Fragen mit unterschiedlichen Antwortformaten. Es gab Fragen nach der Häufigkeit (mit einer Skala *nie – manchmal – häufig – sehr häufig*), Ja/Nein-Fragen, offene Fragen (z. B. nach anderen Methoden, den verwendeten Hörtexten und spezifischen Angeboten und Erfahrungen mit Kindern mit Migrationshintergrund).

An der online durchgeführten Datenerhebung haben insgesamt 361 Lehrpersonen teilgenommen und den Fragebogen vollständig ausgefüllt.

5.2 Methodische Zugänge zum Hören im Unterricht

Für den methodischen Zugang im Unterricht stehen unterschiedliche Ansätze zur Verfügung. Zum einen geht es um Zugänge, die die Hörästhetik fördern wollen, zum anderen um Hörziele und das Überprüfen der Hörkompetenz. Schließlich findet nicht nur im Fremdsprachenunterricht das Hören von Klängen anderer Sprachen (z. B. Englisch) statt, sondern im Sinne der interkulturellen Öffnung werden schon lange Lieder aus anderen Sprachen in den Musikunterricht einbezogen; immer mehr wird auch Raum geschaffen für die Begegnung mit anderen Sprachen und Texten, die Geräuschkulissen in anderen Ländern etc. Für die Befragung im Fragebogen konnte nur eine Auswahl berücksichtigt werden. Es wurden neun der gängigsten Methoden ausgewählt und den Lehrpersonen präsentiert. Diese im Fragebogen eingeschlossenen Methoden lassen sich grob in vier Bereiche aufteilen:

- Ungerichtetes Hören und Hörästhetik; **Hörästhetik und Aufmerksamkeitssteuerung** (Kapitel 4.2.6 Zuhördidaktik, Kapitel 4.2.2 Wenn die Lehrperson vorliest und die Kinder zuhören) – Hörtexte werden vorgespielt oder vorgelesen,
- **Gerichtetes Hören** (Kapitel 4.2.9 Hörstile und Hörziele) – gesteuertes, selektives und globales Hören,
- Überprüfung des Hörverstehens, **Zuhören und Hörverstehen** (Kapitel 4.2.6 Zuhördidaktik, Kapitel 4.1.3.4 Flüchtigkeit der auditiven Information) – Dialoge hören und Antworten zuordnen,
- Einsatz von Hörtexten in anderen Sprachen – Englisch und Herkunftssprache (Kapitel 4.3.3 Sonderkompetenzen von Kindern mit DaZ)

Nach diesem ersten Überblick stellen wir im Folgenden die Ergebnisse der Fragebogenbefragung vor, mit einem Fokus auf den methodischen Herangehensweisen im Unterricht, um die Hörkompetenz zu schulen. Nachfolgend in 5.2.2 werden umfassend praktische Empfehlungen für die gesamte Klasse und in 5.3 spezifisch für DaZ-Kinder beschrieben.

5.2.1 Ergebnisse – methodische Zugänge zum Hören

Die Lehrpersonen sollten angeben, wie häufig sie die jeweiligen Zugänge im Unterricht einsetzen. Mehrfachantworten waren möglich.

5.2.1.1 Ergebnisse – „Welche der folgenden methodischen Zugänge setzen Sie ein und in welchem Ausmaß?"

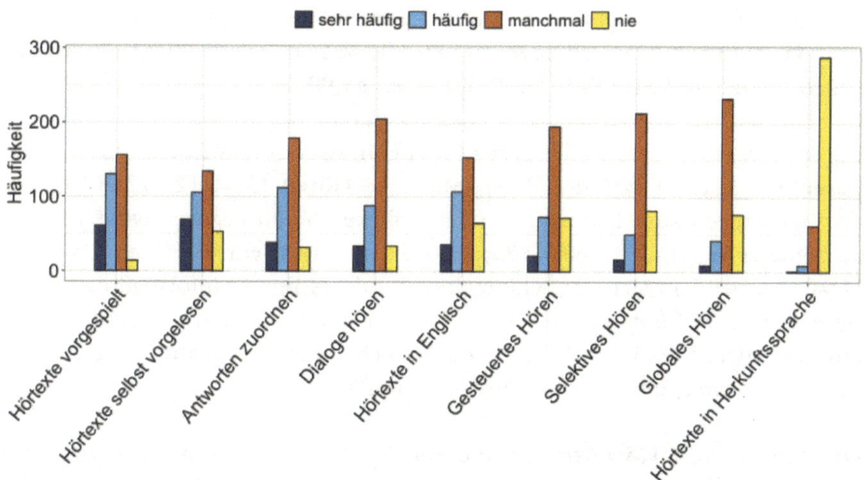

Abbildung 4: Häufigkeit der eingesetzten Methoden des Hörens im Unterricht. Quelle: eigene Darstellung.

Abbildung 4 zeigt die Verteilung der Methoden, gereiht nach der Häufigkeit, d.h. die Methoden, die am häufigsten benannt wurden, sind links abgebildet; diejenigen, die am seltensten benannt wurden, stehen rechts.

Die Häufigkeit wurde – wie in Abbildung 4 zu sehen ist – in vier Kategorien angegeben: *sehr häufig, häufig, manchmal,* und *nie*. Für jede Häufigkeit wurde eine Farbe gewählt, die für jede Methode verwendet wurde, z.B. *sehr häufig* in dunkelblau. Die Höhe der Balken zeigt die Häufigkeit der Antwortkategorie (je höher der Balken, umso häufiger wurde diese Antwort genannt).

Die Unterschiede in ihrer Häufigkeit der Unterrichtsverwendung (Abb. 4) ergab Folgendes: Am häufigsten wurden Zugänge aus dem Bereich des **Ungerichteten Hörens und der Horästhetik** (ohne Aufgaben für die Schüler*innen) genannt. Als häufigste Methode (ganz links in der Abbildung) wurde das **Vorspielen von Hörtexten** von CD, anderen Datenträgern oder aus dem Internet genannt (M=2,66; SD=0,80). Eine weitere Möglichkeit, Hörtexte zu präsentieren, ist es, sie als Lehrperson selbst vorzulesen. Die **selbst vorgelesenen Hörtexte** wurden als zweithäufigste Methode und signifikant weniger oft als das Vorspielen von Hörtexten genannt (M=2,53; SD=0,96; $t(360)$=2,27; p=,024).

Bei Begegnungen mit Hörtexten, die mit Aufgabenstellungen verbunden sind, um das **Hörverstehen zu überprüfen,** wurde das **Zuordnen von Antworten** nach dem Anhören eines Dialoges an dritter Stelle genannt (*M*=2,43; *SD*=0,80). Es wurde signifikant häufiger genannt als das zweite Aufgabenformat: das **Anhören eines Dialogs,** zu dem die Schüler*innen offene Fragen beantworteten (*M*=2,34; *SD*=0,78; *t*(360)=3,06; *p*=,002).

Zugänge aus dem Bereich des **gerichteten Hörens, also einem Hörstil,** wurden wesentlich seltener genannt. Das **gesteuerte Hören** (*M*=2,12; *SD*=0,79), bei dem die Fragen zum Hörtext vor dem Anhören herausgegeben werden, wurde häufiger genannt (*t*(360)=2,85; *p*=,005) als das **selektive Hören** (*M*=2,00; *SD*=0,74), bei dem sich die Schüler*innen auf bestimmte Informationen konzentrieren (z. B. *Ich höre, welcher Zug gerade einfährt*) oder als das **globale Hören** (*M*=1,95; *SD*=0,65), bei dem es darum geht, eine Hörsituation zu erkennen (z. B. *Ich erkenne, dass es eine Durchsage am Bahnhof ist.*).

Der Einsatz von Hörtexten in anderen Sprachen als Deutsch wurde eher selten angegeben. Am häufigsten wurden **Hörtexte in Englisch** (*M*=2,32; *SD*=0,88) und viel **seltener Hörtexte in anderen Sprachen** (z. B. Herkunftssprachen der Kinder mit Migrationshintergrund) genannt (*M*=1,23; *SD*=0,49; *t*(360)=21.04; *p*<001).

5.2.1.2 Ergebnisse – weitere methodische Zugänge der Lehrpersonen

Zusätzlich zu den Antworten auf die vorgegebenen neun methodischen Zugänge wurden die Lehrpersonen auch danach befragt, welche anderen Zugänge sie zur Förderung des Hörens im Unterricht einsetzen. Die Antworten werden in die vier genannten Bereiche Ungerichtetes Hören und Hörästhetik, Gerichtetes Hören, Überprüfung des Hörverstehens und Einsatz von Hörtexten in anderen Sprachen eingeteilt.

Ungerichtetes Hören und Hörästhetik: Im Bereich der Hörästhetik gaben die Lehrpersonen an, dass sie selbst den Kindern vorlesen oder die Kinder vorlesen lassen.

Gerichtetes Hören: Im Bereich des gerichteten Hörens gaben die Lehrpersonen Übungen zum selektiven Hören an. Dies waren Übungen zur Geräuschidentifizierung und -unterscheidung, das Suchen der Geräuschquelle oder Richtungshören, das Erkennen von Stimmen, Geräusche-Memory und Lauschicals (s. Kapitel 5.2.2.7) aus dem Zaubereinmaleins, einem Onlineportal für Unterrichtsmaterialien (www.zaubereinmaleins.de) an. Außerdem werden Übungen zur gezielten Förderung der phonologischen Bewusstheit (z. B. Silben, Reime, Lieder, Dialekte erkennen) eingesetzt.

Überprüfung des Hörverstehens: Übungen zum gezielten Hörverstehen beziehen sich auf gezielte Fragen, die zum Inhalt des gehörten Textes gestellt werden, Fantasiereisen, Rätselreisen und das Hören und anschließende Ausfüllen eines Lückentextes, der sich auf das Gehörte bezieht.

Manchmal wurde das Vorlesen auch mit einer bestimmten Aufgabe verbunden, z. B. das Gehörte nachzuerzählen, bestimmte Wörter, die falsch sind, herauszuhören (sogenannte Kuckuckswörter) oder sich mit Bewegungen an der Geschichte zu beteiligen (Mitmachgeschichten, s. Kapitel 5.2.1.2).

Einsatz von Hörtexten in anderen Sprachen: Eine Lehrperson gab an, dass sie Englisch integrativ unterrichtet und hier die Immersions- oder CLIL-Methode verwendet. Oft werden Unterrichtsinhalte in der Fremdsprache unterrichtet, soweit die Kinder diese verstehen.

Des Weiteren gibt es Morgenkreise oder Gesprächsrunden, in denen das gegenseitige Zuhören gefördert wird und eine **Gesprächskultur** in der Klasse erlernt wird. Außerdem verwenden die Lehrpersonen **Triadengespräche** (für Näheres hierzu s. Kapitel 5.2.2.11) zu bestimmten Themen und unterstützen sprachgestütztes Handeln. Hierbei geht es allerdings nicht ausschließlich um die Fähigkeit des Hörens, sondern diese wird in Kombination mit dem Sprechen angewandt.

Als methodischer Ansatz im Bereich digitaler Medien werden **Audiostifte** und **Hörspiele** genannt. Die Lehrpersonen arbeiten mit **LÜK**-Übungsheften und Audimus zur Förderung des Hörens in der Schule.

5.2.2 Empfehlungen für die Lehrperson: das Hören in der Schule schulen

Im Folgenden werden die verschiedenen Ebenen beschrieben, auf denen Hörkompetenz geschult werden sollte. Sie umfassen basale Ebenen (außersprachliche akustische Wahrnehmung von Geräuschen und die gezielte Wahrnehmung und Diskriminierung von Lauten), einzelne Worte und Sätze und schließlich Texte. Es geht auch um die Förderung von Hörgenuss und die Entwicklung von Hörästhetik, um Hörkompetenzen für das sichere Verständnis von Instruktionen und Reaktionen (*Total Physical Response*), die gezielte Vermittlung von verschiedenen Hörstrategien zur Unterstützung der Verständnissicherung. Schließlich wird ein Fokus auf Hören als Teilkomponente der Interaktion und Kommunikation im Schulkontext gelegt. Genauer gehen wir abschließend auf Hören und Hörtexte in anderen Sprachen sowie digitale Medien, insbesondere den Audiostift, ein.

5.2.2.1 Außersprachlicher Bereich: Übungen zur außersprachlichen akustischen Wahrnehmung

Höreindrücke wie verschiedene Geräusche, Stimmen, Musik, aber auch Lärm werden mit den Ohren wahrgenommen. Sensibilisierende Übungen helfen dabei, Geräusche genauer wahrzunehmen, zu definieren und zu unterscheiden, welche Geräusche, welche Musik, welche Stimmen Wohlbefinden bzw. Unbehagen auslösen.

Die vorgestellten basalen Übungen zielen darauf ab, durch das Hören von Geräuschen, die im Gehirn weniger aufwändig verarbeitet werden als Stimmen, den Hörsinn zu schärfen. Kriterien einer Erfolgskontrolle sind die Wahrnehmung und Zuordnung einer steigenden Anzahl an Geräuschen.

Im Folgenden werden Übungen für den außersprachlichen Bereich angeführt.

Die auditive Lokalisation: Dazu zählen die räumliche Einordnung der Geräuschquellen, das Suchen von Geräuschquellen und das Richtungshören (vgl. Staatsinstitut für Schulqualität und Bildungsforschung, 2016)

- **Hör-Spaziergang:** Mit verbundenen Augen (Ausschalten des visuellen Sinns) machen die Schüler*innen einen Spaziergang, bei dem sie nicht sehen können. Sie werden dabei von einem*einer Mitschüler*in herumgeführt. Die Aufmerksamkeit wird dabei ganz auf das Hören gelegt und die Schüler*innen üben, sich zur Orientierung auch auf das Gehör zu verlassen. (vgl. Arnu & Ulrich, 2006)
- **Geräusche-Labyrinth:** Mit verbundenen Augen versucht ein Kind einem Geräusch (Glocke, Triangel, Klangschale etc.), das von einem weiteren Kind gemacht wird, durch den Raum zu folgen. Die anderen Schüler*innen verteilen sich im Raum und stellen Hindernisse dar. Um zu verhindern, dass das „blinde" Kind in ein Hindernis läuft, geben diese Kinder rechtzeitig ein Geräusch (Reißverschlusse, Kette, Rascheln von Papier etc.) von sich. Am besten funktioniert diese Übung in einem Raum ohne Tische und Stühle wie dem Turnsaal (vgl. Arnu & Ulrich, 2006). Alternativ

können hier auch Spiele wie **Fledermaus jagt die Beute** oder **Gazellenjagd** gespielt werden. Hier versuchen die Kinder mit verbundenen Augen ihre Beute zu fangen, indem sie Stöcke oder Steine aneinanderschlagen. Die anderen Kinder antworten auf die gleiche Weise (Buneß, 2018).

- **Hörst du das Rascheln?** Ein Stück Papier oder auch eine kleine Glocke wird im Sitzkreis möglichst ohne Geräuschentwicklung einmal durchgereicht. Ein Kind mit verbundenen Augen in der Mitte versucht genau anzuzeigen, wo sich das Papier gerade befindet. Überraschend ist es, wie konzentriert und still die Kinder bei dieser Übung werden (vgl. Arnu & Ulrich, 2006).
- **Geräuschekompass:** In einem Stehkreis wird einem Kind mit verbundenen Augen, das in der Kreismitte sitzt, ein Wattebausch auf den Kopf gelegt und wieder entfernt. Das Kind in der Mitte versucht zu erhören, woher diese Bewegung kommt. Es filtert dabei ein gezielt erwartetes Geräusch aus anderen heraus und schult dabei auch die räumliche Orientierung. Damit diese Übung funktioniert, braucht es absolute Stille, Gruppengrößen mit 5–6 Personen sind motivierender, da die Kinder schneller an die Reihe kommen (vgl. Arnu & Ulrich, 2006).

Die auditive Figur-Grundwahrnehmung: Dazu zählt das Herausfiltern von Geräuschen aus einem „Geräuschebrei“ und das Notieren/Zeichnen von Höreindrücken (vgl. Staatsinstitut für Schulqualität und Bildungsforschung, 2016).

- **Gezielt Hören:** Schüler*innen versuchen, ein bestimmtes Geräusch aus einer Vielzahl an Geräuschen herauszuhören. So werden die Schüler*innen beispielsweise angeregt, aus einer Tonaufnahme mit Straßenlärm die Fahrradklingel, in der Klasse mit Arbeitslärm die Klangschale oder das Geräusch beim Hinunterfallen von Alltagsgegenständen (Bleistift, Lineal etc.) zu hören und zu identifizieren. Die Aufmerksamkeit muss dabei gezielt „ausgerichtet“ werden (vgl. Arnu & Ulrich, 2006).
- **Hörrätsel:** Schüler*innen erstellen Geräuscherätsel für ihre Mitschüler*innen, indem sie möglichst unauffällige Geräusche finden und aufnehmen. Gemeinsam können dann in der Klasse die Aufnahmen angehört werden. Im Anschluss kann auch besprochen werden, ob die Geräuschquellen auf Band anders klingen oder welche Geräusche oft gar nicht mehr wahrgenommen werden (vgl. Arnu & Ulrich, 2006).
- **Warnsignale im Alltag:** Hier erfahren und benennen Kinder, welche Warnsignale in ihrem Alltag wichtig sind und dass Hören vor Gefahren schützt (vgl. Staatsinstitut für Schulqualität und Bildungsforschung München, 2010).
- **Wie viele Kinder singen da?** Die Klasse wird in zwei Gruppen geteilt, die mit dem Rücken zueinander sitzen. Jede Gruppe hat einen Dirigenten, der

bestimmt, wie viele Kinder ein bekanntes Lied singen sollen. Die andere Gruppe errät, wie viele Kinder das Lied gesungen haben. Dann werden die Gruppen getauscht. Alternativ kann auch gehört werden, wie viele Bohnen (Münzen, Reiskörner) in ein Glas fallen (Buneß, 2018).

- **Ich höre was, was du nicht hörst:** Hier beschreiben die Kinder sich gegenseitig Geräusche. Die Partnerkinder versuchen diese zu erraten. Wichtig ist dabei, vorher einen Wortschatz zu erarbeiten (weit weg, leise, quietschend, klopfend, usw.) (Buneß, 2018).
- **Erstellen von Hörschnappschüssen (ab Klasse 2):** Verteilt über den Tag notieren bzw. zeichnen die Schüler*innen, was sie gerade hören. Als Arbeitsauftrag können Schüler*innen Bilder zu Geräuschen malen bzw. Bilder der Geräusche aufkleben. Ab der 2. Klasse können die Schüler*innen die Uhrzeit, den Ort, was sie gehört haben und wie sich das Geräusch, die Stimme, die Musik angehört hat, notieren. Treffendes Wortmaterial zur Beschreibung des Höreindrucks wird erarbeitet und hilft den Kindern dabei, den Höreindruck festzuhalten (vgl. Arnu & Ulrich, 2006).
- Auch durch die Arbeit mit **Soundbüchern** in der Schule beispielsweise *Ein Tag in der Wimmelstadt* sammeln die Schüler*innen Höreindrücke und erweitern ihr Repertoire.

Die auditive Differenzierung/Diskriminierung: Dazu zählen das Zuordnen und Unterscheiden von lauten und leisen, hohen und tiefen Tönen oder die rhythmische Differenzierung. Aufgabenstellungen zur auditiven Differenzierung/Diskriminierung könnten sein:

- **Welche Kirchenglocken sind am weitesten weg?** Gibt es in einer Stadt mehrere Kirchen, die zur selben Zeit läuten, kann diese Aufgabe gelöst werden; sonst muss das Kirchenglockenläuten aufgenommen und den Kindern vorgespielt werden.
- **Welches Pferd ist am schnellsten?** Die Kinder erhören die Geschwindigkeit eines Pferdes in den Hörbeispielen eines gehenden, trabenden und galoppierenden Pferdes.
  Eine Variation dieser Übung kann auch im Turnsaal durchgeführt werden. In diesem Falle erhören die Kinder mit geschlossenen Augen, ob ein Kind steht, geht, läuft oder rennt.
- **Wo regnet es weniger stark?** Verschiedene Hörbeispiele zeigen den Kindern die Stärke eines Gewitters. Ein Nachahmen eines Gewitters mit den Fingern, die auf den Tisch trommeln, wäre eine mögliche Anschlussübung.
- **Welches Geräusch klingt am wärmsten?** Den Kindern werden mehrere Geräusche nacheinander vorgespielt, z. B. das Rühren in einem Topf, das Klingeln einer Glocke, das Schließen einer Tür, Vogelgezwitscher, das Knis-

tern von Holz im Kamin. Sie dürfen einschätzen und mitteilen, welches Geräusch für sie am wärmsten klingt.

- **Welches Geräusch passt nicht?** Hier hören die Kinder aus mehreren Geräuschen einer Situation (Spielplatz, Straße, Wald) ein unpassendes heraus. Beispielsweise rutscht das Klingeln eines Weckers zwischen Höreindrücke aus dem Wald (Rauschen des Waldes, Rascheln der Blätter beim Gehen und einige Tierlaute).
- **Wie klingt Wasser?** Die Schüler*innen sammeln Hörerfahrungen, wie Wasser klingen kann, wenn es in unterschiedliche Gefäße geschüttet wird, wenn Wasser gespritzt, geschüttet, geschöpft oder gegossen wird. Alternativ kann man auch Steinklänge oder Papierklänge als Hörimpulse einbeziehen.

Das auditive Gedächtnis: Dazu zählt das Speichern akustischer Reize, um sie bei Bedarf wiedergeben zu können (vgl. Staatsinstitut für Schulqualität und Bildungsforschung, 2016).

- **Geräusche-Memory**: Immer zwei leere Filmdöschen werden mit unterschiedlichen Inhalten wie Reis, Linsen, Sand, Papierstückchen, etc. gefüllt. Durch Schütteln versuchen die Schüler*innen die Paare zu finden. Wenn mehrere Dosen mit dem gleichen Inhalt gefüllt werden, kann man diese Übung auch mit der gesamten Klasse machen. Dazu suchen die Kinder durch Schütteln ihrer Dosen ihre Partner*innen (vgl. Arnu & Ulrich, 2006).
- **Koffer packen mit Geräuschen:** Ziel ist hier das Merken einer immer länger werdenden Reihe von Geräuschen. Körpergeräusche, Musikinstrumente oder nicht sinntragende Silben und Wörter, die hintereinander vorgespielt bzw. vorgesprochen werden, werden von den Schüler*innen nachgeahmt. Die Anzahl der vorgespielten Geräusche kann je nach Schwierigkeit variiert und erweitert werden.
- **Geräusche-Kim:** Beim Anhören von zwei ähnlich klingenden Geräuscheketten benennen die Kinder fehlende Geräusche oder Unterschiede.
- TIPP: Der **Auditorix-Hörkoffer** (online), entwickelt von der Initiative Hören e.V., bietet weitere Unterrichtsimpulse, aber auch Geräusche zum Download (www.auditorix.de – Hörkoffer online).

Das Aufbauen einer Hörbereitschaft bzw. der Hörsensibilisierung dient zur Vorbereitung und Stimulierung für weiterführende Aufgaben in den Bereichen Lesen, Schreiben und Sprechen. Aus diesem Grund stehen Aufgaben mit dem Schwerpunkt **Aufmerksamkeitssteuerung** auch am Anfang einer Unterrichtseinheit. **Sie** forcieren zielgerichtetes, konzentriertes Hören.

- **Eine stille Minute**: Die Schüler*innen sitzen mit geschlossenen Augen am Platz, während eine Stoppuhr läuft. Sie schätzen, wie lange eine Minute dauert und heben die Hand. Wer schafft es, die Minute am besten einzuschätzen?
- **Hörhäppchen**: Die Schüler*innen konzentrieren sich auf einzelne Geräusche (Klangschale, Wasserrauschen ...), um zur Ruhe zu kommen.
- **Flüsterpost**: Die Lehrperson flüstert Wörter oder Sätze, die Kinder versuchen diese zu verstehen. Schwieriger wird es, wenn die Lehrperson nur Lippenbewegungen macht.

Erfahrung:
Schüler*innen wenden unterschiedliche Möglichkeiten an, wie sie die Aufmerksamkeit auf das Hören richten. Manche schließen die Augen, andere schauen aus dem Fenster oder auf das Blatt Papier vor ihnen, wenn sie vorgelesen bekommen oder den Hörtext anhören.

Das Anhören einer Lesung, eines Hörspiels bzw. eines Podcasts erzielt beim Hören mehr Aufmerksamkeit seitens der Schüler*innen, als dies vielleicht durch das stille Lesen der Fall ist. Tonstärke, Stimmfärbung, Sprechtempo und -pausen unterstützen und lenken das Verständnis des Inhalts.

5.2.2.2 Regelmäßiger Fokus auf das Hören: Hören zu einem Ritual im Unterricht machen

Um das Hören als Kompetenz regelmäßig und kontinuierlich im Unterrichtskontext zu fördern, sollte ein regelmäßiger Fokus auf der Erweiterung der Hörkompetenzen liegen. Damit dies kontinuierlich eingebaut wird, können Rituale helfen (s. Kapitel 4.1.2).

Neben Anregungen zur Vorbereitung auf die Hörsituation werden hier auch Methoden, Übungen und Inhalte der Hörsituationen selbst vorgestellt und wie diese ritualisiert werden können.

Ankommens-Spiele, Zuhör-Rituale, Meditationen: In diesen Bereich fallen Atemübungen, Ohren-Massagen, Lauschübungen (Klangschalen), Stille-Übungen, aber auch Ankommens-Gymnastik (Lockerung des Kopf-Schulter-Nacken-Rückenbereichs) (s. auch Kapitel 4.1.2). Sie helfen, den eigenen Körper zu erspüren, zur Ruhe zu kommen und die Aufmerksamkeit auf die Zuhörsituation zu richten (Stiftung Zuhören, 2020).

- Für die Schulung des Zuhörens in besonders entspannter Atmosphäre eignen sich **Fantasiereisen** wie z. B. *Wohlfühlgeschichten* von Draxler-Zenz (2018) für 4–6-Jährige oder *30 Fantasiereisen für Frühling, Sommer, Herbst und Winter* von Müller (2021), ein Bildkartenset für Kinder von 4–10 Jahren, das 2021 erscheint. Die Kinder lassen sich an ferne Orte entführen, ihre Gedanken, Gefühle und ihre Vorstellungskraft werden angeregt, sie schlüpfen intensiv in die Rollen von Rittern und Feen.
- Die **Ohren** vor Beginn einer Zuhöreinheit zu **massieren**, also sinnlich haptisch zu stimulieren und somit auf „Empfang" zu stellen, erleichtert den Kindern den Einstieg in einen Erzählkreis oder das Anhören einer Vorlesegeschichte oder eines Hörspiels. Sinnvoll ist es, wenn die Lehrperson die Übung gemeinsam und regelmäßig mit der Klasse durchführt. Dabei kneten die Schüler*innen mit geschlossenen Augen sanft beide Ohren mit Daumen und Zeigefinger vom Ohrläppchen mehrmals nach oben und wieder nach unten. Anschließend kann man auch die Finger wie Ameisen über die Ohren krabbeln lassen. Am Ende werden beide Hände über die Ohrmuschel gelegt und man lauscht in die Stille (vgl. Stiftung Zuhören, 2020).
- Auch **Atemübungen** helfen dabei, die Aufmerksamkeit und Konzentration zu verbessern. Wichtig ist es, gerade bei jüngeren Kindern, die Atemübung spielerisch und kreativ zu verpacken und regelmäßig anzubieten.

Hier sind einige Möglichkeiten beschrieben:

- **Der Luftballon:** Ein fiktiver Luftballon wird aufgeblasen und wieder ausgelassen. Dabei wird die Einatmung durch die Arme unterstützt, indem sich die Hände langsam auf Brusthöhe heben. Mit dem Ausatmen wird der Ballon wieder klein und die Arme sind wieder neben dem Körper.
- **Die Schlange:** Die Kinder atmen tief ein und aus. Beim Einatmen hebt sich der Bauch, beim Ausatmen versuchen die Kinder wie eine Schlange zu zischen. Damit möglichst lange ausgeatmet wird, sollte die Schlange möglichst lange zu hören sein.
- **Ärger wegschieben:** Die Kinder atmen tief ein und aus. Beim Einatmen hebt sich der Bauch und Arme werden nach oben gestreckt, beim Ausatmen drücken die Kinder die Arme nach rechts und links und versuchen, eine unsichtbare Wand wegzudrücken.
- In dem Buch von Wynne Kinder *Achtsamkeit: Fantasievolle Übungen, die Kindern Ruhe schenken* (2019) und der Broschüre *Willkommen zurück. Gemeinsam lauschen, zuhören, wieder ankommen* der Stiftung Zuhören (2020) sind noch weitere Anregungen zu **Atemübungen** zu finden. Auch ein Blick in die **Entspannungsübungen** des Kinderyogas lohnt sich (vgl. https://www.netpapa.de/gesundeskind/atemuebungen-fuer-kinder-entspannung/).

Miteinander reden und erzählen – Rituale im Gesprächskreis

- **Gesprächsregeln:** Sie sollten gemeinsam mit den Schüler*innen festgelegt, erarbeitet und formuliert werden. Dadurch schaffen sie eine angenehme Atmosphäre und unterstützen den Aufbau einer wertschätzenden Gesprächskultur, in der es möglich ist, eigene Meinungen zu äußern und unterschiedliche Ansichten zu akzeptieren (s. Kapitel 4.1.2). Haben Kinder die Sinnhaftigkeit der Gesprächsregeln erfasst, fällt es ihnen leichter, diese auch einzuhalten. Bei Kindern der ersten Klasse eignet sich bei der Einführung der Einsatz einer Handpuppe (alternativ auch ein Stofftier), die nicht zuhören kann, die andere unterbricht und keinen Blickkontakt hält. Die Schüler*innen erarbeiten die Gesprächsregeln *Wir hören gut zu, Wir schauen uns an* und *Wir warten* (*Wir lassen den anderen ausreden*) gemeinsam mit der Handpuppe. Es bewährt sich, Regeln positiv zu formulieren, auf Modalverben wie *sollen, müssen* und *wollen* zu verzichten und zu Beginn nur wenige Regeln zu erarbeiten, die im Laufe der Grundschulzeit erweitert werden. Diese Gesprächsregeln werden mittels Bilder oder Plakate (z. B. Piktogramme Mund, Ohr, Auge) im Klassenraum sichtbar gemacht. Es reicht jedoch nicht, diese nur sichtbar zu machen. Die Regeln zu kennen, bedeutet nicht automatisch, diese auch anzuwenden. So ist es hilfreich, in bestimmten Situationen wie beispielsweise bei Gesprächen im Morgenkreis das Bild *Wir warten* in die Mitte zu legen mit dem Hinweis, dass auf diese Regel besonders geachtet wird (Berg, 2019).
- **Nonverbale Signale** (wie beispielsweise den Zeigefinger auf die Lippen legen, um zu signalisieren *Bitte, seid leise*, das Geräusch einer Glocke oder eines Gongs, ein Windspiel, das angestupst wird und erklingt, was den Kindern signalisiert, dass sie rasch einen Sitzkreis bilden sollen etc.) oder Symbolkarten sind eine gute Möglichkeit, ohne lange Erklärungen und viel Ermahnen zwischen Aufgaben oder Sozialformen zu wechseln, auf die nächsten Aufgaben vorzubereiten und die Kinder darauf einzustimmen. Hier ist wichtig, diese Signale mit den Kindern klar zu vereinbaren, so dass deren Bedeutung für sie eindeutig ist.
- Um ein Abschweifen vom Thema zu verhindern, hilft beispielsweise eine **Symbolkarte mit einem Rufzeichen**, für die Einhaltung der Redezeit eine **Uhr** (Hagenauer & Bundesinstitut für Bildungsforschung, 2015).
- **Erzählsteine** (s. Abb. 5) oder andere Gegenstände können dafür genutzt werden, den Kindern die Rollenverteilung in einem Erzählkreis zu verdeutlichen. Die Lehrperson zeigt den Kindern den Erzählstein und erklärt, dass das Kind, das den Stein in seiner Hand hält, erzählen darf, während die anderen zuhören. Ist man fertig, wird der Stein reihum weitergegeben oder in die Mitte zurückgelegt. Wird der Erzählstein weitergeben oder nimmt sich

ein Kind den Erzählstein aus der Mitte, ändern sich die Rollen und nur die Person mit Erzählstein darf nun erzählen.

Abbildung 5: Erzählstein – einfach einen Stein selbst mit Acrylfarbe bemalen. Foto: J. Festman.

- **Blitzlicht:** Mit dieser Methode gelingt es, dass Schüler*innen kurz und bündig zu einem Thema sprechen oder sich Feedback geben, aber auch, dass man von allen Kindern der Klasse eine Wortmeldung bekommt, die nicht so zeitintensiv ist. Am Anfang steht immer eine klar formulierte Frage, zu der sich alle Schüler*innen der Reihe nach äußern. Wichtig dabei ist, dass die Antworten erst im Anschluss an die Wortmeldungen kommentiert und diskutiert werden. Die Redezeit wird im Vorhinein vereinbart und kann von einem Wort bis zu ein bis zwei Sätzen reichen. Die Blitzlichtmethode eignet sich sehr gut, um das Vorwissen der Schüler*innen zu aktivieren. Als Einstieg in ein neues Thema nennen die Kinder ein Wort, das sie mit dem Thema in Verbindung bringen. So erhalten alle Kinder die Möglichkeit zu sprechen. Am Ende der Unterrichtseinheit bekommen alle Kinder die Möglichkeit kurz und knapp zu sagen, was ihnen gut oder weniger gut gefallen hat und wo sie Schwierigkeiten hatten (vgl. Hagenauer & Bundesinstitut für Bildungsforschung, 2015).
- **Hörtagebuch:** Ein Hörtagebuch zu führen fördert die individuelle Auseinandersetzung mit Hörerlebnissen und bietet auch die Möglichkeit,

Hörerfahrungen und mögliche Schwierigkeiten zu äußern. Vergleichbar mit einem Lesetagebuch können die Kinder Höreindrücke beispielsweise nach dem Anhören einer Lesung oder eines Hörspiels in einem Hörtagebuch notieren, den Inhalt zusammenfassen, beeindruckende Informationen festhalten, die eigene Meinung äußern, Fragen aufschreiben, Zeichnungen anfertigen und weiterführende Informationen ergänzen. Die einzelnen Einträge im Hörtagebuch können auch Grundlage für Hörbuch und Hörspielvorstellungen und -empfehlungen seitens der Schüler*innen sein und in der Klasse diskutiert werden (Rathmann & Vach, 2016).

- **Bücherliste zur Buchstabenerarbeitung (Hinweis Barbara Warbanoff, VS Reichenau):** Zur Erarbeitung des neuen Buchstabens werden ganz regelmäßig ausgewählte Bilderbücher einbezogen (s. Tab. 6). Die Kinder lernen einen direkten Bezug vom neu zu lernenden Buchstaben zu einem Charakter im Buch, einem Buchtitel, um ihn besser memorieren zu können, um einen zusätzlichen, empathischen Bezug herzustellen. Entweder kommt der jeweilige Buchstabe im Titel vor oder er spielt eine wichtige Rolle in der Geschichte. Das Buch wird vorgelesen (ganz oder ein Ausschnitt) und der Inhalt sowie der jeweilige Buchstabe werden während der laufenden Woche immer wieder aufgegriffen. Durch das Herstellen dieser Rückbezüge zu dem Buch und meist zu einem Hauptcharakter werden der neu erlernte Buchstabe und auch Wörter, die diesen Buchstaben enthalten, mit der Vorlesegeschichte und somit einer Hörerfahrung verknüpft und bietet so eine motivierende Erweiterung und Verknüpfung der Lautschulung bei der Buchstabenerarbeitung mit dem Buch.

  Die Vernetzung der Lautschulung mit einem Bilderbuch bietet eine große Bandbreite an Möglichkeiten und wird im Laufe des Schuljahres an die zunehmenden Lernzuwächse bei den Schüler*innen, aber auch an die routinierteren, ritualisierten Abläufe angepasst.

  Durch das gemeinsame Anschauen des Covers und das Präsentieren des Titels werden die Kinder angeregt, über den Inhalt nachzudenken (vgl. Dialogisches Vorlesen). Zu Beginn des Schuljahres wird das Bilderbuch – angepasst an die Aufmerksamkeitsspanne der Kinder – nur abschnittweise vorgelesen.

  In einem nächsten Schritt beantworten die Kinder die Frage *Was hat das Buch mit dem neuen Buchstaben zu tun?* und nennen Wörter aus der Geschichte, mit denen Übungen zur Lautschulung angeboten werden, um die phonologische Bewusstheit aufzubauen (mögliche Übungen vgl. Kapitel 5.2.2.4). Hilfestellungen könnten hier nochmaliges betontes Vorlesen oder auch Bildkarten zur Visualisierung sein.

  Im Laufe des Schuljahres bietet sich alternativ an, bereits vorher Wörter mit dem neuen Buchstaben zu suchen und beim Vorlesen darauf zu achten, wie oft und ob die Wörter auch in der Geschichte vorkommen bzw. welche von den Schüler*innen nicht genannt wurden.

Die Olchis und der blaue Nachbar (Erhard Dietl) eignet sich bei der Einführung des Öö, da der blaue Olchi bei allen Wörtern das o durch ein ö ersetzt (**Hallö, *Stöpp, *öder, *Schrött*).

Weiterführende Aktivitäten wie das Suchen und Lesen bestimmter Textstellen, das Finden von Fehlern bei vorgegebenen Satzstreifen (Hinweise mit Seitenzahl auf die Stelle im Buch), das Aufgreifen des Buchthemas im Sachunterricht (*Der kleine Igel und die Sternschnuppe, Unser Waldabenteuer*) und der Bildnerischen Erziehung (*Elmar, Pippi Langstrumpf*) ermöglichen das Wiederaufgreifen der Vorlesegeschichte, das Hingreifen zum Buch während der gesamten Unterrichtswoche, aber auch ein Kennenlernen vieler Bücher. So werden gleichzeitig vielfältige Leseangebote geschaffen.

Erfahrung:
Es empfiehlt sich, die jeweiligen *Buchstaben-Bücher* bereits einige Tage vorher in der Klasse als *Buch der Woche* sichtbar für die Schüler*innen bereitzustellen. So wird bereits im Vorfeld eine Erwartungshaltung bei den Schüler*innen aufgebaut und die Neugier geweckt.

Tabelle 6: Bücherliste zur Buchstabenerarbeitung

Buchstabe	Buchtitel
A	*Anton das Bison* *Einer für Alle, Alle für Einen* *Anni findet ein Pony*
Ä	*Der Bär schreibt einen Brief* *Janosch: Tiger und Bär* *Der Räuber Hotzenplotz*
AU	*Miau ruft Au!* *Eine Maus kommt groß heraus* *Auf nach Yellowstone!*
B	*Ben und der böse Ritter Berthold* *Wir Kinder aus Bullerbü* *Der Buchstabenfresser* *Das magische Baumhaus*
C	*Conni kommt in die Schule*
CH	*Ich und meine Chaos-Brüder* *Das kleine Ich bin Ich* *In der Nacht* *Die Schule der magischen Tiere*
D	*Kein Drache weit und breit* *Dr. Brumm* *Drachenmeister*
E	*Elmar* *Das häßliche Entlein* *Emil und die Detektive* *Erkki, der kleine Elch*
EI	*Das schönste Ei der Welt* *Polizeihund Bolle im Einsatz*
EU	*Heule Eule* *Eule Eva* *Die Eulen von Blütenwald*
F	*Ein Feuerwerk für den Fuchs* *Frederik* *Der Froschkönig* *Geschichten vom Franz* *Der Findefuchs* *Die feuerrote Friederike* *Flora Flitzebesen*
G	*Die Geggis* *10 kleine Burggespenster auf Reisen* *Viele Grüße Deine Giraffe* *Glühwürmchen in der Geisterbahn*

Buchstabe	Buchtitel
H	*Die kleine Hummel Bommel* *Hatschi Bratschis Luftballon* *Die Heuboden-Bande* *Holunderweg- Frühling im Holunderweg* *Haltet den Dieb!* *Holly Hosenknopf*
I	*Der kleine Igel und die Sternschnuppe* *Irgendwie Anders*
J	*Joschi und das Schrumpfgeheuer* *Jan und Julia sind krank* *Macht ja nix!* *Jim Knopf und Lukas der Lokomotivführer*
K	*Der kleine Drache Kokosnuss* *Rodrigo Raubein und Knirps, sein Knappe* *Der Kater mit den goldenen Pfoten*
L	*Laura, Robin und die Räuber* *Die Geschichte vom Löwen, der nicht lesen konnte* *Das doppelte Lottchen*
M	*Minus Drei* *Mathildas Monster* *Monty Vampir* *Mama Muh* *Molle Maulwurf und die wilde Erdbeerjagd* *Monja Mondstein – Aufregung im Hexenhaus*
N	*Nils Holgerson* *Geschichten vom Nikolaus* *Kleines Nashorn, wo fährst du hin?* *Milla und der Nashornbus*
O	*Die Olchis aus Schmuddelfing* *Der Tag an dem Oma das Internet kaputt gemacht hat* *Odo* *Mira, Oskar und die Buchstaben-Magie*
Ö	*Die Olchis und der blaue Nachbar* *Snöfried aus dem Wiesental*
P	*Leon Pirat* *Pippi Langstrumpf* *Pu der Bär* *Anton, der kleine Pirat* *Der kleine Pirat* *Petronella Apfelmus* *Pumuckel* *Die Piratenschiffgäng*

Buchstabe	Buchtitel
PF	*Das große und das kleine Pfüh* *Ein Pferd namens Guglhupf* *Hexe Nudelzopf*
Q	*Quentin Qualle* *Ziemlich beste Schwestern – Quatsch mit Soße*
R	*Rapunzel* *Raupe Nimmersatt* *Rabe Rudi* *Laura, Robin und die Räuber* *Der Regenbogenfisch* *Rubina Wunderherz, die mutige Waldelfe*
S	*Sofia und das Schnupfentier* *Superwurm* *Socke und Sophie* *Am Samstag kam das Sams zurück* *Silberwind, das weiße Einhorn*
SCH	*Sch, sagt der Elefant* *Sofia und das Schnupfentier* *Schokuspokus – der geheime Kakaoklau*
SP	*Spinnst du schon?* *Spannende Krimis zum Mitraten* *Memo Kids. Spannende Erfindungen*
ST	*Der gestiefelte Kater* *Die Stanisläuse* *Sternenschweif*
T	*Das Buch der Trolle* *Wie der Tiger lesen lernte* *Tommi Tatze* *Tafiti und die Rettung der Gnus* *Tierklinik Pfötchen*
U	*Urmel schlüpft aus dem Ei* *Unser Waldabenteuer – SUPERLESER* *20.000 Meilen unter dem Meer*
Ü	*Der Grüffelo* *Überall Blumen* *Baum der Wünsche* *Schnüpperle kommt in die Schule*
V	*Valentino Frosch* *Das Vamperl* *Valerie und die Gute-Nacht-Schaukel* *Die Vulkanos pupsen los!* *Vico Drachenbruder*

Buchstabe	Buchtitel
W	*W-w-wer hat schon Angst im Dunkeln?* *Das kleine Wir* *Der Wal im Wasserturm* *Die Waschbärenbande* *Die Wichtel aus dem Hundertwurzelwald*
X	*Die kleine Hexe hat Geburtstag* *Die kleine Hexe* *Hexe Lilli* *Pixi Wissen* *Nixengeschichten*
Y	*Yakari* *Dusty – Gut gebellt, kleiner Hund!* *Ponyhof Glücksklee – Ponyferien mit Jolly*
Z	*Zilly die Zauberin* *Die Zauberflöte* *Der Zauberlipizzaner* *Im Zeichen der Zauberkugel* *Professor Astrokatz – Reise in die Tiefsee*

- **Nachricht der Woche:** Informiert zu sein und regelmäßig Nachrichten zu hören, kann bereits für Kinder zu einem Ritual werden. Das Format von Nachrichten besticht durch seine auf Information maximierte Kürze und sachliche Sprache, oft auch durch einen besonderen Wert auf eine klare Aussprache in Hochsprache. Daher ist es ein herausfordernder Auftrag, Nachrichten zu hören, aber mit etwas Zeit für die Gewöhnung und Hintergrundwissen über Sinn, Zweck und Aufbau von Nachrichtenmeldungen kann dies eine gute Übung für Kinder sein, sachliche, besonders kurz gehaltene Informationen aufzunehmen.
  Kindernachrichten orientieren sich an den aktuellen politischen, wirtschaftlichen und gesellschaftlichen Themen, geben aber auch Hintergrundinformationen, um die Themen verstehen und einordnen zu können (Hackbarth, 2017).
  An einem in der Klasse festgelegten Tag hören die Kinder gemeinsam einen Nachrichtenbeitrag (im Radio oder im Internet, z. B. auf Portalen mit Nachrichten für Kinder, s. unten) an. Dieser kann auch ergänzt werden durch aktuelle Zeitschriftenartikel oder Meldungen der Kinder, die *live* vorgelesen werden (Rathmann & Vach, 2016). So bekommen die Schüler*innen die Möglichkeit, ihre Fragen und ihr Wissen zum Geschehen in der Welt zu äußern und ihr Interesse an aktuellen Themen zu bekunden.
  Aufgrund der Kürze und der Dichte der Informationen dieser Hörsequenzen ist es für Schüler*innen hilfreich, Arbeitsaufträge zum besseren

Verständnis zu bekommen (vgl. Kapitel 5.4.2) sowie verschiedene Möglichkeiten der Dokumentation von Informationen zu erlernen (Notieren von Stichwörtern, Erstellen von Mindmaps, Tabellen usw.). Außerdem können auch Schüler*innen in die Rolle von Nachrichtensprecher*innen schlüpfen und gehörte Informationen wiedergeben oder selbst Nachrichten erstellen. Im Kinderfunkkolleg gibt es spezifische Arbeitsmaterialien mit Bildmaterial zu den Radiosendungen in den Bereichen Musik, Geld, Religion und Mathematik (Peters, 2020).

Seiten mit Nachrichten für Kinder:
LOGO *https://www.zdf.de/kinder/logo*
SCHAU HIN! *https://www.schau-hin.info/grundlagen/schlau-mit-informationsseiten-fuer-kinder*
Neun ½ *https://kinder.wdr.de/tv/neuneinhalb/neuneinhalb-startseite-100.html*
Rudi! Radio für Kinder *https://oe1.orf.at/rudiradiohund*
www.kinderfunkkolleg.de

5.2.2.3 Hören als (phonologische) Grundlage zur Leseförderung

Durch eine Sinnentnahme aus der Lautsprache wird es möglich, Sprachelemente (Wörter, Silben, Laute) aus der gesprochenen Sprache herauszuhören und in das eigene Sprechen aufzunehmen. In Abhängigkeit vom sprachlichen Angebot in den ersten Lebensjahren der Kinder ist auch das phonematische Gehör bei Schulanfänger*innen sehr unterschiedlich ausgebildet. Basale Hörkompetenzen sind die Grundvoraussetzung für den Aufbau einer phonologischen Bewusstheit, die wiederum Grundlage für einen erfolgreichen Leseerwerb darstellt (vgl. Kapitel 3.1). Um die basalen Hörkompetenzen zu schulen, eignen sich folgende Übungen:

Gerade im Bereich der phonologischen Bewusstheit gibt es große Leistungsunterschiede. Aus diesem Grunde ist es sinnvoll, differenzierte Angebote zu stellen und die Übungen auch in homogeneren Kleingruppen anzubieten, damit sich auch alle Kinder beteiligen. So gelingt es besser, die richtigen Übungen für jedes Kind (für jede Gruppe) anzubieten und die Leistungsstände der Schüler*innen im Blick zu behalten.

TIPP:
Audio CDs verschiedener Erstlesefibeln (u.a. oebv: *Frohes Lernen*; Veritas: *Miko;* Helbling: *Lilos Lesewelt*; Westermann: *Funkelsteine*) bieten Hörübungen zur Lautschulung zur Unterstützung des Erstlese- und -schreibunterrichts an. Die befragten Lehrpersonen gaben an, mit den miniLÜK-Materialien Hörspaß zu arbeiten, aber auch die Eigenproduktionen des diko Verlags *Hörübungen konkret 1.1 und 1.2* in der ersten Klasse einzusetzen. Diese Materialen beinhalten CDs, die sowohl bei genügend LÜK-Kästen mit der gesamten Klasse, in Kleingruppen und als Station in der Freiarbeit mit CD-Player und Kopfhörern eingesetzt werden können.

Heraushören von Wörtern und Lauten

- **Laute/Wörter fangen:** Den Schüler*innen werden Laute/Wörter nacheinander vorgesprochen. Bei einem bestimmten Wort führen sie eine Tätigkeit aus (aufstehen, klatschen, stampfen ...)
- **Wörter speichern:** Ein*e Spielleiter*in zählt einige Wörter auf. Das Kind merkt sich Wörter zu einem bestimmten Oberbegriff und zählt sie anschließend auf.
- **Jagen von Selbstlauten:** Ein*e Spielleiter*in nennt Wörter. Das Kind hört die Selbstlaute heraus und benennt sie.
- **Laute heraushören:** Ein*e Spielleiter*in nennt Wörter mit ähnlich klingenden Buchstaben. Das Kind klatscht, wenn es einen bestimmten Buchstaben hört.
- Die Kinder sollen aus einem vorgelesenen Text **ein bestimmtes Wort heraushören**, sie führen die entsprechende Tätigkeit aus (klatschen, stampfen, stehen auf ...) und müssen dabei die gehörten Wörter zählen. Dies erhöht die Aufgabenschwierigkeit, damit auch leistungsstärkere Schüler*innen gefordert werden.

Unterscheiden ähnlicher Wörter und Laute

- Das bekannte Spiel *Ich sehe was, was du nicht siehst* wird hier als Wörtersuchspiel abgewandelt. Die Schüler*innen suchen Gegenstände in der Klasse, die mit einem bestimmten Buchstaben beginnen oder enden. Das Erkennen und Unterscheiden von Sprachlauten wird so geübt.
  Ich sehe was, was du nicht siehst, es beginnt mit einem b.
  Ich sehe was, was du nicht siehst, es endet mit einem e.
  Zu beachten ist, dass nur Laute bei dem Wörterrätsel verwendet werden (z.B. b nicht be).

Wortreihen, Verzaubern von Wörtern

- **Kofferpacken mit Geräuschen:** *Ich packe einen Koffer und nehme Krx, bong und Zing mit* usw. Die Reihe der zu merkenden Geräusche wird immer länger.
- **Wörterschlange:** Mit einem zusammengesetzten Namenwort wird begonnen. Mit dem 2. Teil des Wortes muss nun ein neues Wort gebildet werden.
- **Silbenkette:** Mit einem zweisilbigen Wort wird begonnen. Die 2. Silbe des Wortes ist der Beginn des nächsten Wortes.

Suchen von Wörtern und Lauten

- **Falsche Lautverbindung:** Ein*e Spielleiter*in spricht Sätze mit Wörtern vor, in denen falsche Laute eingeschoben sind. Das Kind hört genau hin und klopft auf den Tisch, wenn es den Fehler hört.

Übungen zur Buchstaben-Laut-Zuordnung

Die phonologische Bewusstheit entwickelt sich während des Schriftspracherwerbs durch den Umgang mit Buchstaben und Phonemen weiter (vgl. Kapitel 3). Die lautlichen Strukturelemente der Sprache werden wahrgenommen und bewusst eingesetzt. So gelingt es, gesprochene Sprache in geschriebene Sprache zu übertragen.

Die phonologische Bewusstheit wird durch folgende Übungen gefördert.

Gliedern von vorgesprochenen Wörtern in Silben:

Schreiben von Silbenbögen, Silbenschwingen

- **Spiel:** *Wie weit darf ich reisen?* Ein*e Spielleiter*in nennt ein Wort. Für jede Silbe darf das Kind einen Schritt mehr auf den*die Spielleiter*in zugehen.

Erkennen von Reimwörtern:

Finden, Erkennen, Richtigstellen und Vervollständigen von Reimwörtern

- **Suchspiel Reimwörter:** Kinder suchen zu genannten Wörtern Reimwörter. Immer 2 Wörter werden genannt: Das Kind klopft auf den Tisch, wenn das Wortpaar ähnlich klingt.
- **Erfinden von Zaubersprüchen:** Mit Hilfe von nichtsinntragenden Wörtern werden Zaubersprüche erfunden (*Peratze perina, ich rufe – Alina*)
- **Anhören, Nachsprechen, Erlernen von Kinderreimen:** Das auswendige Nach- und Mitsprechen und -singen von Zungenbrechern, Kinderreimen und Sprüchen auch in verschiedenen Dialekten erleichtert den Schüler*innen, den Rhythmus der Sprache zu erfassen.

Erkennen der Wort- und Satzlänge

- **Wortlängen unterscheiden:** Aus vorgegebenen Bildpaaren erkennen die Schüler*innen, welches Wort länger oder kürzer klingt.
- **Wortlängen unterscheiden:** Ein*e Spielleiter*in nennt Wortpaare mit einem langen und einem kurzen Wort. Das Kind hört genau und klopft 1x, wenn das 1. Wort länger ist, klopft 2x, wenn das 2. Wort länger ist.
- **Satzlänge unterscheiden:** Das Kind zählt leise die Wörter eines vorgesprochenen Satzes.

Heraushören eines Lautes: Anlautanalyse, Endlautanalyse

Schüler*innen der 1. Klasse üben, ob sie einen bestimmten Laut in einem Wort hören und an welcher Stelle er zu hören ist. Es ist leichter zu hören, ob der Laut am Anfang oder gar nicht vorkommt. Es ist schwieriger zu hören, ob der Laut in der Mitte oder am Ende vorkommt.

- **Wörterketten bilden:** Ein*e Schüler*in nennt ein Wort. Der*die Nächste hört, wie das Wort endet und bildet dann mit dem Laut ein neues Wort.
- **Wörterkisten, Tastsäckchen:** Aus einer Kiste oder einem Sack suchen bzw. ertasten die Schüler*innen Gegenstände, die mit einem bestimmten Laut beginnen.
- **Domino, Memory** mit Wörtern mit gleichem An- bzw. Endlaut.
- **Wortkettenspiel:** Die Schüler*innen nennen Wörter, wobei das nächste Wort mit dem Endlaut des vorherigen Wortes beginnt.

Heraushören der Position des Lautes im Wort

- **Laute heraushören:** Dem Kind werden Wörter vorgesprochen. Das Kind sagt, ob ein bestimmter Laut im Wort vorkommt oder nicht.
  Schwieriger wird es, wenn das Kind immer den 2. Buchstaben nennen muss.

Synthese

- **Verkehrte Welt:** Ein Kind sagt ein kurzes Wort, ein anderes versucht, sich das Wortbild vorzustellen und dann das Wort rückwärts zu sprechen.
- **Silbensprache als Geheimsprache:** Dabei werden Wörter aus verschiedenen gehörten Silben zusammengesetzt.
- **Zusammenziehen von Lauten zu einem lautgetreuen Wort:** Die Schüler*innen bilden aus vorgegebenen Buchstaben ein Wort, Lautgebärden können dabei zur Unterstützung eingesetzt werden.

(Bundesinstitut für Bildungsforschung, Innovation & Entwicklung (BIFIE), 2015, S. 12)

5.2.2.4 Sprachlich-basale Ebene: basale Hör-Übungen und *Total Physical Response*

Das Verarbeiten von Stimmen, Wörtern, Sätzen und Texten ist für das Gehirn wesentlich aufwändiger als die Verarbeitung von Geräuschen.

Die Schulung der auditiven Wahrnehmung wird auf der sprachlich-basalen Ebene um die sprachliche Komponente erweitert. So wird beispielsweise das **auditive Gedächtnis** geschult, wenn Kinder Liedtexte, kleine Geschichten bzw. Kinderreime auswendig lernen. Das Merken von **Arbeitsaufträgen** (Anzahl langsam steigern) oder das Merken von **Spielregeln** sind auch im Schulalltag leicht einzubauen und zu beobachten.

Die auditive Lokalisation und die auditive Figur-Grundwahrnehmung können durch die Übung ***Wörter flüstern*** geübt werden. Dabei geht ein Kind mit einer Wortkarte durch den Raum. Die anderen Kinder flüstern verschiedene zugeteilte Wörter, so dass ein Wörtersalat entsteht. Das suchende Kind muss das Wort suchen, das auf der Wortkarte steht (Rodendahl, 2016).

Bei **Klanggeschichten** wird das genaue (Hin-)Hören geschult. Das Hören und Zuhören werden noch intensiviert, wenn die Schüler*innen zu einem vorgegebenen Text selbst passende Geräusche erzeugen und somit die Geschichte vervollständigen. Die erarbeiteten Geschichten werden dann in verteilten Rollen (Vorleser*in, Geräuschemacher*in) vorgestellt, die Geräusche identifiziert und in den Lückentext eingetragen, der auf einem Arbeitsblatt vorbereitet wurde.

Der Ansatz ***Total physical response*** **(TPR)** wurde für das Sprachenlernen im Vorschul- und Grundschulalter entwickelt (Asher, 1969). Diese Methode basiert auf reinem Hörverstehen und entsprechendem Hörhandeln. Verschiedene Wahrnehmungskanäle werden durch das unterstützende Angebot von Gestik und Bewegung aktiviert und eine ganzheitliche Sprachlernerfahrung wird ermöglicht. Wichtig ist, dass die Anweisungen möglichst kurzgehalten und präzise vorgemacht werden und der Wortschatz auf die Lernenden abgestimmt ist.

TPR lässt sich sehr gut auf den Unterricht mit Lernenden im niedrigschwelligen DaZ-Unterricht übertragen. (QUA-LIS NRW Schulentwicklung, 2021)

Mitmachgeschichten, die Sprache mit Bewegung oder Geräuschen verbinden, unterstützen die Differenzierung und Abspeicherung von Wörtern im Wortschatz. So kann ein Wort wie z. B. *Löwe* nicht nur in seiner lautlichen und geschriebenen Form abgespeichert werden, sondern Verknüpfungen werden geschaffen und gefestigt zu Bewegungen (hüpfen wie ein Frosch) oder für z. B. Tiere charakteristische Geräusche (brüllen wie ein Löwe).

- **Mitmachgeschichten mit Bewegung und Geräuschen:** Bestimmte, vorher besprochene Wörter erfordern während des Erzählens oder Vorlesens einer Geschichte eine physische Reaktion der Kinder. Bei diesen Mitmachgeschichten wird immer, wenn ein Wort genannt wird, von der Klasse ein Geräusch oder eine Bewegung gemacht (*Löwe* – Kinder brüllen wie ein Löwe), die vorher vereinbart wurden. Die Kinder hören dabei konzentriert zu, um keinen Einsatz zu verpassen. Es ist wahrscheinlich sinnvoller, selbst zu erzählen oder vorzulesen (statt eines Hörtextes vorzuspielen), da man flexibler ist, Pausen einzulegen, damit Zeit ist für das Reagieren, und erst danach weitergelesen /-erzählt wird. Für einen ersten Versuch eignet sich das lustige Bewegungs-Bilderbuch von Eric Carle *Von Kopf bis Fuß*. Auf je einer Doppelseite stellt sich ein Tier vor, z. B. Pinguin, Elefant, Katze, Affe. *Ich bin ein Pinguin und drehe meinen Kopf. Kannst du das auch? – Ich kann das auch.*
- **Mitmachgeschichte zum Mitsprechen und Mitspielen:** Mitmachgeschichten wie *Wir zischeln wie die Schlange* (Veritas) oder *Vorwärts- und Rückwärtsgeschichten* (Don Bosco) bringen Kinder in Aktion, da sie sprachlich, motorisch und sozial in das Erzählen miteingebunden werden. Sprechübungen wie das Auftreten einer zischenden Schlage im Zirkus oder das Erfassen des Inhalts in Geschichten, die rückwärts erzählt werden mit handlungsorientierten Impulsen, werden so motivierend verpackt.
- **Rechnen mit den Ohren:** Das Rechnen im Zahlenraum 5 ist für einige Schüler*innen aufgrund ihrer Vorkenntnisse sehr einfach. Motivierend und gleichzeitig eine Schulung der basalen Hörfertigkeiten ist es, wenn Schüler*innen die Ergebnisse der Rechenaufgaben klatschen oder auf den Tisch trommeln, anstatt sie zu sagen. Die anderen Kinder der Klasse kontrollieren das Gehörte und somit auch die Rechnung.

5.2.2.5 Ungerichtetes Hören/Hörästhetik

Um Hörästhetik zu fördern, braucht es Übungen zum Hörerleben und zum Hörgenuss. Ähnlich wie dem Vorlesen einer Gute-Nacht-Geschichte mit Bilderbuch, bei der es um die alleinige Rezeption des Vorgelesenen geht, das aufgenommen und genossen wird, gibt es weitere hörästhetische Situationen, die sich rein auf das Hören und nicht auf das begleitende visuell unterstützende Bilderbuch beziehen. Wird aus einem Buch vorgelesen, in dem keine oder kaum Illustrationen abgebildet sind, wird die Rezeption auf das Gehörte verlagert, da dies die einzige Informationsquelle ist, aus der Bilder im Kopf entstehen können. Mit Hörtexten von CDs und anderen Medien verhält es sich gleich.

Aufgaben mit dem **Schwerpunkt Hörästhetik** beziehen sich auf das unspezifische, ungerichtete, selbstvergessene Zuhören:

- **Fremde Klänge (Naturklänge), entspannende Musik** und ähnliche Hörerlebnisse fördern Entspanntheit, Ruhe und Kreativität und ermöglichen ein Abgleiten in eine Fantasiewelt.
- Durch Hören ohne gezielten Hörauftrag fällt es den Schüler*innen leichter, Gefühle in den einzelnen Stimmen der sprechenden Personen wahrzunehmen. Hintergrundmusik kann dazu beitragen, Spannung zu erzeugen oder sich zu entspannen. Musik, Geräusche und Hörtexte können einfach ihre Wirkung auf die Kinder entfalten. Reagieren sie gelangweilt, interessiert, fröhlich, traurig? Außerdem erfahren die Schüler*innen, was die unterschiedliche Artikulation eines Textes bewirkt, den Unterschied von Mundart und Standardsprache und sie können dazu angeleitet werden zu erzählen, welche Stelle in der Geschichte sie besonders spannend fanden und warum.
- Musik, (Hör-)Texte oder (Hör-)Bücher ohne gezielten Hörauftrag, die während der Pause oder einer Zeichenstunde angehört oder Geschichten, die vorgelesen werden, wecken bei manchen Schüler*innen Interesse – sie hören gespannt zu und wollen wissen, wie es weitergeht ... andere hören eine Zeitlang zu, driften dann aber ab. Wird nur zum Zweck der Hörästhetik gehört, sollte der Genuss des Hörens so lange andauern, wie es den Kindern guttut. Hierbei werden Kinder sehr unterschiedlich reagieren und das sollte erlaubt sein.

5.2.2.6 Instruktionen und Operatoren verstehen

Im Unterrichtsalltag sind Schüler*innen mit dem Hören und Verstehen von Anweisungen, Erklärungen, Erzählungen der Lehrpersonen und dem Mithören von Gesprächen konfrontiert (s. Kapitel 4). Bei auditiven Impulsen ist es für Hörende schwieriger als bei schriftlichen Impulsen, das Gehörte zu verarbeiten und dann in Handlungen umzusetzen (s. Kapitel 5.2.2.2 *Total Physical Response*). Lehrpersonen stellen immer wieder fest, dass ihre Schüler*innen Aufgaben oft nicht oder nur unzureichend verstanden haben und aus diesem Grund die Aufgaben nicht richtig lösen können. Viele Arbeitsanweisungen im Unterricht werden mündlich gestellt, daher gilt, besonders auf Klarheit zu achten und den Schüler*innen die Möglichkeit zu geben, Rückfragen zu stellen, damit das Gesagte auch verstanden wird.

Zur Bewältigung einer Höraufgabe muss für die Hörenden aber klar sein, worauf sie sich konzentrieren müssen. Damit das Verständnis gewährleistet wird, können Anweisungen, sowohl im Schriftlichen als auch im Mündlichen, spezifische, bildungssprachliche Verben enthalten, sogenannte **Operatoren**. Diese verlangen eine ganz bestimmte Handlung bzw. fordern zu einer konkreten Tätigkeit auf. Bevor die Operatoren im Unterricht selbstverständlich verwendet werden können, ist es zunächst wichtig, die Begriffe, z. B. alle neuen oder fachsprachlichen Ausdrücke, zu (er-)klären. Bedeutsam ist dies vor allem bei jenen Operatoren, die sich ähnlich sind, z. B. *durchstreichen* und *unterstreichen*. Hier wird von den Schüler*innen genaues Zuhören und Verstehen des Gesagten verlangt. Die Verben sind manchmal nicht nur schwer zu unterscheiden, sondern bestehen häufig auch aus zwei trennbaren Teilen, was von den Schüler*innen eine Kenntnis der Verbklammer erfordert, beispielsweise der Operator *einkreisen* in der Aufforderung ***Kreist** jetzt mal alle Wörter **ein**, die mit einem m- beginnen* (Festman, 2021).

Lehrende dürfen also nicht davon ausgehen, dass sich Schüler*innen die Bedeutung von Operatoren selbstständig erschließen können. Weiters stellen diese auch gerade für Kinder mit einer anderen Erstsprache eine große sprachliche Hürde dar (s. Kapitel 4.3.1.5).

Es ist deshalb sinnvoll, dass bereits bei jeder Planung des Unterrichts im Sinne des sprachsensiblen Unterrichts eine Auseinandersetzung mit den verwendeten Operatoren stattfinden sollte. So werden mögliche sprachliche Stolpersteine bereits im Vorfeld erkannt. Beachtet werden sollte auch, dass Operatoren nach und nach eingeführt und gezielt und nicht in zu großer Varianz eingesetzt werden.

Die Visualisierung der Operatoren in der Klasse beispielsweise auf einem Plakat unterstützt die Lernenden und ruft deren Bedeutung immer wieder ins Gedächtnis. Um eine Chancengleichheit zu gewährleisten, müssen bei Leistungsüberprüfungen Operatoren gewählt werden, die den Kindern bereits bekannt sind (Werner & Sauerborn, 2018).

Hier ist eine Auswahl an Operatoren, die ein Verstehen von Handlungsanweisungen anbahnen. Materialien zum Arbeiten mit Operatoren vom finken-Verlag bieten Poster und Arbeitskarten sowie gezielte Vorschläge, um mit diesen so wichtigen Wörtern zu arbeiten.

Der Fokus muss hierbei besonders auf die sprachlichen Strukturen gerichtet sein, das bedeutet, das Verb in den verschiedenen Personalformen kennenzulernen (*Male an, Malt an, Ihr sollt .... anmalen*). Dies ist besonders für spracharme Kinder und Kinder mit geringen Sprachkenntnissen von größter Bedeutung (Fimmen et al., 2019).

Diese Operatoren haben eine Reproduktionsleistung der Schüler*innen zur Folge: z. B. *ausschneiden, legen, aufkleben, benennen, ankreuzen, einkreisen, durchstreichen, nummerieren, verbinden, einzeichnen, eine Strichliste machen, malen, anmalen, ergänzen, lesen, schreiben.*

Die folgenden Operatoren verlangen bereits eine Reorganisation- bzw. Transferleistung:

erklären, vergleichen, begründen (Fimmen et al., 2019).

Erfahrung:
In der Schule erfolgen die Neuerarbeitung und das Präsentieren neuer Stoffinhalte über Erzählungen, also über das Zuhören. Schüler*innen hören Laute, Wörter und Sätze, müssen die gehörten Inputs verarbeiten und den Inhalt erfassen. Sind das Vorwissen und die eigenen Erfahrungen aktiviert, gelingt es leichter, sich auf das Zuhören zu fokussieren.

5.2.2.7 Gerichtete Höraufträge: gesteuert, global, selektiv

Die verschiedenen Hörstile und Hörziele wurden bereits in Kapitel 4.2.9 kurz vorgestellt. Gezielte Höraufträge lenken die Konzentration auf ausgewählte Aspekte des Inhaltes. Ein abschnittsweises Vorspielen oder Vorlesen eines Textes fördert und fordert dabei die Höraktivität. Die Art und Weise des Hörens (Hörstil) ist davon abhängig, welche Informationen dem Text entnommen werden sollen (Hörziel), beispielsweise Hören eines Details oder Verstehen, worum es im Wesentlichen geht. Bei einer Bahnhofsdurchsage bzw. einem Wetterbericht oder der Erklärung der Hausübung wird eher das detaillierte bzw. selektive Hören gebraucht, beim Anhören einer Geschichte, beim Zuhören eines Referates steht meist das Erfassen der Kernaussage im Vordergrund.

Im Folgenden werden die Hörstile mit Fokus des Hörverstehens und Hauptaugenmerk für die Hörenden eines Hörtextes in einer Übersicht präsentiert und durch Aufgabenbeispiele verdeutlicht (s. Tabelle 7).

Tabelle 7: Die Hörstile und Hörziele im Überblick mit Aufgabenbeispielen (vgl. QUA-LIS NRW, 2021, adaptiert für die Primarstufe)

Hörstil	**Fokus des Hörverstehens**	**Hauptaugenmerk**	**Höraufgabenbeispiel**
Beim ersten Hören:			
global	Höreindruck gewinnen Erfassen der Kernaussage und Hauptinformation, Überblick über den Text und dessen Struktur gewinnen, Haupthandlung erkennen	Konzentration auf die Hörsituation (allgemein) und auf das Thema	*Worum geht es in der Geschichte? Wer spricht?* *Wo wird gesprochen?* *Was ist die wichtigste Aussage im Text?* *Wie heißen die Hauptpersonen?* *Welche Textsorte ist es (erzählender Text oder Wetterbericht)?* *Was erleben die Hauptpersonen?*
Beim zweiten Hören:			
selektiv	Heraushören von bestimmten, explizit genannten Informationen	Konzentration auf gesuchte, spezifische Informationen (**vor** dem 2. Hören wird danach gefragt); man hört also mit einem bestimmten Auftrag; Unwichtiges und Irrelevantes wird ignoriert	*Wo lebt der Fuchs?* *Wann beginnt die Vorstellung?* *Was macht die Freundin am Nachmittag?* *Wie ist das Wetter morgen?* *Warum willst du heute zu mir kommen? Welche Farbe hat die Hose?*
Nach dem Hören:			
detailliert	Erkennen und Verstehen relevanter Details	Konzentration auf Hauptaussagen, Nebenaussagen, Handlungsverlauf, Ursachen, Eigenschaften von Personen und Objekten, Emotionen und Stimmungen, Meinungen und Haltungen	*Wie ist es zu dem Unfall gekommen? Was macht der Fuchs im Winter? Wie ist die richtige Reihenfolge? Wie wird die Person beschrieben? Was empfindet der Sprecher oder die Sprecherin? Welche Einstellung hat die Hauptperson? Welche Kleidung brauche ich, wenn der Wetterbericht Regen vorhersagt?*
inferierend	Erfassen von impliziten Informationen	Konzentration auf Textintention, Textmerkmale, kulturelle Aspekte	*Was will der Sprechende erreichen?* *Was bewirkt die Aussage des Sprechers oder der Sprecherin?* *Welche Stimmung hat das Gespräch?* *Was bewirkt die Hintergrundmusik? Woran bemerkst du, dass dem Kind kalt ist? Woher kommen die Sprechenden?*

Für den Unterricht und das Erlernen und Anwenden der richtigen Hörmethode bedeutet dies:

- Ziel eines erstmaligen Anhörens eines Textes ist das globale Verstehen, der Höreindruck und ein Überblick über die Textstruktur. Es ist zu diesem Zeitpunkt und bei diesem Hörstil also nicht notwendig, dass der gesamte Text Wort für Wort verstanden wird. Durch das Aktivieren des Vorwissens und Bilden von Hypothesen bauen Schüler*innen eine Erwartungshaltung auf und das Erfassen der Hauptaussagen des Textes wird erleichtert. Zu überlegen ist, ob ein Hörtext beim ersten Mal ohne Pause vorgespielt/vorgelesen wird oder ob es sinnvoll sein kann, Pausen einzubauen, um die ersten Eindrücke zu reflektieren. Ist der Text zu lang, können manche Kinder, die durch die Länge des Textes und die Fülle an Informationen überfordert sind, mental aussteigen. Durch die Pausen kann es gelingen, sie wieder einzufangen und am Fortgang der Geschichte teilhaben zu lassen.
- W-Fragen im Anschluss an das erstmalige Hören oder als Einstiegsfragen auf dem Aufgabenblatt helfen und unterstützen diese Hörmethode.
- In einem weiteren Anhören des Textes wird je nach Aufgabenstellung ein selektives oder detailliertes Hören gefordert, wobei selektives Hören eine geringere Aufmerksamkeitsleistung erfordert, da nur vereinzelte, spezifische Informationen aufgespürt werden müssen. Da vor dem zweiten Anhören angekündigt wird, welche Informationen gesucht sind, können die Hörenden sich ausschließlich auf die gesuchten Informationen konzentrieren. Details, die beim zweiten Durchgang gehört werden können, stellen eigentlich eine Vertiefung der aufgenommenen Informationen des globalen Hörens dar: Ist der Höreindruck zuerst nur recht allgemein und werden die Haupthandlung und die Hauptcharaktere erfasst, wird diese Grundinformation nun beim detaillierten Hören durch mehr Informationen angereichert und präzisiert, die im Gespräch oder bei Aufgabenstellungen auf Arbeitsblättern abgerufen werden.
- Aufgabenstellungen, bei denen alles Wort für Wort verstanden werden sollte, sind nicht sinnvoll, da auch im Alltag ein Wort-für-Wort-Verstehen nicht gebraucht wird.
- Gerade jüngeren Schüler*innen oder Schüler*innen aus einem anderen Kulturkreis fällt es schwer, die Intention des*der Sprechenden zu erfassen. Aus diesem Grund ist es wichtig, auch die Bedeutung der Stimmlagen und Lautstärke, aber auch Wortwahl und deren Einfluss zu besprechen. Auch das Achten auf die Hintergrundmusik bei Hörspielen oder der Einsatz von Mimik und Gestik bei Sprechenden trägt zum Erfassen der Intention und Interpretation der Stimmungslage bei.
- Hilfreich für die Schüler*innen ist es nach einer Hörübung, die gewählten Hörmethoden zu thematisieren und zu besprechen. So fällt es den Schü-

ler*innen leichter, die passende Methode an Aufgabenstellung, Text und Inhalt anzupassen.

Hörtexte wie **Mitmachgeschichten zum Miträtseln** oder **Hörspurgeschichten** und ihre entsprechenden Aufgabenstellungen eignen sich gut, das selektive aber auch das detaillierte Hören zu üben. **Mitmachgeschichten zum Miträtseln** sind Detektivgeschichten zum Mitraten. Diese können entweder vorgelesen oder auch als Hörspiel angeboten werden. (https://www.geschichten-haus.com/detektivgeschichten/). Es ist für Schüler*innen sehr motivierend, selbst in die Rolle eines Detektivs zu schlüpfen. Es stehen nicht mehr die Fülle an akustischen Eindrücken im Vordergrund, sondern die Informationen, die durchaus lückenhaft, uneindeutig und widersprüchlich sein können. Erst durch Kombinieren und Rekonstruieren der Informationen werden die Zusammenhänge erkannt. Anschließend werden diese in der Klasse/Gruppe diskutiert (Krelle, 2011). **Bei Hörspurgeschichten**, einer Schnitzeljagd, bei der Kinder hörend ein bestimmtes Ziel erreichen müssen, entnehmen die Kinder dem Hörtext wichtige Informationen und folgen so der Geschichte bis zum Ziel.

Vor dem Hören wird in der Klasse eine Erwartungshaltung aufgebaut und die Schüler*innen werden über die Vorgeschichte/Rahmenhandlung des Krimis informiert. Informationen werden sortiert und geordnet und die Schüler*innen überlegen, worauf sie sich konzentrieren sollen. Sie trennen Wichtiges von Unwichtigem.

Während des Hörens werden die Zeugenaussagen gesammelt und Erkenntnisse festgehalten (Hörspurlandkarte, Stadtplan, Mindmap, Tabelle ...). Schüler*innen erlernen durch das Notieren das Speichern und Sortieren von Informationen. Gerade bei einem Ratekrimi gibt es richtige und falsche Informationen, die von den Schüler*innen bewertet werden.
Nach dem Hören vergleichen, prüfen, bewerten, ergänzen und verwerfen die Schüler*innen das Gehörte. Im Team werden Vermutungen geäußert und Widersprüche aufgezeigt. Erst dann wird die Lösung präsentiert.

Audiodateien für Ratekrimis sollen für die Schüler*innen auf mehreren Abspielgeräten mit Kopfhörern zur Verfügung stehen, sie können aber auch mittels QR-Codes auf dem Smartphone oder mit Hörstiften abgespielt werden. Schwierige Passagen können mehrfach angehört werden.

Eine Differenzierung wird möglich, wenn die gleiche Hörgeschichte mehrmals selbst besprochen wird und diese Variationen sich im verwendeten Wortschatz bzw. der Syntax unterscheiden. So können die Schüler*innen selbst wählen, welche Aufgabe für sie passend ist.

Nach der Auflösung des Kriminalfalls gibt es verschiedene Möglichkeiten der Weiterarbeit mit dem Hörtext. Dies kann das Verfassen von Täterbeschreibungen oder von Steckbriefen, aber auch das Übertragen der gelernten Strategien auf Hörtexte, Referate, Vorträge aus anderen Fächern sein (vgl. Wild, 2020; Krelle, 2016; Priller, 2020).

Auch **Lauschicals** oder **Lausch-Logicals** (Zaubereinmaleins) schulen das genaue Hinhören und Herausfiltern expliziter Informationen. Die Schüler*innen hören einen Vorlesetext beispielsweise über verschiedene Tiere mit besonderen Kennzeichen, der auch selbst als Audiodatei aufgenommen werden kann. Die Schüler*innen erhalten ein Arbeitsblatt mit den entsprechenden Bildern der Tiere. Nun ordnen die Kinder nach Ansage die Tiere. *Das Kamel gehört in die Mitte. Über dem Kamel hat ein Tier drei Punkte auf dem Rücken usw.*

5.2.2.8 Inhaltliche Rezeption und Verständnissicherung/verbale Nachbereitung

Um wesentliche Aussagen eines Hörtextes wiederzugeben oder aber auch um Details zu erfassen und zu festigen, braucht es handlungsorientierte oder produktiv-gestaltende Aufgabenstellungen im Anschluss. Zuhören alleine reicht oft nicht aus, um die Fülle der Informationen zu erfassen. Wenn sich Schüler*innen Stichpunkte, Schlüsselwörter oder -sätze aufschreiben oder eine Mindmap anlegen, reduzieren sie die Informationen und ordnen sie gleichzeitig (Krelle, 2016; Wild, 2020).

Nach dem Anhören sollten die Schüler*innen Gelegenheit bekommen, sich zum Gehörten zu äußern und ihre Eindrücke zu verbalisieren. Für diese Schilderungen sollten Lehrpersonen sich im Unterricht bewusst Zeit nehmen und einplanen. Hier geht es nicht nur um das Verstehen, vielmehr dienen die weiterführenden Aufgaben der Auseinandersetzung mit den Inhalten.

Es bieten sich unterschiedliche Methoden an, um Hörtexte inhaltlich zu besprechen. Bei der Auswahl der Übungen sind das Alter und die basalen Fertigkeiten (Lesen, Schreiben) der Grundschulkinder zu berücksichtigen.

Ganz zentral ist aber zu bedenken, ob ein hierarchieniedriges oder hierarchiehohes Aufgabenlevel anvisiert wird (s. Tabelle 8).

Tabelle 8: Unterschiedliche Aufgabenlevels beim Hörverstehen (in Anlehnung an Weirich et al., 2019, S. 5)

hierarchieniedrig	Reproduktion Einzelne Informationen auswählen Schlussfolgerungen ziehen Informationen aufeinander in Bezug setzen und verbinden
hierarchiehoch	Auf Textebene Bezüge herstellen Den Gesamttext verstehen Das Hauptthema des Textes und die Kernaussage verstehen Einzelne Aussagen des Textes evaluieren, beurteilen oder reflektieren

Lehrpersonen stehen dabei unterschiedliche Aufgabenformate zur Verfügung, die je nach Funktion und Einsatz passend ausgewählt werden sollten. Zum einen gibt es Aufgabentypen, die sich auf das inhaltliche Hörverstehen des Hörimpulses beziehen, zum anderen Aufgaben, bei denen Gehörtes als Ausgangsbasis für weitere Anschlusshandlungen genutzt werden soll.

Inhaltliches Hörverstehen des Hörimpulses

Geschlossene Aufgaben mit Fragen und Antworten überprüfen das Verständnis von Hörtexten und werden bei gängigen Kompetenzmessungen oder Diagnoseverfahren eingesetzt (s. Tabelle 9).

Tabelle 9: Methoden und Beispiele für Hörübungen mit geschlossenen Aufgaben

Geschlossene Aufgaben	Aufgabenformate	Zusätzliche Leistung der Zuhörenden
Auswahl-Antwort-Übungen	Multiple Choice	Lese- und Textverständnis
	Richtig/Falsch/kommt nicht im Hörtext vor	Lese- und Textverständnis
	Finden der richtigen Aussage (unter 3 richtigen Aussagen muss der richtige Satz gefunden werden)	Lese- und Textverständnis
Ergänzungsübungen	Sätze vervollständigen	Lese- und Textverständnis, Schreibkompetenz
	Lückentexte	Lese- und Textverständnis, Schreibkompetenz
Zuordnungsübungen	Wörter, Bilder	Lese- und Textverständnis
	Bestimmen der Kommunikationssituation	keine, wenn die Aufgabe mündlich gelöst wird

Geschlossene Aufgaben	Aufgabenformate	Zusätzliche Leistung der Zuhörenden
Reorganisationsübungen	Bilder in die richtige Reihenfolge bringen	keine
Handlungsübungen	Illustrationen laut Ansage anmalen oder ergänzen	keine
	Gegenstände/Personen/… in einem Wimmelbild suchen	keine
	Fehler finden	keine, wenn die Aufgabe mündlich gelöst wird

Wenn den Schüler*innen die Möglichkeit gegeben wird, die Lösungen zu vergleichen, werden diese dazu angeregt, sich auszutauschen, mögliche Denkfehler zu entdecken, sich zu korrigieren und sich über den Hörtext zu unterhalten.

Gehörtes als Ausgangsbasis für weitere Anschlusshandlungen
Offene Aufgaben, die die Schüler*innen in produktive Lernumgebungen führen, vertiefen die Leistungen und fördern nicht nur die Kompetenzentwicklung im Bereich Hörverstehen, sondern auch in weiteren Bereichen des Deutschunterrichts.

Kombination von Zuhören und Lesen: Wird der Hörtext vor dem Lesen angehört, können im Anschluss die eigenen bildlichen Vorstellungen mit den Illustrationen im Buch verglichen und beides mit dem Text in Beziehung gesetzt werden.

Es können auch nur Abschnitte (evtl. die spannendste Stelle) eines Buches angehört werden, um anschließend über einen möglichen Kontext, die Vorgeschichte oder die Fortsetzung des Textes nachzudenken.

Zudem besteht auch die Möglichkeit, den Hörtext nach dem Lesen anzuhören. In diesem Fall bietet sich an, die Wirkung des Hörtextes, wenn er vorgelesen oder über eine CD angehört wird, zu entdecken und zu verbalisieren (vgl. Institut für Qualitätsentwicklung im Bildungswesen (IQB), 2013).

Pantomimische/szenische Interpretation: Das Ausführen verschiedener verbaler Anweisungen als pantomimische Darstellung wie *Geh zur Tafel und zeichne einen roten Kreis* ist gerade bei Schulanfänger*innen oder Sprachanfänger*innen eine gute Möglichkeit, Operatoren einzuüben. Die Anzahl der Anweisungen kann dann schrittweise gesteigert werden.

Kurze Dialoge oder Szenen (Beim Arzt, Beim Einkaufen …), aber auch Märchen (www.ohrka.de) eignen sich besonders gut für die szenische Darstellung. Rede- und Sprachmittel, die vorher gehört werden, können nun verwendet werden, um die Szene nachzuspielen. Weiters wird dabei auch die Bedeutung des Einsatzes von Mimik und Gestik gefestigt und gezielt geübt.

Nach dem Anhören eines Sachtextes – beispielsweise eines Lexikoneintrages oder eines Informationstextes aus dem Sachunterrichtsbuch über ein bestimmtes Tier – könnte von den Schüler*innen eine Interviewsituation gestaltet werden. Ein Kind ist die Reporterin oder der Reporter, das andere Kind beantwortet die Fragen über das Tier und wendet das vorher gehörte Wissen an.

Kreative Umsetzung: Wenn Schüler*innen zum Gehörten Skizzen, Schaubilder wie Mindmaps, Comics oder Ähnliches anfertigen bzw. basteln, bieten diese Anlässe für das gemeinsame Betrachten und Vergleichen. Schüler*innen sprechen über Unterschiede und Gemeinsamkeiten, wie sie Inhalte des Hörtextes wahrgenommen haben (vgl. Reichel, 2018).

Kombination von Zuhören und Sprechen: Zu Beginn oder mit noch ungeübten Zuhörer*innen eignet sich das folgende Spiel: *Hast du richtig zugehört? – Ja – Nein – Augen zu!* Die Schüler*innen beantworten mit geschlossenen Augen Fragen der Lehrperson durch nonverbale Signale, beispielsweise Kopfnicken oder -schütteln. So werden alle Kinder zur Mitarbeit aufgefordert und die Lehrperson bekommt eine Rückmeldung, auch von Kindern, die sich sonst nicht so aktiv am Unterricht beteiligen.

Offene Fragestellungen regen die weitere Auseinandersetzung mit dem Text an. Alternativ können aber auch die Schüler*innen Fragen zum Text formulieren. Diese werden dann von den Mitschüler*innen der Klasse beantwortet. Wenn die Kinder dabei durch die Klasse gehen, stellen und beantworten sie öfter Fragen und können dabei den Inhalt des Gehörten aufarbeiten. Hilfestellungen beim Formulieren von Fragen durch vorgegebene Satzstrukturen bieten eine sinnvolle Unterstützung (vgl. Reichel, 2018).

Fehlergeschichten: Eine Geschichte wird zweimal erzählt. Beim zweiten Erzählen werden jedoch Fehler eingebaut, die die Schüler*innen unter Einhaltung der vereinbarten Gesprächsregeln melden (Hagenauer & Bundesinstitut für Bildungsforschung, 2015).

Kontrollierter Dialog: Ziel des Kontrollierten Dialogs ist das aktive Zuhören und die exakte Wiedergabe des Gehörten (Thiel, 2006, S. 164). Eine Person spricht einen Satz und die andere Person muss diesen exakt wiedergeben. Es geht um die fließende Verbindung von Hörverstehen und Sprechdenken.

Kontrollierter Dialog – Stufe 1: Erst wenn einfache Sätze exakt wiedergegeben werden, wird von Partnerarbeit zu Gruppenarbeit gewechselt. Nun reicht es, wenn der Kerngedanke einer Äußerung paraphrasiert werden kann. A sagt zu B mehrere Sätze, dann fasst B diese für C zusammen. Neben dem aktiven Zuhören einer Person in der Gruppe kann nun auch die paraverbale Ebene mitbeachtet werden. Um die Konzentration beim Zuhören zu stärken, kann zum Flüstern übergegangen werden. Dieser Kontrollierte Dialog kann immer schwieriger gestaltet werden, durch etwas freie Themenwahl und freie Intervention jedes einzelnen ins Gespräch (Thiel, 2006, S. 164f.).

Weiterführendes (kreatives) Schreiben

Entsprechend gewählte Hörtexte können Ausgangslage für die weitere Textarbeit sein. Fabeln, Sagen, Beschreibungen von Personen, aber auch Dialoge bieten gute Impulse für das Nach- und Weitererzählen von Geschichten, das eigene Schreiben (von Fantasiegeschichten) oder für das Erstellen von Comics mit Sprechblasen.

Weitere Übungen:

- **Entwirren eines Hörtextes:** Schüler*innen erfassen die Kernaussage anhand vieler ungeordneter Einzelinformationen
- **Einfügen passender Sätze/Satzteile:** Schüler*innen ordnen Sätze/Satzteile bestimmten Stellen des Hörtextes zu
- **Überschriften finden:** Schüler*innen finden passende Überschriften zu Abschnitten oder dem gesamten Hörtext
- **Nacherzählen von Fabeln:** *Audimus*, entwickelt von der Schule des Lesens (Reinhold Embacher und Reinhold Senn) bieten Hörtexte (u. a. Fabeln) im MP3-Format, die sich als Grundlage für die eigene Nacherzählung anbieten (https://tibs.at/content/audimus-hoeraufgaben-fuer-die-volksschule)

Kombination Hören, Wortschatzerweiterung und Erkennen von Konstruktionen: Aufgabenformate (Lückentexte, Durchstreichen falscher Ausdrücke, Fehler finden …), wie das Heraushören bestimmter Wörter bzw. (Satz-)Konstruktionen, dienen der Wortschatzerweiterung bzw. dem Verdeutlichen grammatikalischer Strukturen im Sprachgebrauch. Werden diese Strukturen auch nach dem Anhören aufgegriffen, gelangen diese leichter in den aktiven Wortschatz der Schüler*innen (vgl. Schulbuch *Miko*, Veritas).

Storytelling auch im Muttersprachenunterricht/Herkunftssprachlichen Unterricht

- **Lesekino:** Klassenzimmer und andere Räume der Schule verwandeln sich in diesen Stunden (auch mehrmals im Schuljahr) in Kinosäle, in denen den Schüler*innen vorgelesen wird. Hierfür gibt es zwei Möglichkeiten: Durch Verdunkelung und entsprechender Sitzplatzverteilung (und vielleicht sogar Popcorn-Geruch) kann eine Kinoatmosphäre gestaltet werden, in der das Buch dann in Szene gesetzt vorgelesen wird (von der Lehrperson oder von Kindern).
- **Bilderbuchkino:** Diese technisiertere Variante nutzt die im Internet von verschiedenen Verlagen zur Verfügung gestellten Bilderbuchkino-PDFs von bekannten Kinderbüchern (für einen Überblick, s. https://www.oebib.de/lesefoerderung-bibliothekspaedagogik/bilderbuchkinos/). Die einzelnen Seiten des Bilderbuchs (als PDF) können nacheinander mit einem Beamer der ganzen Gruppe gezeigt werden. Hören und visuelle Informationen werden dabei kombiniert, der Höreindruck des Vorgelesenen wird unterstützt. Zur Vorbereitung: Buchtitel und eine kurze Inhaltsangabe der vorgelesenen Bücher werden mindestens eine Woche vorher auf Plakatwänden o. ä. bekannt gegeben, damit sich die Schüler*innen vorinformieren und eine entsprechende Kinokarte wählen können. Zu beachten ist eine vielfältige Buchauswahl durch die Vorleser*innen. Nicht immer sind literarische Werke für alle Kinder gleichermaßen verlockend. Manchmal werden einige Kinder stärker durch Sachbücher und mehrsprachige Bücher angesprochen.
  Im Anschluss wird das Vorlesen durch die Aufarbeitung des Gehörten in Rollenspielen, durch Bastel- und Malarbeiten, Rätsel oder eigenem Weitererzählen der Geschichten erweitert. Die Ansätze des Dialogisches Vorlesen (z. B. Festman et al., 2020) mit dem gezielten Unterbrechen des Vorlesens zur Ausgestaltung eines Dialogs kann besonders für Kinder hilfreich sein, die sich nicht lange gut auf das reine Hören konzentrieren können. Sprechen über die Höreindrücke hilft, diese zu sortieren und zu überdenken. So wird auch Raum geschaffen, den nächsten Teil des Hörimpulses aufzunehmen.
  Regelmäßiges Durchführen der Lesekinostunden in der Schule hat nebenbei auch eine ritualisierende Wirkung (vgl. VS Reichenau, VS Wörgl I).
- **Zuhörheft:** Das Zuhörheft (https://bildungssever.berlin-brandenburg.de/zuhoerheft) begleitet das Vorlesen eines Buches. Alle Materialien zu einem Kinder- und Jugendbuch, nach Kapiteln und in der zu bearbeitenden Reihenfolge sortiert, werden in einer eigenen Mappe gesammelt. Die Übungen erleichtern das Verarbeiten des gehörten Textes durch begleitende Aufgaben und regen die Auseinandersetzung mit dem gehörten Text an. Die

Schüler*innen können so das Gehörte besser verstehen, da der rote Faden des Hörtextes durch das Zuhörheft veranschaulicht wird. Die Materialien können sowohl in freien Arbeitsphasen oder auch gemeinsam in der Schule bearbeitet werden. Zu einigen Kinderbüchern gibt es bereits Kopiervorlagen für ein Zuhörheft. Hier sind auch Vorschläge zu finden, wann es sinnvoll ist, den Vorlesetext zu unterbrechen, um ein Vermuten und einen Austausch der Kinder anzuregen (Hattendorf & Hoppe, 2008).

Weiterführendes Arbeiten mit Gedichten
Gedichte, Reime, Zungenbrecher ... als Audiodateien haben für Schüler*innen Vorbildfunktion für ausdrucksstarkes Artikulieren, aber auch auf die Auswirkung der Stimmfärbung auf die Zuhörer*innen. Schüler*innen erzählen über Assoziationen beim Anhören, erfahren, wie sich Sprachvarietäten der Erstsprache anhören oder diskutieren über die beste Stelle im Gedicht (vgl. Schulbuch *Lilos Sprachbuch*, Helbling Verlag).

5.2.2.9 Kommunikation/Interaktion: (Zu-)Hören als wichtiger Teilbereich für Kommunikation

Zuhören findet statt, wenn der*die Zuhörer*in neugierig ist und die Aufmerksamkeit auf das Gehörte richtet, wenn die erzählte Geschichte spannend ist oder auch, wenn Schüler*innen wissen wollen, was von ihnen erwartet wird. Gerade im Grundschulalter stellt dann die Selektion der Informationen eine Herausforderung dar, da auch Wortschatz und das Wissen über die Vielfalt der Wortbedeutungen nicht vollständig und vor allem nicht gleichmäßig ausgebildet sind. Auch das Einbeziehen der Mimik und Gestik und das flexible Wechseln zwischen nonverbaler und verbaler Kommunikation fällt den Kindern nicht leicht.

Um erfolgreich kommunizieren zu können, müssen die Gesprächspartner*innen einander zuhören und anschließend das Gehörte verarbeiten, ordnen, verstehen, prüfen, interpretieren und bewerten. Diese Verknüpfung bildet die Voraussetzung zu verstehen, wie es jemandem geht, also die Grundlage für ein soziales Miteinander. Schüler*innen, die aktiv zuhören können, drücken sich auch sprachlich besser aus und haben einen respektvolleren Umgang mit ihren Mitschüler*innen.

Die Verarbeitungsleistung und das Merken von mehreren Arbeitsschritten ist bei Grundschulkindern einer Klasse sehr unterschiedlich und stark von äußeren Faktoren wie Emotionen, Schlafqualität etc. abhängig. Eine klare Struktur und Strukturierungshilfen, die Konzentration auf das Wesentliche und Hinweise auf das Wichtige bieten hier eine wichtige Unterstützung (Imhof, 2016).

Interessante, authentische und bedeutungsvolle Angebote für die Schüler*innen im Unterricht fördern und unterstützen den Aufbau eines Repertoires an sprachlichen Mitteln, die für die Teilnahme an Gesprächsrunden und Diskussionen notwendig sind. Es braucht aber auch Werkzeuge, wie Schlussfolgerungen gezogen werden können. Strategien wie Notizen machen, Rückfragen stellen (s. Abb. 6), um Wiederholung oder langsameres Tempo bitten, das Gehörte umformulieren und fragen, ob es stimmt, müssen mit den Schüler*innen erarbeitet und geübt werden.

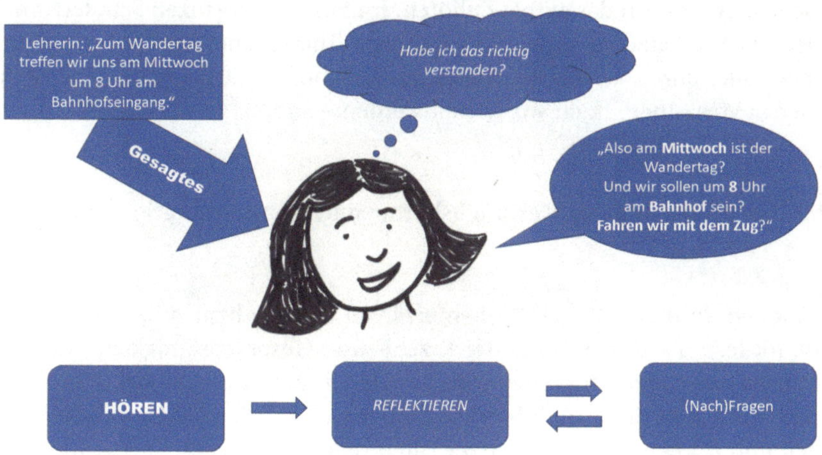

Abbildung 6: Hören im Gespräch. Quelle: in Anlehnung an Bazhin, 2017, S. 103.

- **Zeichnen durch Beschreibung:** In dieser Partnerübung zeichnet ein*e Schüler*in z. B. Formen/Muster auf ein Blatt Papier, anschließend beschreibt er*sie dem Partnerkind das Bild genau. Dieses zeichnet es nach der Beschreibung. Im Anschluss werden diese Bilder verglichen. Es ist einfacher, wenn es erlaubt ist, Rückfragen zu stellen.
- **Fantasiereisen:** Durch das Vorlesen von Fantasiegeschichten oder Traumreisen wird die Fantasie der Schüler*innen angeregt, indem die Kinder gedanklich an den Ort der Geschichte reisen und das Gehörte im Kopf entstehen lassen. In weiteren Schritten können entstandene Empfindungen, Gefühle und Erlebnisse verbalisiert werden oder kreativ umgesetzt werden (Hagenauer & Bundesinstitut für Bildungsforschung, 2015).

- **Erzählen zu Bildern/Erzählbaukasten:** Mit dieser Methode wird das freie Erzählen trainiert. Schüler*innen überlegen sich in Einzelarbeit Sätze zu vorgegebenen Bildern. In weiterer Folge wird diese Geschichte einem*einer Partner*in und dann in einer Vierergruppe erzählt. Die Schüler*innen einigen sich auf eine Geschichte, die sie dann der Klasse präsentieren. Wichtig ist, dass jedes Kind mindestens einen Satz präsentiert (Pospich, 2014). Beim Erzählbaukasten ziehen die Schüler*innen Kärtchen zu verschiedenen Oberbegriffen (Personen, Orte, Figuren, Bauwerke, Tiere ...) und erfinden dann eine Geschichte. Eine Variante wäre, dass eine kleine Gruppe erzählt und eine Gruppe zuhört und zu dem Gehörten zeichnet (Hagenauer & Bundesinstitut für Bildungsforschung, 2015).
- **Geschichten zum Weitergeben:** Reihum-, Fortsetzungs- oder Kettengeschichten fördern das aktive Zuhören. Im Sitzkreis ergänzen Schüler*innen jeweils 1–2 Sätze zu einem vorgegebenen Thema und erfinden so reihum oder quer durch die Klasse eine eigene Geschichte. Dabei können die Worte der Vorredner*innen wiederholt werden.

5.2.2.10 Förderung der Gesprächskultur und Kommunikation in der Klasse

Situationen, in denen Schüler*innen erzählen können bzw. miteinander sprechen, fördern die Entwicklung der Erzähl- und Gesprächsfähigkeit. Während in Pausen oder Spielsituationen Schüler*innen zwar miteinander kommunizieren, braucht es doch ritualisierte Situationen, in denen sie Gesprächsregeln lernen und ihr eigenes Gesprächsverhalten reflektieren. Diese bieten Möglichkeiten, das Fragenstellen, das Antwortengeben, das Zuhören und das Um-Hilfe-Bitten zu erlernen und zu üben. Dabei ist das Ziel, dass ein zunehmend größerer Wortschatz, Sprechmuster und Kommunikationsstrategien angewandt werden. Gesprächsregeln werden im Idealfall gemeinsam entwickelt und vereinbart und damit wird das gemeinsame Arbeiten und Lernen unterstützt.

Im Unterrichtsalltag bieten sich verschiedene Gesprächsformen an, in denen Schüler*innen lernen, gezielt nachzufragen, Verständnis, Zustimmung oder Ablehnung kundzutun. Kreisgespräche, Partner- und Kleingruppengespräche aber auch Unterrichtsituationen zu Planungs-, Abschlussbesprechungen oder Pro- und Contra-Gespräche sind nur einige Möglichkeiten (Hagenauer & Bundesinstitut für Bildungsforschung, 2015).

- **Morgenkreis:** Das regelmäßige morgendliche Zusammenkommen im Sitzkreis schafft einen guten Start in den Schulalltag. Die Themenauswahl bietet hier eine große Bandbreite und reicht vom Erzählen der Wochenenderlebnisse, der Planung des Schulvormittags oder aber auch dem Einbringen von Wünschen und Anliegen bis zum Feiern des Geburtstagskindes. Schön ist es, wenn abwechselnd Kinder der Klasse den Morgenkreis eröffnen und darauf achten, dass die Gesprächsregeln eingehalten werden.

- **Erzählkreis:** Wenn es Kindern schwerfällt, sich auf das Wesentliche zu konzentrieren, eignen sich Erzählkarten mit vorgegeben Satzanfängen oder Fragen, die von den Schüler*innen ergänzt bzw. beantwortet werden.
- **Warme Dusche:** Jede*r Schüler*in bekommt eine verbale warme Dusche, indem Mitschüler*innen einen positiven Satz über ihn*sie formuliert.
- **Reporter*in:** Indem Schüler*innen in die Rolle einer Reporterin*eines Reporters schlüpfen, merken sie sich Gehörtes und lernen, dies zu notieren. Anschließend geben sie anhand dieser Stichpunkte das Gehörte wieder. Diese Partnerübung eignet sich auch als Variation des Morgenkreises. So erzählen die Schüler*innen die Erlebnisse ihrer Mitschüler*innen (Pohlmann, 2020).

Etwas anspruchsvoller für die sprachliche Kompetenz der Schüler*innen, aber bereichernd für die Entwicklung der Kommunikationsfähigkeit, sind:

- **Frage der Woche:** In regelmäßigen Abständen wird der Klasse *die Frage der Woche* präsentiert, die sich auf aktuelle Sachgebiete, aber auch Fragen des Schulalltags oder philosophische Fragestellungen beziehen können. Schüler*innen bekommen nun die Möglichkeit zu recherchieren, in Kleingruppen zu diskutieren und anschließend die Ergebnisse vor der Klasse zu präsentieren. Nicht immer gibt es eine gemeinsame Antwort oder Lösung (Hagenauer & Bundesinstitut für Bildungsforschung, 2015).
  Beispiele für Fragestellungen: Dreher, T. (2012). Die Frage der Woche. Weltwissen Sachunterricht, 3, 16–19. Frag doch mal die Maus, Abreißkalender.
- **Philosophieren mit Kindern:** Durch das Aufgreifen individueller Themen und aktueller gesellschaftspolitischer Fragen bekommen die Schüler*innen die Möglichkeit, ihre eigenen Erfahrungen und Meinungen mit anderen auszutauschen. Sie setzen sich mit Themen wie *Hat alles auf der Welt ihren Platz? Wo stehe ich?* oder auch *Warum hast du Freunde? Was zeichnet eine Freundschaft aus? Darf ich mit einem Freund streiten?* mit sich und der Welt auseinander und schulen dabei Rhetorik und Argumentationskompetenz. Zentrale Faktoren des Philosophierens mit Kindern sind, das Gespräch nicht durch Vorgaben zu beeinflussen, sich auf die gleiche Gesprächsstufe mit den Kindern zu stellen und Fragen zu beantworten, bei denen es kein richtiges Ergebnis gibt. Für den Einstieg und die Wahl entsprechender Themen eignen sich Kinderbücher aus der Erfahrungswelt der Kinder sehr gut

(https://www.denkuni.uni-hamburg.de/fotos/bilderbuecher-zum-philoso phieren; s. Festman, 2021).

Dass die Förderung einer Gesprächskultur für mehrere Fächer des Grundschulunterrichts von Bedeutung ist, zeigen folgende Beispiele:

- **Klassenrat im Bereich politischer Bildung (Sachunterricht):** Hier sammeln die Schüler*innen in der Klasse erste Erfahrungen, sich zu verschiedenen Themen zu äußern, Konflikte handlungsorientiert zu verarbeiten und Verantwortung zu übernehmen. Wesentliche Fragen des Zusammenlebens und -wirkens in der Gemeinschaft Schule in Bezug auf Unterricht (Themenwahl, Arbeitsformen, methodische Zugänge …), aber auch in Bezug auf die Gestaltung des sozialen Lebens auf Klassen- und Schulebene werden demokratisch entschieden und die Schüler*innen bekommen Einblicke in einfaches politisches Verständnis (Ketter, 2019).
- **Autor*innenrunden im Bereich Texte verfassen:** Nach dem Schreiben der eigenen Geschichten (Kompetenzbereich Verfassen von Texten) bekommen Schüler*innen die Gelegenheit, über ihre eigenen und fremden Texte nachzudenken. In Gesprächen mit der gesamten Klasse diskutieren die Kinder über die Wirkung ihrer Texte, was ihnen besonders gut gelungen ist und erhalten Tipps für die Überarbeitung.
- **Forscher*innengespräche im Bereich MINT (Sachunterricht):** Das Diskutieren über Vermutungen, Hypothesen und abgeleiteten Theorien nach Versuchen im Sachunterricht ist ein zentraler Faktor des forschenden Lernens im Sachunterricht der Grundschule. In Forscher*innengesprächen tauschen die Kinder ihre Erfahrungen aus und besprechen gemeinsame Handlungsoptionen.
- **Kommunizieren und Argumentieren im Bereich Mathematik:** Kommunizieren muss auch im Mathematikunterricht immer wieder gezielt angeregt werden. Bei mathematischen Problemstellungen verbalisieren und diskutieren Schüler*innen mögliche Lösungswege und reflektieren darüber. Da Aufgabenstellungen gemeinsam gelöst werden, sind das Kennen und Einhalten einer Gesprächskultur besonders wichtig.

Eine gelungene Gesprächskultur bietet eine geeignete Zuhör-Atmosphäre, vielfältige Sprech- und Gesprächssituationen, interessante Inhalte für die Schüler*innen und Übungssituationen für mündliches Sprachhandeln. Wichtig ist dabei noch, dass die Kinder sich über Gelingensfaktoren ihres Miteinander-Sprechens austauschen können (QUA-LIS NRW, 2021).

5.2.2.11 Spielerische Förderung des Umgangs mit größeren Informationsmengen

Diese Übungen dienen der Speicherung größerer Informationsmengen, fördern aktives Sprechen und Zuhören. Die Methodenkartei der Uni Oldenburg bietet eine gute Übersicht über Unterrichtsmethoden für den Schulalltag (Methoden – Methodenkartei, https://www.methodenkartei.uni-oldenburg.de).

- **Wer bin ich:** Bei diesem Ratespiel versuchen die Mitspieler*innen durch geschicktes Fragen herauszufinden, welche Person, welches Tier, welchen Gegenstand eine Person darstellt (Grzelachowski, 2019).
- **Kugellager – Doppelter Sitzkreis:** In einem Doppelkreis stehen bzw. sitzen sich Schüler*innen gegenüber. Jene im Innenkreis sprechen ca. 2–3 Minuten mit dem*der Partner*in über ein festgelegtes Thema, der*die Schüler*in aus dem Außenkreis ergänzt und fasst zusammen (1 Minute). Jetzt rückt der Außenkreis ein bis zwei Plätze weiter, die Rollen werden getauscht und die Schüler*innen des Innenkreises hören aktiv zu, ergänzen und fassen zusammen. Diese Übung eignet sich besonders gut nach dem Lesen eines Textes mit vielen Informationen oder zur Nachbearbeitung eines Films (vgl. Methodenkartei, https://www.methodenkartei.uni-oldenburg.de).
- **Gruppenpuzzle:** Schüler*innen werden in Gruppen geteilt, die unterschiedlichen Schwerpunkte eines Themas z. B. mit Hilfe von Texten oder Büchern bearbeiten. Die Gruppenmitglieder werden so zu Expert*innen. Anschließend werden die Gruppen neu zusammengesetzt und bearbeiten einen weiterführenden Auftrag, für dessen Erfüllung die Informationen aller Expert*innen notwendig ist. In Phase 1 sind die Schüler*innen gefordert aufmerksam zuzuhören, Informationen zu sortieren und wichtiges Wissen von unwichtigem zu trennen. In Phase 2 wird das freie Sprechen trainiert (vgl. Methodenkartei, https://www.methodenkartei.uni-oldenburg.de).
- **Fishbowl:** Die Klasse wird in zwei Gruppen geteilt. Eine kleine Gruppe bildet einen Innenkreis und diskutiert bzw. spricht über Fragen oder Ergebnisse einer vorangegangenen Arbeitsphase. Ein Platz im Innenkreis bleibt leer. Alle anderen Schüler*innen sind als aktive Zuhörer*innen bzw. Beobachter*innen mit einem festgelegten Beobachtungsauftrag in einem Außenkreis. Möchte er*sie sich an der Diskussion bzw. an dem Gespräch beteiligen, wechselt er*sie auf den Platz im Innenkreis (vgl. Methodenkartei, https://www.methodenkartei.uni-oldenburg.de).
- **Triadengespräche:** Jeweils drei Kinder bilden eine Gruppe mit unterschiedlichen Rollen. Es gibt eine*n Expert*in, der den anderen beiden über ein Thema berichtet. Ein anderes Kind übernimmt die Rolle des*der Zu-

hörenden (Novize*Novizin), der*die Verständnisfragen stellt oder auch das Gehörte wiedergibt. Das dritte Kind hat die Rolle des Laien, es überwacht das Gespräch (Zeitwächter*in) und gibt anschließend Feedback. In weiterer Folge werden die Rollen getauscht. Diese Methode ist geeignet zur Wiederholung und Festigung einer Lerneinheit (Institut für Bildungsanalysen Baden-Würtemberg (IBBW), 2021).

- **Meinungsbild (Positionslinie):** Die Schüler*innen hören bestimmte Aussagen und stellen sich entsprechend ihrer Meinung entlang der Linie auf. Anschließend können sie ihre Meinung äußern bzw. zu anderen Aussagen Stellung nehmen (Grzelachowski, 2019).

5.2.2.12 Hören und Hörtexte in anderen Sprachen

Lieder in anderen Sprachen anzuhören, gehört für uns alle zur gängigen Praxis sowohl im Musikunterricht, im Radio, als Filmmusik, in der Einstimmung oder in Erinnerung an einen Urlaub. Zur Integration und Förderung der Erstsprachen, aber auch zur Begegnung mit anderen Sprachen eigenen sich besonders die vielfältigen Angebote, die es inzwischen auf Webseiten gibt (s. Festman, 2021). Dadurch wird nicht nur die auditive Wahrnehmung geschärft, sondern auch die interkulturelle Kompetenz der Kinder kann gestärkt werden durch eine diversitätssensible Begegnung mit Höreindrücken aus anderen Sprachen.

Verschiedene Webseiten bieten oft eine Kombination aus Buch und Hörbuch, d.h., dass die Kinder die Texte (meist mit Bildern) anschauen können und sich den Text vorlesen lassen. Einerseits kann man Bücher in verschiedenen Sprachen wählen, die auch in dieser vorgelesen werden. Hierfür eignet sich besonders die Webseite *www.amira-pisakids.de.* Das als Leseförderprogramm konzipierte Angebot für mehrsprachige Kinder und Leseanfänger*innen bietet Bücher in unterschiedlichen Lesestufen. Ausgewählt werden kann zwischen Italienisch, Türkisch, Farsi, Russisch, Arabisch, Englisch, Spanisch, Polnisch und Deutsch. Der Text ist dann immer in einer dieser Sprachen abgedruckt. Es besteht auch die Möglichkeit, die Sprache für die Hörausgabe unabhängig von der Sprache im Buch zu wählen, z.B. also kann man sich das Buch auf Spanisch anzeigen lassen, es aber auf Englisch, Deutsch oder Arabisch vorlesen lassen. Die Vorlesefunktion ermöglicht ein Lesen und Hören in kleinen Etappen, immer eine Doppelseite. So können Hörwiederholungen eingebaut werden, es bleibt Zeit zum Nachdenken, die Kinder blättern selbst im Buch weiter und bestimmen so ihr Tempo.

Die Webseite *www.mulingula.de* bietet die Möglichkeit einer parallelen Darstellung des Textes im Bilderbuch in zwei Sprachen. Für diese zweisprachigen Varianten stehen Arabisch, Farsi, Romanes, Russisch, Tamil, Türkisch und Deutsch zur Verfügung. Die Sprachen sind entweder untereinander oder immer eine pro Seite auf einer Doppelseite zu sehen. Auch hier kann über einen „Play-Button" der Text angehört werden. Darüber hinaus findet man auf *www.mulingual-praxis.de* diverse Hörübungen („für Kinder") und weiteres Material (unter dem Reiter „für Lehrkräfte"), u.a. Hörübungen zu den jeweiligen Büchern. Auch Vorlesevideos in anderen Sprachen können aufgerufen werden unter www.mulingula.de/vorlesen-videos.html.

Zwei gute Sammlungen (Buch + CD) sind:

Abbatiello, A. (2017). *Das Allerwichtigste.* Edition bi:libri. Ein zweisprachiges Bilderbuch, erhältlich in verschiedenen Sprachkombinationen und Hör-CD in 8 Sprachen (Deutsch, Englisch, Französisch, Griechisch, Italienisch, Russisch, Spanisch und Türkisch). https://www.edition-bilibri.com/books/das-allerwichtigste/.

Zaghir, R. (2009). *Wer hat mein Eis gegessen?* Die große Box der Mehrsprachigkeit: 19 zweisprachige Bücher + 1 Hör-CD (jeweils Fremdsprache + Deutsch) und inszenierte Hörfassungen auf CD der Geschichte in: Albanisch, Arabisch, Bosnisch, Bulgarisch, Deutsch, Englisch, Französisch, Griechisch, Italienisch, Kroatisch, Kurdisch/Kurmanci, Kurdisch/Sorani, Persisch, Polnisch, Rumänisch, Serbisch, Spanisch, Türkisch und Urdu. Edition Orient.

5.2.2.13 Digitale Lernmedien – Audiostifte im Trend

Audiostifte stellen einen neuen Trend im Bereich der Hörmedien dar. Sie werden auch audio-digitale Stifte oder Hörstifte genannt. Ein Audiostift ist ein elektronisches Lesegerät mit Lautsprecher in Form eines Stiftes. Es hat eine Vorlesefunktion, die Wörter und Texte vorlesen kann.

Sie bieten interessante neue Anwendungsbereiche in verschiedenen Fächern und können sowohl zum Hören als auch zum Einsprechen verwendet werden (Greiten et al., 2020). Aktuell gibt es fünf verschiedene Hörstifte auf dem Markt: tiptoi (Ravensburger), TING (TING GmbH), BOOKii (Tessloff Verlag), Anybook Reader (früher Franklin; Millennium 2000 GmbH) und Tellimero (Betzold). Greiten et al. (2020) präsentieren einen Vergleich der Stifte.

Immer häufiger werden Audiostifte im Unterricht eingesetzt. Viele Kinder kennen Audiostifte von zu Hause und sind bereits mit ihnen vertraut. Kinder im Vorschulalter können bereits selbständig mit Audiostiften umgehen (Pfost et al., 2018).

Die Audiostifte können auch im Fremdsprachenunterricht oder anderen Fächern (z. B. im Sachunterricht) für den Wortschatzerwerb und zur individuellen auditiven Gestaltung von Texten zum Einsatz kommen (Glaser, 2018).

Audio-digitale Stifte ermöglichen es Schüler*innen „Informationen aus Büchern nicht nur zu lesen, sondern diese auch zu hören.“ (Dube, 2020, S. 46). Hierfür wird im Buch mit dem Stift die gewünschte Stelle angetippt bzw. abgescannt (z. B. durch einen Strich- oder QR-Code), woraufhin der dazu passende Hörtext oder ein adäquates Geräusch abgespielt werden. Der Sensor des Stiftes erkennt dabei den Code, der der Markierung zugrunde liegt und spielt die Audiodatei ab.

Zum Beispiel kann man mit dem Stift (Wimmel-)Bilder erkunden oder mit ihm Rätsel lösen, es kann ein Text vorgelesen werden, aber auch Musik oder Geräusche (z. B. Vogelzwitschern oder Geräusche im Wald) können abgespielt werden (Droll & Staiger, 2015). Die Inhalte hängen dabei von der jeweiligen Buchvorlage ab (Glaser, 2018).

Es gibt zum einen Stifte, die nur zusammen mit Begleitmaterialien ihre Funktion erfüllen, so etwa tiptoi von Ravensburger (ca. 100 Bücher und Spiele) oder der Audiostift BOOKii. Ravensburger brachte hierzu 2011 die Leserabe-Reihe mit tiptoi-Titeln heraus, der eine unterschiedliche Vorlesefunktion des Stiftes erlaubt. Auf Stufe 1 liest der Stift Absatz für Absatz in einem normalen Lesetempo vor, Stufe 2 sogar Zeile für Zeile und etwas langsamer. Dies erlaubt es auch Erstleser*innen oder langsamen Leser*innen, dem Text mit den Augen zu folgen. Stufe 3 ist zum Selbstmitlesen gedacht und es können lediglich ausgewählte, grau gedruckte Wörter angetippt und vorgelesen werden (Droll & Staiger, 2015). Beim ersten Antippen liest der Stift in normaler, beim zweiten in langsamer Geschwindigkeit vor und beim dritten Antippen wird das Wort erklärt.

Zum anderen gibt es Stifte, die flexibler einsetzbar sind, beispielsweise durch das Bespielen der Audiosticker. Diese Stifte können durch vorgefertigte Sticker selbst bespielt werden (z. B. AnybookReader, Tellimero, BOOKii), beispielsweise durch das Übertragen der Audiodateien über ein USB-Kabel auf den Stift oder direkte Aufnahmefunktion. Diese Audiosticker können auf Papier oder Gegenstände geklebt und wieder gelöscht und neu bespielt werden. Damit wird der Lehrperson ein individuelles Arbeiten mit den Schüler*innen ermöglicht. Es können Übersetzungen aus anderen Sprachen aufgenommen und gespeichert werden, spezifische Begriffserklärungen oder auch Fragen eingebaut werden (Dube, 2020, S. 49). Die Audiostifte unterscheiden sich in ihrer Speicherkapazität, die von 3,4 GB bis zu 8 GB reicht (für eine Übersicht Greiten et al., 2020).

Des Weiteren kann man mit dem TING-Stift vom Tesloff Verlag sowohl verlagseigene als auch über 150 Produkte von verlagsübergreifenden Publikationen (z. B. von Langenscheidt, Brockhaus, Cornelsen etc.) verwenden (Droll & Staiger, 2015; Glaser, 2018). Bei den Materialien zum TING-Stift werden zahlreiche Stimmen und Geräusche zusätzlich zum Text präsentiert. Dies ist prinzipiell positiv, allerdings kann es auch schnell zu Ablenkung führen, da die Kinder alles ausprobieren möchten und vom Text abgelenkt werden (Droll & Staiger, 2015). Dies ist auch bei Rätselbüchern sehr wichtig, da hier die Kinder möglicherweise so lange hin- und herblättern, bis sie die Lösung finden (Droll & Staiger, 2015). Hier braucht es unbedingt eine Begleitung durch die Lehrperson, die immer wieder den Blick zurück auf den Text und die Aufgabe lenken sollte.

Voraussetzungen für das Arbeiten mit Audiostiften im Schulkontext

Die Arbeit mit Audiostiften in den Klassen bzw. die Handhabung durch die Schüler*innen gestaltet sich eher problemlos. Jene Stifte, die nur zur Wiedergabe geeignet sind, brauchen die entsprechenden Audiodateien, die von der Lehrperson vorab mittels USB hochgeladen werden. Zusatzprodukte wie Spiele, Bücher … müssen zusätzlich gekauft werden. Zum Teil sind sie auch über Schulbuchverlage wie Klett oder Oldenburg erhältlich. Jene Stifte, die selbst zu besprechen sind, bieten vielfältigere Einsatzmöglichkeiten.

Die Audiostifte können in Einzel-, Paar- oder Gruppenarbeit eingesetzt werden, da man meist Kopfhörer anschließen kann (Glaser, 2018). Dies eröffnet der Lehrperson vielfältige Möglichkeiten der Individualisierung und differenzierten Förderung. Der Mehrwert liegt in der selbständig gewählten Wiederholung des Gehörten und bei gleichzeitigem Lesen in der doppelten Darbietung der Informationen (auditiv und visuell). Die Wiederholung von zielsprachlichen Wörtern führt zu einer besseren Vertiefung des Wortschatzes (Glaser, 2018). Laut Droll und Staiger (2015) eignet sich der Einsatz von Audiostiften vor allem in der Freiarbeit und es ist von Vorteil, wenn bereits ein Kind den Umgang mit dem Stift kennt, ansonsten sollten die Lehrperson eine kurze Einführung geben.

Die Arbeit mit Audiostiften ist als Ergänzung zum Unterricht bzw. den Übungsprogrammen zu sehen, die Arbeit in Stationenbetrieben bzw. in der Freiarbeit motiviert die Schüler*innen und entlastet die Lehrperson, wenn beispielsweise Arbeitsaufträge abrufbar sind.

Beim Einsatz von Spielen mit den Audiostiften ist die Geräuschkulisse ausgelöst durch den Audiostift, aber auch durch die Schüler*innen beim Spielen zu bedenken. Vielleicht wäre hier ein Einsatz in der Kleingruppe (Förderunterricht) zu bevorzugen.

Auf jeden Fall sind Schüler*innen motiviert, mit Audiostiften zu arbeiten und auch die Verweildauer und Aufmerksamkeit ist deutlich höher (Droll & Staiger, 2015). Schüler*innen brauchen bei der Arbeit mit Audiostiften eine gezielte Aufgabenstellung bzw. einen Hörauftrag. Nur so ist gewährleistet, dass die Schüler*innen sich nicht in der Fülle der Höreindrücke verlieren.

Einsatzmöglichkeiten der Audiostifte im Unterricht:

- **Hörstifte zur Schulung der phonologischen Bewusstheit:** Sowohl Kinderbuchverlage als auch Schulbuchverlage bieten Zusatzprodukte (Bücher) mit Übungen in den Bereichen Wahrnehmen, Zuordnen, Erkennen und Lesen von Buchstaben, die die Übungsprogramme in der Schule ergänzen. Mit den passenden Audiostiften wird die Phonem-Graphem-Korrespondenz geschult und gefördert (*Mit Ottern stottern, mit Drachen lachen*, Thienemann; *TING Rätselspaß für Vorschulkinder*; *Erste Buchstaben*, Ravensburger; *Deutsch Stars Lesetraining*, *Deutsch Stars Diktattraining*, Oldenburg).
- **Geschichten zum Hören und Lesen (Sachbücher, Erstlesebücher, Spiele):** Ravensburger (Tiptoi) und Ting Co. Ltd. (TING) bieten eine Reihe von Produkten, die sich auch für den Einsatz in der Grundschule eignen. Zu den Tiptoi-Produkten gehören die Reihe *Wieso? Weshalb? Warum?*, *Expedition Wissen*, die Reihe der Erstlesebücher *Leserabe*, Bilderlexika und verschiedene Lernspiele. TING (und das Nachfolgeprodukt BOOKii) bietet unterschiedliche Bücher für Kinder jeden Alters (z.B. TING Geschichten zum Lesen und Hören, Dschungeltiere …).
  Der Einsatz dieser Stifte ist als Ergänzung zum Vorlesen, aber auch zur Förderung der Leseflüssigkeit mit passenden Büchern zum Audiostift geeignet. Die Einbettung der Audiodateien ist je nach Konzeption des Buches unterschiedlich. Bei der Wahl der Bücher für den Einsatz im Unterricht sollte beachtet werden, dass die Audioelemente durch die Kombination von visuellen und auditiven Elementen eine positive Wirkung auf die Wahrnehmung erzielen. Nur so stellen diese Audiodateien einen Zusatznutzen und damit einen Mehrwert für das Buch dar (Brosig, 2012).
  Bei einigen Büchern (TING) kann man zwischen mehreren Funktionen wählen: Vorlesen des gesamten Textes, Vorlesen von einzelnen Zeilen, ergänzende Übungen wie Rätsel, Multiple-Choice-Aufgaben, Anhören von Geräuschen …
  Andere Bücher (tiptoi) werden in unterschiedlichen Lesetempi vorgelesen (normales Lesetempo, Zeile für Zeile, zum Selberlesen mit nur ausgewählten Wörtern zum Anhören). Weiters gibt es auch hier Leserätsel verstreut über das Buch).

Beim Einsatz der individuell gestalteten Hörimpulse durch den Audiostift hat die Lehrperson die Möglichkeit, mitzugestalten und den Einsatz gezielter zu steuern.

Die evtl. längere Verweildauer beim Lesen mit dem Audiostift bedeutet nicht unbedingt, dass Schüler*innen deshalb ihre **Lesekompetenz** steigern. Aber es kann durchaus animieren, sich mit dem Buch auseinanderzusetzen. Manche Kinder können auch dazu angeleitet werden, sich kurze Textpassagen mehrfach vorlesen zu lassen und dabei mitzulesen. Das Sprachvorbild kann so durch Wiederholung und Übung zunehmend imitiert werden und als Stütze für das eigene Lesen dienen.

Die Begleitung durch die Lehrperson ist sinnvoll, damit die Schüler*innen nicht durch die Vielzahl von Antippmöglichkeiten abgelenkt werden.

Gerade Sachbücher zum Anhören eignen sich sehr gut, Wissen eigenständig zu erarbeiten. Das unter Umständen mühsame Erlesen eines Sachtextes in einer 1. Klasse entfällt. Dazu braucht es aber auf jeden Fall eine gezielte Vorbereitung und gut durchdachte Aufgabenstellung durch die Lehrperson (Droll & Staiger, 2015).

- **Audiodateien individuell gestalten:** Mit Franklin electronics (AnyBook-Reader), betzold (Tellimero) und Tessloff (BOOKii) können Audiodateien selbst aufgenommen werden. Diese Audiostifte unterstützen somit den Spracherwerb, schaffen Redeanlässe und bieten die Möglichkeit, Geschichten zu erzählen und Hörspiele zu gestalten. Beim Stationenlernen können Arbeitsanweisungen mit dem Stift noch einmal gehört werden. Auf der Webseite von anybookreader.de und bookii.de/blog gibt es Unterrichtsvorschläge, wie diese Audiostifte eingesetzt werden können.
- So können beispielsweise **Geräusche-Memorys** oder auch **Schnitzeljagden** mit vertonten Botschaften für drinnen und draußen von den Kindern für andere Kinder selbst gestaltet werden. Beim **Geschichtensalat** besprechen und speichern die Schüler*innen verschiedene Abschnitte einer Geschichte. Diese können dann mit der gesamten Klasse oder auch in einer freien Lernphase nach dem Anhören der einzelnen Teile zu neuen Geschichten verbunden werden oder wieder in die richtige Reihenfolge gebracht werden. Alternativ könnnen aber auch einzelne Abschnitte Ausgangspunkt für das Weitererzählen der Geschichte sein.
(https://www.bookii.de/site/uploads/2019/02/BOOKii_Lehrerhandreichung_Deutsch_Geschichtensalat.pdf, https://alf-hannover.de/sites/default/files/materialien/arbeit_mit_dem_audiostift.pdf).
- **Produktion von mehrsprachigen Bilderbüchern mit Vorlesestift:** Eine sehr kreative Möglichkeit der Sprachförderung bietet das Herstellen von mehrsprachigen Bilderbüchern. Zwei Kinder wählen ein einsprachiges Bilderbuch, das sie selbst mehrsprachig aufbereiten wollen. Im nächsten Schritt wählen die Kinder Bildelemente bzw. Textstellen, die für eine Auf-

nahme passen. So entstehen Bilderbücher mit mehrsprachigen Impulsen der Kinder (Müller & Schiefele, 2018).

Erste Forschungsergebnisse zu dem Arbeiten mit Audiostiften
Im Mesh-Projekt der Universität Duisburg-Essen entstand eine der wenigen Studien zu Audiostiften im deutschsprachigen Raum. In diesem konkreten Fall wurde mit dem Audiostift von Anybook und mit präparierten Bilderbüchern gearbeitet. Sechs neu zugewanderte Kinder mit unterschiedlichen Kompetenzen in der Zielsprache Deutsch (A1-B1) nahmen teil. Sie waren im Durchschnitt 9 Jahre alt. Die Hälfte der Kinder war mit der Verwendung der Hörstifte bereits vertraut. Der Förderunterricht mit dem Hörstift und mehrsprachigem Buch interessierte die Kinder sehr und sie zeigten durchgehend über 12 Wochen eine hohe Lesemotivation, sie arbeiteten ruhig und intensiv, mit Kopfhörern und individuell mit einem Buch und Stift. Die Ergebnisse der Verwendung dieser Stifte zeigen, dass die Schüler*innen sich zunächst vorwiegend auf das Hören konzentrierten. Meist ließen sie sich den Text zuerst auf Deutsch vorlesen, dann in ihrer Erstsprache. Im Laufe der Zeit und auch nach Hinweis der Lehrperson wurde das Lesen ebenfalls stark miteingebunden (Dube, 2020, S. 54). Des Weiteren gelang es, dass die Schüler*innen selbstständig mit den Audiostiften agierten. Dennoch kann die gelungene Selbststeuerung nicht verallgemeinert werden, weil Schüler*innen individuell mit Situationen des offenen Lernens umgehen; einige nutzen aber die Möglichkeit der Übersetzung von bestimmten Wörtern der Zielsprache in ihre Erstsprache. Denjenigen, die sehr große Defizite in der Zweitsprache aufwiesen (Niveau A1), bot der Audiostift keine ausreichende Unterstützungsmöglichkeit. Die Kinder mit höherer Sprachkompetenz konnten den Audiostift bereits systematisch für die Erschließung der Texte nutzen, z. B. die Übersetzung in die Erstsprache zur Sicherung des Textverständnisses, der Audioinput auf Deutsch zum Üben der Aussprache. Was jedoch deutlich ersichtlich war, war die steigende Lesemotivation bei nahezu allen Kindern (Dube, 2020, S. 61f.).

Eine Fragebogenerhebung im Jahr 2016 für Kinder im Vorschulalter (Pfost et al., 2018) hat gezeigt, dass sie beim Umgang mit Audiostiften weitaus weniger abgelenkt waren von **Werbung** als mit elektronischen Kinderbüchern.

Elektronische Kinderbücher werden von den Vorschulkindern der Studie am seltensten genutzt, Audiostifte im Durchschnitt häufiger (bei 84,6% der Eltern ca. 1–2 Tage der Woche oder seltener), doch bleiben beide Medien weit hinter der durchschnittlichen Nutzung des Fernsehers und dem Vorlesen von Büchern.

Die elektronischen Kinderbücher bieten Texte visuell auf einem Bildschirm und sind mit elektronischer Vorlesefunktion, bewegten Bildern, Geräuschen und Tönen ausgestattet. Mit Audiostiften **konzentrierten sich die Kinder**

mehr auf den Inhalt des Buches und verbrachten mehr Zeit mit dem Hören an sich als bei elektronischen Kinderbüchern, da bei letzterem viel Zeit mit dem Touchscreen verbracht wurde.

Die Kinder konnten mit Audiostiften **selbständiger** umgehen (60% der Eltern gaben an, dass die Kinder überwiegend oder vollkommen selbständig den Stift nutzen); bei elektronischen Kinderbüchern brauchten sie immer wieder die Unterstützung der erwachsenen Person.

Für viele Eltern werden diese beiden Medien oft als **Unterhaltungsmedien** mit spielerischem Charakter eingestuft. Sie werden nicht unbedingt als Lesemedium mit einem Effekt für den Wissenserwerb eingeschätzt; die Eltern stufen den pädagogischen Nutzen von Audiostiften aber höher ein als bei elektronischen Kinderbüchern. Dennoch erhielt der Audiostift eine höhere Zuschreibung eines pädagogischen Nutzens als das Smartphone oder Tablet.

Durch die geringere Zuschreibung eines Lernmediums hat sich herausgestellt, dass auch Kinder aus bildungsferneren Haushalten Audiostifte besaßen und nutzen konnten. Die Analysen ergaben auch, dass wenige Kinder mit Migrationshintergrund Zugang zu einem Audiostift hatten. Diejenigen, die einen solchen besaßen, nutzten ihn sehr häufig; er wurde sprachkompensatorisch eingesetzt.

5.2.2.14 Mit Tonieboxen und Kreativtonies das Hören selbst gestalten

Tonieboxen sind besonders aus dem Bereich der unterstützten Kommunikation als elektronisches Hilfsmittel bei fehlender oder eingeschränkter Sprachfähigkeit bekannt (Jochum, 2021). Ursprünglich wurden die Tonieboxen als Spielzeug entworfen, die zu „einem neuen spielerischen Hörerlebnis führen und CDs ablösen" (Jochum, 2021, S. 6) können. Auf einer Box wird eine Figur positioniert, die einen Kreativtonie darstellt. Als Toniebox wird das würfelförmige Abspielgerät bezeichnet. Kindern soll das Zuhören dadurch erleichtert werden, dass es keinen Bildschirm oder Tasten gibt, die davon ablenken könnten. Zum kinderfreundlichen Abspielen der gespeicherten Geschichten oder Lieder wird lediglich die Toniefigur auf die Toniebox gestellt.

Einige Tonies sind bereits herstellerseitig mit Geschichten oder Liedern bespielt. Kreativtonies können darüber hinaus selbst mit Geräuschen, Musik oder Stimme bespielt werden. Die Aufnahmen können wieder gelöscht und die Wiedergabereihenfolge geändert werden. Maximal können 90 Minuten aufgenommen werden (Jochum, 2021). Außerdem können Kopfhörer an Tonieboxen angeschlossen werden. Lediglich für die Ersteinrichtung der Toniebox wird WLAN benötigt, die spätere Nutzung braucht keinen Internetzugang. Darüber hinaus sind die Tonieboxen sehr robust und können sogar Stürze oder Würfe aushalten.

In einer Masterarbeit wurde bereits der Einsatz von Tonieboxen im Morgenkreis als Hilfsmittel der unterstützten Kommunikation erforscht (Jochum, 2021). Dazu wurden mehrere Lehrpersonen, die bereits Tonieboxen einsetzen, in Interviews befragt. Dabei kam heraus, dass es bei der Verwendung auf eine ruhige Atmosphäre ankommt, da die Lautstärke der Toniebox sonst zu leise ist. Die Kinder kennen sich selbst bereits gut mit Tonieboxen aus und brauchen wenig Erklärung bei der Bedienung (z. B. beim Abspielen oder selbst Aufnehmen). Die befragten Lehrpersonen sehen die Vorteile der Tonieboxen vor allem darin, dass eher introvertierte Schüler*innen oder Kinder, die die Tonieboxen für die unterstützte Kommunikation benötigen, diese auch allein oder in einer ruhigen Situation selbst verwenden können. Beispielsweise kann ein Kind auf der Toniebox einen selbst vorgelesenen Lesetext ganz entspannt aufnehmen und diesen dann vor der Klasse vorspielen, ohne selbst vor allen vorlesen zu müssen. Dies stärkt den sozialen Klassenzusammenhalt und das Selbstbewusstsein. Die Lehrpersonen sahen auch Einsatzmöglichkeiten im Bereich von Rechenaufgaben, Leseaufträgen, Liedern, Quizfragen, Übung von Diktaten oder Nacherzählungen (Jochum, 2021). Die Lehrperson kann die Toniebox vorab besprechen und auf diese Art die Übung immer wieder hörbar machen.

5.2.2.15 Weitere technische Möglichkeiten

- Der **interaktive Lerntrainer** (betzold-Verlag) ist eine Wandtafel mit 30 Taschen, die mit einer Sprachein- und -ausgabe versehen sind. In die Taschen werden Bild- bzw. Lernkarten gesteckt und mit selbst besprochenen Audionachrichten (10 Sekunden) verbunden. Der Einsatz reicht vom Einüben neuer Wortschatzfelder bis zum Erlernen häufig verwendeter Redewendungen.
- Für die **Aufnahme von Audiodateien im Unterricht**, beispielsweise von Hörbüchern, die von den Kindern eingelesen werden oder von eigenen Geschichten oder Radiointerviews, werden für die Grundschule die kostenlosen Apps Audio Bearbeiter & Aufnahme und Software: Audacity empfohlen (Podwika, 2020).
- Die Auditorix-Hörkoffer (online), entwickelt von der Initiative Hören e.V., bietet weitere Ideen zur Erstellung von Hörspielen in der Klasse. (www.auditorix.de – Hörkoffer online)
- Eine weitere Möglichkeit sind **Lernfilme und Erklärvideos** im Unterricht. Hierbei ist es wichtig, dass das Video genau ein Thema behandelt und beim

Sprechen Wichtiges betont oder sogar wiederholt wird. Vor allem bekannte Videoplattformen im Internet bieten eine Vielzahl an Lernfilmen an, die im Unterricht gezeigt werden können. Die parallele Darbietung von Bild und gehörtem Wort führt zu einer tieferen Verarbeitung des Filminhalts.

- Um den Inhalt noch besser zu verarbeiten, hat sich gezeigt, dass das Einschalten von Untertiteln beim Wortschatzerwerb hilft, da die Lernenden den Filminhalt durch das Audio in ihrer eigenen Sprache oder einer Fremdsprache besser verstehen und verinnerlichen (Araújo, 2008; Danan, 2004). Dies konnte auch bereits für Kinder in der Primarstufe gezeigt werden (Gerth & Oberhauser, 2020). Interessanterweise lenken Untertitel die Kinder nicht vom eigentlichen Filmgeschehen ab, sondern lenken ihre Aufmerksamkeit sogar besonders auf wichtige Details. Dies konnte bereits durch eine Studie gezeigt werden, die die Blickbewegungen von Kindern gemessen hat (Krejtz et al., 2012), während diese kurze Lehrfilme als Comics mit oder ohne Untertitel ansahen. Kinder, die den Film mit Untertiteln geschaut haben, lenkten ihre selektive Aufmerksamkeit mehr auf wichtige Szenenelemente des Films. Wesentlich ist bei der Verwendung von Untertiteln, dass die Lehrperson einen direkten Zugang zu ihnen herstellt und der Filminhalt im Anschluss diskutiert wird.

5.3 Hören für Kinder mit DaZ

Im DaZ-Unterricht im Bereich der Sprachaneignung wird unterschieden zwischen Hören in Bezug auf **Wahrnehmung und Differenzierung** von Geräuschen, Lauten und Silben und Hörverstehen zur **Informationsgewinnung** (vgl. Kapitel 3.3).

Die Übungen zur auditiven Wahrnehmung unterscheiden sich kaum von jenen, die bereits aus dem Schriftspracherwerb der 1. Klasse bekannt sind. Jedoch ist unbedingt zu beachten, dass diese bei Quereinsteiger*innen in höheren Klassen für diese Schüler*innen zusätzlich angeboten werden müssen.

Folgende Empfehlungen sind speziell für den Unterricht mit Schüler*innen mit anderen Erstsprachen zur Erweiterung ihrer Sprachkompetenz angepasst.

Hören zur Erweiterung des Wortschatzes

Gerade bei Schüler*innen mit anderen Erstsprachen, deren Deutschkenntnisse eher basal sind, stellt fehlender Wortschatz eine Hürde für gelingende Kommunikation dar. Der Schulalltag besteht für Schüler*innen nicht nur daraus, Aufgabenstellungen lösen zu können. Es ist besonders wichtig, dass Kinder ihre Bedürfnisse ausdrücken und auch Fragen stellen können. Einfache Satzstrukturen mit schulrelevantem Wortschatz, Floskeln wie *Ich weiß es nicht.*, *Darf ich spielen gehen?* oder *Mein Kopf tut weh.* werden durch wiederholtes Hören und imitierende Handlungen ganzheitlich erfasst. Dies stellt den Beginn des bildungssprachlichen Wortschatzaufbaus dar (Gutzmann et al., 2019).

Damit Lernende den Wortschatz produktiv anwenden können, müssen diese neben Nomen, Verben und Adjektiven auch feste Ausdrucksweisen und Redewendungen rezeptiv über das Hören und Lesen erfassen. Je jünger die Kinder sind, umso bedeutender ist das Hören. Wichtig ist, dass der neue Wortschatz **in kleinen Portionen** erlernt wird (nicht mehr als 7 Wörter pro Einheit) und dieser auch **regelmäßig wiederholt** wird (Niedersächsische Landesschulbehörde, 2017).

Spezifisch für Kinder mit anderen Erstsprachen wurde eine Reihe von Hör-Bilder-Büchern vom finken Verlag entwickelt (www.finken.de). Die Reihe **Komm zu Wort** gibt es für Kinder ab dem 1. Schuljahr und bietet mit dem *Hörstift BOOKii* die Möglichkeit, auf der Basis von Bildern im *Arbeitsheft* und den Audiowiedergaben über den Stift, eigenständig und individuell zu arbeiten. Lesekenntnisse sind hierfür in Band 1 (Fischer & Kellner, o.J.a) noch nicht nötig. Thematisch werden die Bereiche Schule, Kleidung, Essen und Trinken, Wetter, Wohnen und Stadt abgedeckt. So soll eine Grundlage im Wortschatz gelegt und geübt werden; einfache Satzstrukturen und Redemittel bilden ein erstes Fundament für die deutsche Sprache. Zu einem Arbeitsheft für die Kinder gibt es eine *Mappe mit Arbeitsblättern* (Kopiervorlagen), die sich thematisch am Arbeitsheft orientiert. So kann der über das Hören gelernte Wortschatz vertieft und der Schriftspracherwerb noch mehr einbezogen werden. Arbeitsaufträge umfassen z. B. Wort-Bild-Zuordnungen, Satz-Bild-Zuordnungen, das Fortführen von Satzmustern, Gitterrätsel, Wörterschlangen, leichte Lese- und Abschreibübungen. In einem *Vokabelheft* werden wichtige Bilder aus dem Hör-Bilder-Buch abgedruckt und es gibt Platz, zum einen das deutsche Wort aufzuschreiben, zum anderen die Übersetzung in der Erstsprache oder auf Englisch.

Band 2 schließt direkt an und kann ab der 1. Schulstufe verwendet werden, um die erworbenen Grundkenntnisse zu erweitern in Hinblick auf Wortschatz, Grammatik und Satzstrukturen. Auch zu *Band 2* (Fischer & Kellner, o.J.b) gibt es eine Arbeitsmappe mit Kopiervorlagen zum Üben und Festigen und ein Vokabelheft. Für jüngere Kinder wird eine Version für den *Kindergarten bzw. die Vorschule* angeboten (sprachcodiert für TING und BOOKii). Inzwischen ist die Reihe auch erweitert worden und umfasst ein Hör-Bilder-Buch mit BOOKii oder TING zu *Mathematik* (Kortmann, o.J.).

Vertieft kann der erworbene Wortschatz im **visuellen Diktat** werden. Bereits mit wenigen Sprachkenntnissen kann diese Übungsform in unterschiedlichen

Schwierigkeitsstufen und Formen durchgeführt werden. Beispielsweise zeichnen die Schüler*innen nach Ansage einen Ball unter/neben/auf einen Stuhl und üben so die Präpositionen. Durch das Austauschen der Zeichnungen mit den Mitschüler*innen kontrollieren sie die der anderen (Jeuk, 2016).

Hören und Phonetik

Beim Zweitspracherwerb müssen Lernende zunächst die von der Erstsprache abweichenden Laut-, Silben- und Betonungsmuster üben. Normalerweise ist dies bei Kindern, die im Laufe des Grundschulalters Deutsch erlernen, keine größere Schwierigkeit. Bewusst gelernt werden müssen jedoch die Besonderheiten der deutschen Phonologie, beispielsweise wie sich Längen und Kürzen von Vokalen auf die Bedeutung des Wortes auswirken. Sprachsensible Kommunikationspartner*innen variieren ihr Sprechtempo, verdeutlichen Wort- und Satzgrenzen und unterstützen so Verstehensprozesse.

Mit Hörtexten kann die **Phonetik geschult** werden, indem Schüler*innen Wörter/Sätze aktiv nachsprechen. Meist sind diese aber zu lang und kurze „Hör-Portionen“ wären sinnvoller. Die Arbeit mit **Audiostiften** oder das **selbstgesteuerte, wiederholte Anhören von kürzerem auditivem Input** ist hier zielführender.

- Digitales Zusatzmaterial zu gängigen Lehrwerken erfährt hier besondere Bedeutung (z. B. in den DaZ-Arbeitsheften der Reihen *ZEBRA* und *Deutsch 2–4* im oebv Verlag). Oft können kurze Passagen, längere Texte, Lieder und Gedichte angehört werden.
- Durch Audiostifte kann ein gezielter Audioinput zum Anhören und sogar Mitlesen zur Verfügung gestellt werden. Mit zusätzlichen Audiostickern kann ein beliebiges (am besten sogar zweisprachiges) Bilderbuch selbst gestaltet werden, um den individuellen Bedürfnissen der Kinder entgegenzukommen. Es gibt z. B. Vorlesepunkte, die, wenn sie angetippt werden, den nebenstehenden Text über den Audiostift vorlesen lassen. Bei Aktionspunkten wird das Kind aufgefordert, selbst aktiv zu werden. Bei Fragepunkten werden dem Kind Fragen zum Textverstehen gestellt. Sachpunkte dienen dazu, dass das Kind dort einzelne Begriffe erklärt bekommt, die auf der Seite relevant sind. Die Audiosticker können also individuell besprochen werden: Sätze können in Übersetzung aufgenommen werden, ergänzende Hinweise, weitere Begriffsklärungen, Handlungs- und Produktionsimpulse sowie Fragen und Antworten zum Text, Anregungen zur Sprachreflexion, Spiele und Rätsel, Fragen zur Imagination etc. (Dube, 2020).
- Ebenso ist es gut möglich, eine Passage eines Textes für ein Kind aufzunehmen und es ihm z. B. auf einem Tablet mit Kopfhörer zur Verfügung zu stellen.

- Dann kann das Kind so oft es möchte und es braucht, diese Passagen anhören, mitlesen, an seiner Aussprache feilen, sich vielleicht dann auch selbst aufnehmen und die Aufnahmen vergleichen.

(Niedersächsische Landesschulbehörde, 2017)

Durch **Reime, Sprüche und Lieder** hören die Schüler*innen den Klang der deutschen Sprache und üben durch Imitieren sprachliche Redemittel und Sprachmuster. Zungenbrecher sind geeignet, bestimmte Laute zu üben (Konsonantenhäufungen). Auch hierfür ist es wichtig, dass den Kindern ein Lied oder Kurztext nicht nur einmal vorgespielt wird. **Audioaufnahmen** helfen, sich durch wiederholtes Anhören die zielsprachlichen Strukturen und Aussprachedetails zu merken und zunehmend zu verinnerlichen. Kann ein Kind selbständig und selbstgesteuert damit üben, ist dies besonders sinnvoll. Manche Kinder brauchen mehr Wiederholungen als andere (Gutzmann et al., 2019).

Hören und Verstehen von Aufgaben und Arbeitsaufträgen

Um Aufgaben lösen zu können, müssen Schüler*innen verstehen, was sie zu tun haben. Dabei haben gerade Kinder mit anderen Erstsprachen Schwierigkeiten, **Arbeitsanweisungen (Operatoren**, s. Kapitel 5.2.2.6) klar zu verstehen.

Manchmal verpassen sie die Aufforderung der Anweisung, die meist im **Imperativ** formuliert wird (z. B. *Holt eure Lesebücher heraus. Schlagt Seite 34 auf. Lest euch einmal das Gedicht durch.*). Es ist deshalb sinnvoll, sie nach und nach als Wortschatz einzuführen. Bildliche Darstellungen können hierbei unterstützen.

Schwierigkeiten bereiten jene Operatoren, die trennbar sind, die also je nach Satzkonstruktion unterschiedlich formuliert werden, in der ungetrennten Form oder mit **abgetrenntem Präfix**, z. B. *Ihr sollt Seite 34 aufschlagen! Jetzt bitte ich euch, Seite 34 aufzuschlagen. Schlagt Seite 34* ***auf!***). Schwierig ist es also, wenn Lehrpersonen ständig unterschiedliche Formulierungen verwenden (*Du sollst die Lösung ankreuzen. Kreuze an! Was hast du angekreuzt?*) und die Schüler*innen nicht verstehen können, dass diese Formulierungsvarianten zu einem bestimmten Verb gehören. Unterstützend ist es, die Operatoren mit ihren verschiedenen Formulierungen einzuführen (s. hierzu die Lernbox Operatoren von B. Priebe, o.J. vom finken Verlag). Auf Bildkarten werden gängige Operatoren dargestellt. Ein Bild verdeutlicht die Handlungsanweisung, die mit einem spezifischen Operator verbunden ist, z. B. einkreisen. Auf der Karte stehen der Infinitiv, der Imperativ (*Kreise... ein!*), die 1. Person Singular (*Ich kreise ... ein.*) und die Form im Perfekt (*Ich habe ... eingekreist.*).

Es ist deshalb hilfreich, Operatoren selbst zum Lerngegenstand in der Klasse zu machen, da diese in allen Fächern benötigt werden und somit ein wichtiger Teil der Bildungssprache sind.

Im Downloadbereich des Bildungsservers Berlin-Brandenburg stehen mehrsprachige Operatorenlisten zur Verfügung (https://bildungsserver.berlin-brandenburg.de/themen/sprachbildung/sprachbildung-schulentwicklung/mehrsprachige-operatorenliste).

Hörverstehen im DaZ-Unterricht

Besonders Sprachanfänger*innen brauchen bei Hörtexten zur Sinnentnahme **Verstehenshilfen**, damit diese für sie einfach zu erfüllen sind. Ohne diese Hilfen kann es aufgrund der vielen Wörter und grammatikalischen Einheiten schnell zur Überforderung und Unlust kommen.

Zur Aktivierung von Vorwissen gibt es verschiedene Möglichkeiten (vgl. Schlatter et al., 2016):

- **Vor dem Anhören gezielte Fragen stellen**, die auf die für den Text wesentlichen Wissensbereiche abzielen. Dadurch werden diese voraktiviert und der Wortschatz ist dadurch schneller verfügbar während der Höraufgabe.
- **Wichtige Schlüsselwörter** vorbesprechen – so müssen sie beim Hören nur mehr wiedererkannt werden. Auch entsteht dadurch eine erste konkrete Idee, worum es im Hörtext gehen könnte.
- **Ein Bild zum Text zeigen oder die Überschrift nennen**, zu dem/der die Kinder Vermutungen, worum es gehen könnte, anstellen. Auch das steigert die Erwartungshaltung, das Interesse, und aktiviert relevantes Vorwissen.
- **Schwieriger Begriffe** herausgreifen und vorbesprechen. Dies verhindert, dass die Kinder beim Hören darüber stolpern und bei den Analyseversuchen scheitern und somit zusätzlich zum Misserfolgsempfinden wertvolle Zeit für die Inputaufnahme verlieren.
- Das **Wesentliche des Textes in zwei bis drei Sätzen zusammenfassen**. Dadurch sind die Kinder vorinformiert und tauchen bereits in den Hörtext ein. Sie müssen nicht mehr rätseln, worum es geht, sondern können sich gezielter auf die Höraufgaben konzentrieren.

Verstehenshilfen können auch schriftliche Unterstützungsmaterialien sein, auf denen Schlüsselwörter aufgeschrieben sind (evtl. mit Bilderklärung), damit die Kinder das Wort schnell **identifizieren und wenn nötig nachlesen** können, wenn sie es im Hörtext hören. Wird eine Geschichte im Hörtext erzählt, die an bestimmten Orten spielt (z. B. ein Spaziergang in einer Landschaft, der am Bauernhof beginnt, über die Wiese bis zur großen Kastanie fortgesetzt wird, durch den Wald führt und am Gebirgsbach endet), kann es hilfreich sein, wenn diese Stationen vorher aufgemalt werden. So können die Kinder sich **im Verlauf der zu hörenden Geschichte orientieren**, was sie gerade hören.

Leichter ist es, den Hörtext zu verstehen, wenn dieser eine **klare Situation** darstellt, in der auch **außersprachliche Signale** (Mimik, Gestik, Tonfall ...) zum besseren Verständnis beitragen.

Der Hörtext sollte – nach einer **allerersten auditiven Begegnung – immer noch zweimal** mit einem eindeutigen, klaren Hörauftrag für die Schüler*innen vorgespielt werden. Der erste Auftrag fordert selektives Hörverstehen (eine bestimmte Information), der zweite Auftrag detailliertes Hörverstehen.

Klar gestellte, gezielte Aufgaben helfen den Kindern, gezielt zuzuhören. Die **Aufgaben sollten einfach gestaltet** sein, damit die Schüler*innen nicht zu sehr vom Höreindruck überfordert werden.

Hördateien bieten die Möglichkeit, den Höreindruck zu wiederholen, zu unterbrechen und zu entlasten – allerdings ist hier zu beachten, dass es einen Unterschied macht, ob für die ganze Klasse unterbrochen wird, wann die Lehrperson dies für nötig oder hilfreich erachtet oder ob der*die Schüler*in dann unterbrechen kann, wann es für ihn*sie nötig erscheint. Liest die Lehrperson einen Text vor, sollte nicht nur auf das Tempo geachtet werden, in dem vorgelesen wird, sondern besonders auf die klare Aussprache und auf das Einbauen von Pausen. Es ist nicht hilfreich, eine Passage in einem Zug vorzulesen und dann eine Pause zu machen. Die Kinder werden mehr unterstützt, wenn kleine **Päuschen** nach **Sinneinheiten** gemacht werden. **Pausen** erlauben es den Kindern, das gerade Gehörte ein bisschen zu verarbeiten. Durch die weniger automatisierten Verarbeitungsprozesse bezogen auf Wortschatz und Grammatik (s. Kapitel 3 und 4.3) brauchen die Kinder einfach ausreichend Zeit. Hastiges Lesen, zu lange Passagen und zu wenige Pausen lassen die Kinder schnell ermüden, sie fühlen sich überfordert, sind frustriert und schweifen ab.

Nach der Sicherung des Hörverständnisses braucht es auf jeden Fall einen Transfer (Austausch mit anderen, Prüfen der Informationen), um das Gehörte in die eigene Lebenswelt einzubetten (Niedersächsische Landesschulbehörde, 2017).

In einem Wetterbericht kommen immer wieder ähnliche Elemente vor, deren Wortschatz im Vorhinein erarbeitet wird. Gezielte Höraufträge wären hier beispielsweise zu hören, ob es morgen kalt oder warm sein wird oder wie das Wetter morgen sein wird. Bei weiteren Hörbeispielen zum Wetter wenden die Kinder das erworbene Wissen an und festigen es (Jeuk, 2016).

5.3.1 Lese- und Sprachförderung durch Zuhören

Vor dem Lesen kann mit den Kindern anhand der *Methode des lauten Denkens* einerseits der Wortschatz für den Themenbereich des Hörtextes aktiviert werden, zum anderen wird auf diese Weise auch eine Erwartungshaltung geschaffen (Pronold-Günther, 2012a). Begonnen wird mit dem Thema, z.B. Ritterburg. Anfangs wird gemeinsam mit den Kindern überlegt, welche Schlüsselbegriffe, die meist Nomen sind, sie schon zu dem Thema kennen. Die Lehrperson beginnt und denkt laut: *Wenn ich an Ritterburg denke, sind meine beiden Schlüsselbegriffe Bauplan der Burg und Personen, die auf der Burg leben. Ich erwarte im Hörtext Begriffe wie Bergfried und Burggraben. Bei den Personen denke ich an Prinzessin und König.* Pronold-Günther (2012a) geht davon aus, dass die Kinder durch das laute Denken weitaus genauer auf die sprachlichen Informationen im Hörtext achten.

Eine empirische Studie mit 138 Kindern der 3. und 4. Schulstufe belegt die sprachförderliche Wirkung von Hörtexten, die in einem Prä-Post-Design untersucht wurden (Ritterfeld & Lüke, 2021). Die Kinder stammten aus sozioökonomisch schwächeren Familien und hatten Migrationshintergrund. Sie hörten in der Intervention eine Kriminalgeschichte, die insgesamt 90 Minuten dauerte, was auf drei Tage aufgeteilt wurde und im Unterrichtssetting angehört wurde. Genauer untersucht wurden Wortschatz und Grammatik, aber auch nonverbale Intelligenz und Lesekompetenz.

5.3.2 Sprachbetrachtung und -vergleiche

Sprachbetrachtungen sollen zum einen das semantische Verständnis eines Wortes oder Satzes unterstützen, sie sollen auch die Sprachbewusstheit schulen. Dieses Nachdenken über Sprache unterstützt die Kinder in der Wahrnehmung der Struktur von Sprache und sprachlichen Feinheiten.

Ebenso dienen Untersuchungen und Kontrastierungen von Varietät und Standardsprache dazu, die Wahrnehmung der Kinder zu schärfen und eine diglossische Sprachbewusstheit anzubahnen. So wird Kindern leichter deutlich, in welchem Kontext welche Sprache wie angewendet wird. Auch für Kinder mit DaZ-Hintergrund sind solche Kontrastierungen hilfreich, da sie die Bildungs- und Standardsprache für die Bildungsinhalte im Schulkontext brauchen, den Dialekt aber für ihre soziale Integration (vgl. Bellet & Festman, 2021).

Für alle Kinder der Klasse sind Sprachvergleiche zwischen Deutsch und den Erstprachen der Kinder und auch Englisch hilfreich. Sie schulen die auditive Wahrnehmung, sie erweitern den sprachlichen Horizont der Kinder, sie schärfen das bewusste Sprachwissen (*metalinguistic awareness*).

Oft werden Sprachbetrachtungen (Sprachbeispiele der deutschen Sprache) oder Sprachvergleiche (Sprachkontrastierungen von Beispielen der deutschen mit anderen Sprachen) mündlich im Unterricht durchgeführt (vgl. Festman, 2021). Die recht komplexen Sachverhalte und oft auch die spezifischen Termini und komplizierten Erklärungen können Kinder mit DaZ-Hintergrund sehr herausfordern, wenn diese einzig verbal erklärt werden. Unbedingt sollten hier auch visuelle Unterstützungshilfen einbezogen werden, damit die Kinder den Kontext der Erklärungen erkennen können und die grammatischen oder phonologischen Erklärungen besser nachvollziehen können.

Grundlagen hierzu finden sich z. B. bei Oomen-Welke und Rösch in dem Beitrag *Sprachengebrauch reflektieren und respektieren* (2018), in dem vielfältige Materialien angesprochen werden, z. B. die sprachvergleichende Arbeit mit dem Lied Bruder Jakob, schläfst du noch, mit Fremdwörtern und ihrer Geschichte, mit interkultureller Kinderliteratur. Ein gutes Arbeitsheft ist von Riegler et al. (2015) herausgegeben worden – *Sprache untersuchen 3+4*. Es umfasst Kapitel zum Entdecken von Sprach(n), zum Erforschen von Wörtern, Erkunden von Sätzen und dem Verstehen von Sprache(n) für Kinder in der Primarstufe.

Erste Forschungsergebnisse mit Kindern der Primarstufe legt Akbulut (2020) vor. In seiner Studie wurden die metasyntaktischen Fähigkeiten von 140 ein- und mehrsprachigen Kindern (4.–6. Schulstufe) untersucht (die Hälfte der Kinder stammte aus der Grundschule). Der Fokus lag auf Einsichten in den Bau von Sprachen und analytischen Sprachvergleichen von Deutsch, Spanisch, Englisch und Türkisch. Die Kinder verglichen die unterschiedliche Wortanzahl pro Satz in den jeweiligen vier Sprachen. Zudem kontrastierten sie konkrete sprachliche Elemente (z. B. Buchstaben, Wörter, Wortgruppen). Insgesamt hat sich gezeigt, dass Kinder mit Kenntnissen in der jeweiligen Sprache auch sprachanalytisch vorgehen können, z. B. der Vergleich Deutsch-Türkisch von Kindern, die Türkisch als Erstsprache gelernt hatten. Die Ausprägung der Kenntnisse in den jeweiligen Sprachen bedingte das Herangehen der Kinder: je besser ihre Sprachkenntnisse in den entsprechenden Sprachen ausgeprägt waren, umso größer war die Chance, dass sie von sich aus analytische Sprachvergleiche durchführten. Zusätzlich hat sich erwiesen, dass Kinder, die mehrsprachig aufwachsen, eine dreimal höhere Chance hatten, einen analytischeren Zugang auch zu Sprachen zu haben, die sie selbst nicht kannten, als einsprachige Kinder (in Beispiel der Studie war dies Spanisch).

Wesentlich ist daher in Sprachvergleichen im Unterrichtskontext, die Fähigkeiten der Kinder mit anderen Erstsprachen gezielt einzubeziehen, so dass auch einsprachige Kinder ihre metasprachlichen Fähigkeiten ausbauen können. Zum anderen geht aus dieser Studie auch hervor, dass Kinder in Sprachvergleichen nicht allein gelassen werden sollten, sondern explizit dabei begleitet und angeleitet werden müssen, um sprachübergreifend analytisch Sprachenpaare vergleichen zu können. Nur wenige (vor allem nur wenige einsprachige) Kinder können dies in diesem Alter gezielt von sich aus tun.

Weitere Tipps:

Kruse, N. (2017). Mehrsprachigkeit. Das Repertoire von Sprachen und Schriften nutzen und ausbauen. *Grundschulunterricht, 1,* 4–7.

Kühn, P., & Oomen-Welke, I. (2009). Sprache unter der Lupe. *Grundschule, 5,* 18–21.

Kühn, P., & Oomen-Welke, I. (2009). Mit Sprache experimentieren. *Grundschule, 5,* 22–25.

Putjata, G. & Vishek, S. (2017), Vielfalt als Chance? Vielfalt zur Chance machen! *Grundschulunterricht Deutsch, 1,* 26–32.

Wildemann, A. (2017). Den SPRACHEN auf der Spur … Anregungen für den Umgang mit einem mehrsprachigen Bildwörterbuch. *Grundschulunterricht, 1,* 33–36.

Wildemann, A., & Bien-Miller, L. (2017). Wo sind die Wörter hin? Sprachvergleiche in mehrsprachigen Lerngruppen. *Grundschulunterricht, 1,* 8–11.

5.3.3 Möglichkeiten zur Einbindung der L1

Die folgenden Beispiele zeigen auf, wie die einzelnen Erstsprachen der Schüler*innen spielerisch in den Unterricht miteinbezogen werden können. Durch die Einbeziehung werden Begegnungen zwischen Sprachen und Kulturen geschaffen und die Wichtigkeit und Chance von Sprachenvielfalt aufgezeigt.

- **Gemüsesuppe** (Schader, 2012, S. 146): Die Lehrperson oder gegebenenfalls auch ein*e Schüler*in erzählt zunächst eine Geschichte in deutscher Sprache, bzw. liest einen Text vor. Es wird ein Wort ausgemacht, z. B. Gemüsesuppe, das von der erzählenden bzw. vorlesenden Person möglichst kunstvoll in die Geschichte eingebaut werden soll – so, dass die Zuhörer*innen es nicht „entdecken". Kommt das ausgemachte Wort vor, müssen die Zuhörer*innen klatschen oder stampfen. Nachdem den Schüler*innen das Prinzip des Spiels bekannt ist, können die Geschichten auch in anderen Erstsprachen erzählt bzw. vorgelesen werden. Das ausgemachte Wort wird vorher mitsamt der Bedeutung bekannt gegeben. Gegebenenfalls kann

nachher von den anderen Kindern geraten werden, welchen Inhalt die Geschichte transportiert.
Falls das Spiel mehr Dynamik erhalten soll, können die Schüler*innen im Sitzkreis sitzen. In der Mitte vor ihnen liegen Gegenstände (Löffel, Würfel ...). Dabei ist immer ein Gegenstand zu wenig. Sobald das ausgemachte Wort in der Geschichte vorkommt, müssen die Schüler*innen nach den Gegenständen greifen. Wer leer ausgeht, erzählt bzw. liest die Geschichte weiter. Zur Hilfe wird das ausgemachte Wort in den unterschiedlichen Erstsprachen der Klasse auf die Tafel geschrieben.
Diese Übung verlangt von den Schüler*innen konzentriertes Zuhören.

- **Internationale Stille Post** (Schader, 2012, S. 148): Das Spiel der „stillen Post" sollte den meisten bekannt sein: Jemand bekommt eine Botschaft bzw. ein Wort ins Ohr geflüstert. Das, was verstanden wurde, wird dem*der Nächsten ins Ohr gesagt usw.. Ziel ist es, das Gehörte möglichst fehlerfrei bis zu dem*der Letzten weiterzugeben. Das letzte Kind sagt dann laut, was er*sie verstanden hat. Dieses Spiel kann mit beliebigen Erstsprachen durchgeführt werden. Bei dieser Übung geht es wiederum um das konzentrierte Zuhören, aber auch um „die Begegnung mit ungewohnten Klängen". Unbewusst wird das aufmerksame Zuhören und die Artikulation von gehörten Lauten geübt.
- **Obstsalat international** (Schader, 2012, S. 150): Auch bei diesem Spiel geht es um das genaue Hinhören, nebenbei haben die Kinder noch ein wenig Bewegung und beiläufig werden neue Wörter und deren Aussprache (in anderen Sprachen) gelernt.
  Die Kinder sitzen oder stehen im Kreis und ein Kind steht in der Mitte. Dann wird jedem Kind der Name einer Frucht zugeordnet (bei größeren Gruppen einfach mehrfach besetzen). Das Kind in der Mitte ruft zwei Obstsorten auf und diese müssen Plätze tauschen, wobei das stuhllose bzw. platzlose Kind versucht, einen Platz zu ergattern. Das übrig gebliebene Kind ruft wiederum zwei Obsorten. Bei *Obstsalat* müssen alle Kinder ihre Plätze tauschen. Dies kann man nun in beliebigen Sprachen durchführen. Gibt es Unsicherheiten, sowohl im Deutschen als auch in den anderen Sprachen, können die Namen der Obstsorten an die Tafel geschrieben werden, die Wörter vorher in ihrer Aussprache geübt werden. Kinder mit deutscher Erstsprache bekommen durch das Hören und die Aussprache ihnen zunächst fremder Wörter ein Gefühl dafür, wie sich Schüler*innen mit DaZ fühlen.

5.3.4 Ergebnisse – spezifische Angebote und Herangehensweisen für den DaZ-Unterricht

Wie ist der Ist-Stand in Tirol, wenn es um das Hören und den Umgang mit Schüler*innen mit DaZ in der Primarstufe geht? Wie viele Lehrpersonen haben Kinder mit Migrationshintergrund in der eigenen Klasse? Welche konkreten Methoden kennen Lehrpersonen im DaZ-Bereich und welche Erfahrungen haben sie vielleicht bereits mit ihnen gemacht? Das wollten wir genauer wissen und haben einen Teil unseres Fragebogens besonders der Thematik DaZ-Unterricht gewidmet.

Von den insgesamt 361 befragten Lehrpersonen gaben 222 an, dass sie Kinder mit Migrationshintergrund in der Klasse haben. Uns hat nun besonders interessiert, welche Angebote oder Herangehensweise im Bereich Hören die Lehrpersonen einsetzen und welche Erfahrungen sie damit gemacht haben.

49 Lehrpersonen nannten bei den **spezifischen Herangehensweisen** am häufigsten

- den Einsatz von Material mit **vereinfachtem Schwierigkeitsgrad**, z. B. durch einfache Sprache, Vorentlasten oder Vorwissen aktivieren, die Anpassung des Wortschatzes bei bestimmten Fragen oder Antworten und das häufigere Wiederholen von Texten oder Aufgaben im Unterricht.
- Recht häufig kommen **Audiostifte** zum Einsatz und die Bücher *Komm zu Wort* zur Unterstützung des Hörens.
- Beim Hören in anderen Sprachen setzen die Lehrpersonen die Webseite *amira-pisakids.de* ein, auf der Texte in anderen Sprachen (z. B. in der Erstsprache des Kindes) angehört werden können.
- Darüber hinaus verwenden die Lehrpersonen **zusätzliches Material** (z. B. Bilder zur Visualisierung, DaZ-Materialien) im Unterricht mit Kindern mit Migrationshintergrund.
- Außerdem setzen sie das **Vorlesen von Texten** ein bzw. können die Kinder **Hörbeispiele von Tonträgern** abspielen.
- Seltener werden **Übungen zur Förderung der phonologischen Bewusstheit** (Wort- und Satzrhythmus) und **sprachgestütztes Handeln** (z. B. Bewegungen, um das Sprachverständnis zu verbessern) genannt.

Auf die Frage, welche **Erfahrungen** die Lehrpersonen mit diesen spezifischen Herangehensweisen gemacht haben, gaben uns 39 Lehrpersonen überwiegend positive Rückmeldungen.

- Die Lehrpersonen, die den Schwierigkeitsgrad des eingesetzten Materials an das Sprachniveau der Kinder anpassen, geben an, dass hierdurch die

Aufgaben wesentlich besser verstanden werden und die Kinder dadurch **eigenständiger arbeiten** können. Dies gibt ihnen Sicherheit.
- Lehrpersonen, die mit Audiostiften oder *Komm zu Wort* arbeiten, empfinden diese als **hilfreich und abwechslungsreich**, es werden deutliche **Verbesserungen bei der Aussprache** durch wiederholtes Anhören festgestellt und sie haben durchweg positive Erfahrungen damit gemacht.
- Diejenigen Lehrpersonen, die mit *amira-pisakids* arbeiten, sehen eine **Steigerung in der Motivation** der Kinder zuzuhören und empfinden ein „Sprachbad" in ihrer Erstsprache für die Kinder als sehr wichtig. Die Kinder empfinden viel **Freude beim Anhören**.
- Eine Lehrperson führt an, dass es manchmal aufgrund der **Gruppengröße schwierig** ist, spezifische Herangehensweisen einzusetzen.
- Eine weitere Lehrperson weist darauf hin, dass sie gute Erfahrungen gemacht hat, dass es aber manchmal ein **langer Prozess** ist, bis die Erfolge sichtbar werden.

5.4 Hörspiele – Hörtexte – Hörbücher

Hörmedien fördern wesentlich die auditive Wahrnehmungsfähigkeit und die kommunikative Kompetenz der Schüler*innen (Heudecker, 2006). Als Hörmedien bezeichnet man Medien, die „ausschließlich auditive bzw. akustische Zeichen zum Inhalt haben" (Reißmann, 2009, S. 116). Hierzu zählen Hörspiele, Hörtexte und ganze Hörbücher (auch Audiobooks oder Audiobuch genannt) (Müller, 2012).

Hörtexte basieren auf Textvorlagen, **Hörbücher** meist auf Buchvorlagen (Schmidt, 2009). Beide Begriffe werden in der Literatur oft synonym verwendet, daher haben wir uns im Folgenden für den Begriff Hörbuch entschieden. Mit Hörbüchern können aber auch andere Aufführungsformen wie Lesungen (ein oder mehrere Sprecher*innen tragen einen Prosatext vor, der von Musik und Geräuschen untermalt wird, der Wortanteil dominiert) oder Features (entstand im Radio, ein Text wird mit Musik, Originaltönen und Geräuschen so real wie möglich dokumentiert) gemeint sein (Schmidt, 2009). Die Grenzen zwischen den Aufführungsformen sind fließend. Heudecker definiert es wie folgt: „Ein **Hörbuch** ist ein analoger oder digitaler Tonträger, auf dem ein gesprochener Text gespeichert ist." (Heudecker, 2006, S. 82). Das gesprochene Wort einer Person steht im Vordergrund und kann durch Geräusche oder Hintergrundmusik begleitet werden. **Hörspiele** enthalten meist mehrere Sprecher*innen und szenenhafte musikalische Begleitung.

Herausforderung beim Arbeiten mit Hörmedien

Beim Hören eines Textes oder Buches fällt es schwerer, im kontinuierlichen Lautfluss die einzelnen Wörter oder Sätze hörbar abzusetzen (Koeppel, 2013). Gut trainierte Sprecher*innen sind in der Lage, Sinneinheiten hörbar zu betonen und Haupt- und Nebeninformationen des Textes voneinander abzugrenzen.

Eine weitere Herausforderung ist die Linearität, Geschwindigkeit und Flüchtigkeit des Hörmediums (Koeppel, 2013). Während des Lesens hat man das Schriftbild die ganze Zeit vor Augen. So kann das eigene Lesetempo reguliert werden, man kann im Text zurückgehen und bereits Gelesenes wiederholen, unbekannte Wörter im Wörterbuch nachschlagen und Gelesenes im Text hervorheben (z. B. farblich). All dies ist beim Hören eines Textes im Unterricht nicht möglich. Das Tempo eines Hörtextes ist vorgegeben und erfordert viel Konzentration und Aufmerksamkeit vom Hörenden. Allerdings können und sollten Tonaufzeichnungen wiederholt abgespielt werden, um das Verständnis zu verbessern und unbekannte Wörter mit der Lehrperson zu klären (Koeppel, 2013).

Während des Hörens muss das Gehörte sprachlich analysiert werden und in das bereits aufgebaute mentale Hörbild simultan eingebaut werden. Dabei sind das Arbeitsgedächtnis und die sprachliche Verarbeitungskapazität stärker beansprucht als beim Lesen, da die Prozesse parallel und nicht nacheinander ablaufen und gehörte Informationen kontinuierlich sinnvoll miteinander verbunden werden müssen, damit sich ein verständlicher Text ergibt (Koeppel, 2013; Müller, 2012).

In vorherigen Abschnitten dieses Buches haben wir uns bereits angeschaut, wie man mit Hörtexten im Unterricht arbeiten kann, beispielsweise, wenn das Vorlesen der Lehrperson mit angemessenen Höraufgaben verbunden wird (Kap. 4.2.2). Im Folgenden werden wir die didaktischen Möglichkeiten beim Hören eines Hörmediums (z. B. Hörtext, Hörspiel) genauer erläutern. Hierbei gehen wir genauer auf die Voraussetzungen der Hörtexte und die Aufgaben zum besseren Verständnis des Gehörten ein. Des Weiteren beschäftigen wir uns mit der Dauer von Hörmedien, literarischen Texten als Hörmedium und den Kriterien für die Auswahl von Hörtexten.

5.4.1 Didaktische Konsequenzen für das Hörverstehen von Texten

Aus den zuvor geschilderten Herausforderungen beim Arbeiten mit Hörtexten im Unterricht ergeben sich folgende didaktische Konsequenzen für den Unterricht (nach Koeppel, 2013, S. 248):

- Ein Hörtext muss **einfacher und kürzer** als ein Lesetext sein, d.h. der Wortschatz sollte weniger umfangreich und die Satzstrukturen sollten weniger komplex sein als bei einem Lesetext, um die sprachliche Verarbeitung zu entlasten,
- auch die Dauer des Hörtextes sollte an das Alter der Zuhörenden und die Aufmerksamkeitsspanne angepasst werden (siehe 5.4.3.).
- Die Textstruktur sollte klar gegliedert sein, z.B. durch explizite Textsignale *Ich komme jetzt zum zweiten Teil …, Zusammenfassend kann man sagen …* etc. Falls diese und ähnliche Textsignale den Kindern noch nicht bekannt sind, müssen sie unbedingt vorher behandelt und vielleicht im Raum sichtbar gemacht werden zur Vorentlastung.
- **Hörziele** (siehe Abschnitt 4.2.9) unterscheiden sich von denen des Lesens, d.h. die Aufgaben zu Hörbeispielen müssen anders formuliert werden als für einen Lesetext (siehe Abschnitt 5.2.2.7).
- Es müssen **Vorentlastungen** angeboten werden, um den Hörprozess zu unterstützen, d.h. die Kinder müssen hinsichtlich des Wortschatzes und der Satzstrukturen sowie auf den inhaltlichen Kontext, vielleicht auch die Textstruktur (z.B. bei mehreren Erzählsträngen, Sprecher*innenwechsel) auf den Hörtext vorbereitet werden.
- Der Hörtext muss für die Hörenden **attraktiv** sein (Müller, 2012, S. 65), d.h. die Kinder müssen das Thema spannend finden und der Text an sich sollte interessant gesprochen, akustisch gut hörbar und nicht langweilig oder eintönig sein.

Es sollte darauf geachtet werden, dass es bei Hörtexten nicht zu viel Abwechslung gibt. Dies bezieht sich sowohl auf den Inhalt als auch auf die Stimmen. Des Weiteren wirken Hintergrundgeräusche eher störend. Besser ist es, wenn die Geräusche beispielsweise im Hörspiel das Gesagte unterstützen, strukturieren und in Szene setzen (z.B. Zuggeräusche bei einem Dialog auf dem Bahnsteig), aber nicht zeitgleich zum Sprechenden präsentiert werden, sondern vor oder nach einer Äußerung.

Aufgaben zu Hörtexten im Unterricht können das Verständnis derselben immens steigern. Die Aufmerksamkeit des Hörenden wird hierbei auf bestimmte Informationen im Text gelenkt (z.B. detaillierte Höraufgaben) und die Lehrperson kann vor dem Hören gezielt Schwerpunkte abhängig vom Fähigkeitsniveau der Lernenden setzen (z.B. durch selektive Höraufgaben).

5.4.2 Aufgaben zum besseren Verständnis von Hörtexten

Beim Erarbeiten von Hörtexten oder Dialogen ist es wichtig, dass nicht ohne Vorbereitung oder ohne Verstehensziele gehört wird. Dies kann zu einer Überforderung führen, da alles Gehörte erinnert werden muss und die Kinder sich nicht auf bestimmte inhaltliche Aspekte konzentrieren können. Hören läuft, im Gegensatz zum Lesen, unter einem starken Zeitdruck ab und erfordert dadurch eine viel höhere Verarbeitungskapazität. Daher ist es essentiell, nicht erst *nach* dem Hören eines Hörbeispiels Fragen an den Text zu stellen, sondern diese bereits im Vorhinein zu besprechen und dadurch eine Vorentlastung zu schaffen.

Die folgenden Aufgaben eignen sich gut für den Unterricht und die Arbeit mit Hörmedien. Sie sind angelehnt an Koeppel (2013, S. 251f.).

Aufgaben vor dem Hören: Zunächst sollte bestimmt werden, wer (mit wem) spricht und in welcher Kommunikationssituation sich die Sprechenden befinden. Hierzu ist es möglich, visuelle Hilfen (z. B. Situationsbilder) zu präsentieren, die den Hörenden helfen, über mögliche Ziele des Gesprächs oder des Textes zu mutmaßen. Dadurch wird das Vorwissen der Schüler*innen zum Thema aktiviert (z. B. zu zentralen Begriffen im Text) und sie können sich bereits gedanklich in die Kommunikationssituation hineinversetzen (mentale Vorentlastung). Falls eine visuelle Darstellung der Kommunikationssituation nicht möglich ist, kann eine mündliche Situationsbeschreibung helfen, das zu hörende Gespräch oder den Hörtext in einen gedanklichen Kontext zu setzen.

Während des Hörens: Wichtig ist bei den Aufgaben während des Hörens, dass sie nicht zu sehr vom Hören selbst ablenken und die Aufmerksamkeit und Konzentration stark bündeln.

Gut eignen sich Aufgaben, die nicht sprachlich beantwortet werden müssen (z.B. das Ordnen von Bildern, Ankreuzen von Mehrfachantworten auf einem Arbeitsplatz etc.).

Das Schreiben selbst sollte stark beschränkt werden, vor allem bei globalem und selektivem Hören (alternativ können kurze Stichworte in eine Tabelle eingetragen werden).

Aufgaben nach dem Hören: Texte zum Hörverstehen sollten mindestens zwei Mal vorgespielt werden.

Zwischen diesen beiden Hördurchgängen sollten Aktivitäten geplant werden, die das Verstandene sicherstellen. Hierzu können die zuvor formulierten Mutmaßungen an den Text überprüft, die Aufgaben während des Hörens besprochen und die bereits verstandenen Informationen gesammelt werden.

Vor dem zweiten Hören können weiterführende Anschlussaktivitäten entwickelt werden.

Nach weiteren Hördurchgängen werden die Aufgaben beantwortet (z. B. Ankreuzen der zutreffenden Aussagen, Ausfüllen einer Tabelle mit Informationen, Zuordnungen von Bild und Text oder Text und Text, Beantwortung von Fragen zum Text, Selbstformulieren von Fragen an den Text etc.).

Aufgaben zum detaillierten Hören und Unterstützungsmöglichkeiten: Einige Textsorten und Kommunikationssituationen verlangen ein sehr detailliertes und intensives Verständnis, z. B. das Merken von Telefonnummern oder das genaue Verstehen der einzelnen Schritte einer Wegbeschreibung in der korrekten Reihenfolge. **Zum besseren Verständnis einer Wegbeschreibung könnten die Hörenden einen Stadtplan erhalten**, auf dem sie den gehörten Weg währenddessen einzeichnen. Dies verlangt keine verbalen Tätigkeiten von den Hörenden, die das Verständnis beinträchtigen könnten und es müssen lediglich Elemente eines genau abgegrenzten Bereiches wiedererkannt werden (z. B. Richtungsangaben). Nach mehrmaligem Hören werden die Wege zusammengetragen und besprochen (in Partnerarbeit oder einer Kleingruppe).

Tabelle 10: Gegenüberstellung, wenn Hörbeispiele von Lehrpersonen selbst vorgelesen oder vom Tonträger abgespielt werden

Hörbeispiele im Unterricht	
von der **Lehrperson** vorgelesen	von einem **Tonträger** abgespielt
Individuell an die Geschwindigkeit der Zuhörer*innen in ihrer Sprechgeschwindigkeit anpassen	Geschwindigkeit der Hörbuchsprecher*innen
Betonung von wichtigen Textelementen	Betonung der Hörbuchsprecher*innen Meist ein*e ausgebildete*r Sprecher*in
stark an die Stimme und Aussprache der Lehrperson gewöhnen	Breite an Hörbildern (z. B. Stimme, Geschlecht, Alter, Sprechweise, Akzent etc.)
Lehrperson kann auf Reaktionen der Schüler*innen bei Unverständnis, Unklarheit und Unruhe direkt reagieren	Meist stellen sich das Unverständnis und die Unklarheiten erst bei Bearbeitung der Aufgaben zum Hörverständnis im Nachhinein heraus.
Lehrperson kann sofort einen unverständlichen oder besonders langen Satz nochmals vorlesen.	Meist wird über lange Sätze „hinweggehört". Nur beim individuellen Hören (z. B. mit einem Hörstift in Einzelarbeit) kann an einer unverständlichen Stelle pausiert werden, um Zeit zum Verarbeiten zu gewinnen oder um eine Stelle nochmals abzuspielen.

Es wird daher dazu geraten, beide Varianten (s. Tabelle 10) im Unterricht einzusetzen, um so das Hörverstehen der Kinder ideal zu schulen: durch das Vorlesen der Lehrperson und die Hinzunahme von Hörbüchern, die durch Hörbuchsprecher*innen gestaltet wurden.

Erfahrung:
Ein schwieriger Hörtext mit einer gut gewählten Aufgabe ist für Schüler*innen besser zu verarbeiten als ein leichter Hörtext ohne entsprechende Aufgabe. Einfache, globale Höraufträge können beispielsweise das Heraushören der Anzahl der Sprecher*innen, das Identifizieren und weitreichende Verstehen der Hörsituation (Inhalt, Ort …) sein. Das Heraushören von gesprochenen Details, aber auch das Interpretieren der Intention des Gesprochenen fällt den Schüler*innen auch bei einem leicht verständlichen Hörtext schwerer.

5.4.3 Hörspiele und die Konzentrationsdauer bei Kindern

Gerade mit dem Hören von komplexeren Hörmedien ist eine gewisse Konzentrationsdauer verbunden (Müller, 2012). Im Unterricht müssen Lehrpersonen nun einschätzen, wie groß diese Aufmerksamkeitsspanne sein wird und welches Hörmedium sich für gewisse Altersstufen eignet. Hierbei sollte sich die Lehrperson an den Fähigkeiten der jüngeren Kinder orientieren. Bis zum Schuleintritt sollten Kinder in der Lage sein, ein Gesamtverständnis einer Geschichte aufzubauen, sie sind aktive Zuhörer*innen und stellen gezielte Verständnisfragen. Im Allgemeinen können sie sich 15–20 Minuten lang konzentrieren (Müller, 2012). Eine differenziertere Aufschlüsselung der Konzentrationsdauer und der Merkmale, die ein Hörspiel für bestimmte Altersstufen in der Primarstufe haben sollte, befindet sich bei Müller (2012, S. 66f.), die sich in dieser Darstellung auf Böckelmann (2002) beruft. In Tabelle 11 wird ein Überblick geboten. Müller (2012) führt außerdem jeweils 2 Praxisbeispiele für das 1. und 2. sowie das 3. und 4. Schuljahr an. Die beiden Beispiele für die Primarstufe beziehen sich auf das Hören eines Hörbuchs zum Bilderbuch *Gehen wir heim kleiner Bär* und das Hören des Gedichts *Rumpumpels Geburtstag*, das von den Kindern im Anschluss an das Hören gestaltend vorgetragen werden kann (Müller, 2012, S. 147ff.).

Tabelle 11: Einschätzung der Eignung von Hörmedien im Unterricht für die Primarstufe nach Müller (2012, S. 66)

Alter/mittlere Konzentrationsdauer	Rezeption von Hörspielen	Merkmale passender Hörspiele
5–7 Jahre/ 10–15 Minuten	• Verknüpfungsfähigkeit in Ansätzen entwickelt • assoziative Wahrnehmung je nach eigenem Vorwissen • Freude am Mitsprechen	• lineare Handlung • eine Erzählperspektive • Verzicht auf Überblendungen • polar angelegte Protagonisten • Wechsel zwischen 2 bis 3 Orten möglich • Hörspiele nach bekannter literarischer Vorlage • Illustrationen als optische Erinnerungsstütze • spannende und lustige Dialoge

Alter/mittlere Konzentrationsdauer	Rezeption von Hörspielen	Merkmale passender Hörspiele
8–10 Jahre/ 15–20 Minuten	• können Standpunktwechsel nachvollziehen • können unterschiedliche Zeitebenen erfassen • können 3 bis 4 Mitwirkende akustisch unterscheiden • bevorzugen eher fantastische, dann auch realitätsnahe Inhalte • bevorzugen Spannung	• Darstellung von Bewährungssituationen gleichaltriger Helden • Geräusche genügen zur Spannungserzeugung

Zum Spannungsbogen in einem Hörspiel gibt es unterschiedliche Ansätze. Böckelmann (2002) empfiehlt, die Kinder durch einen spannenden, aktionsreichen Einstieg zum Zuhören anzuregen und danach einen ruhigeren Ausklang zu wählen, um sie so in die Realität zurückzuholen. Rogge und Rogge (2004) hingegen sprechen sich für einen wellenartigen Verlauf von mehreren Spannungshöhepunkten aus, damit emotional mitgehende Kinder nicht zu sehr belastet werden (z. B. durch eine Auflösung, die erst am Ende erfolgt).

5.4.4 Hörbücher im Unterricht

Hörbücher können sehr verschieden als Medium im Unterricht eingesetzt werden. Beispielsweise kann ein **Hörbuch zu einem Bilderbuch** gehört werden (Müller, 2012). Das Hörbuch ersetzt hier die vorlesende Person, d. h. damit können sich die Kinder auch selbständig beschäftigen und das Bild kann durch Geräusche und Musik untermalt werden. Die Abbildungen können dabei zusätzliche Informationen über das Gehörte hinaus vermitteln und es wird das Verstehen von Bild-Text-Kombinationen (*visual literacy*) geschult (Müller, 2012). Durch Bilder kann die Aufmerksamkeit fokussiert werden und der rote Faden bleibt nicht nur auditiv im Gedächtnis.

Eine weitere Möglichkeit ist das **Simultane Hören und Lesen** eines Hörbuches, auf das wir bereits im Abschnitt 4.4.2 Hören und Lesen eingegangen sind.

Des Weiteren ist das **Hören und Lesen im Wechsel** möglich, bei dem beispielsweise eine besonders spannende Stelle im Buch angehört werden kann; oder es wird ein Buch passagenweise gelesen und gehört. Man könnte ein Gedicht zunächst anhören, um dessen Klang wahrzunehmen (Müller, 2012).

Die Attraktivität von Hörbüchern im Unterricht hat vielfältige Gründe (nach Heudecker, 2006). Zunächst macht das Medium neugierig und entfaltet einen Reiz auf die Zuhörenden, der stark motivierend wirkt. Das Hörbuch lässt sich sehr individuell nutzen, d.h. es können einzelne Passagen angehört und wiederholt werden, die Schüler*innen können zurückspulen und in kleinen Gruppen arbeiten. Während des Hörens können sogar zeitgleich Notizen oder Bilder angefertigt werden. Die Verwendung des Hörbuchs ist unabhängig von Zeit und Ort, da es auch in Freizeiten oder daheim verwendet werden kann. Heutzutage ist es sogar möglich, sich Hörbücher über das Internet auf das Wunschmedium herunterzuladen. Die Qualität von Hörbüchern ist sehr hoch, da ausgebildete Sprecher*innen eine große Ausdrucksstärke beim Vertonen einbringen. Dadurch erfährt das Hörbuch einen hohen Unterhaltungswert und steigert so wiederum die Motivation bei Schüler*innen.

5.4.5 Literarische Texte hörbar machen

Beim literarischen Hörverstehen (dem Hören literarischer Text) geht es hauptsächlich um das globale Hörverstehen und das interpretierende Hören als typische Hörziele (Müller, 2012, S. 45). Müller (2012) beschreibt weiter, dass die wesentlichen Eigenschaften eines literarischen Textes teilweise sogar besser beim Hören erfasst werden können als beim Lesen.

Das Hören literarischer Texte lässt eine lebendige Vorstellung im eigenen Kopf entstehen (Müller, 2012). Gerade die Geräusche und verschiedenen Stimmen erschaffen eine andere Welt. Dies kann bei einigen Kindern sogar zu einem Nachfühlen und Erleben des Hörspiels führen. Die Kinder können sich mit literarischen Figuren auseinandersetzen. Dies kann Empathie, Sympathie und Antipathie bei ihnen fördern (Müller, 2012). Gerade in der Primarstufe bildet das Hören von literarischen Texten eine Brücke zum besseren Textverständnis und einen Zugang zu Literatur, da die Lesehürde bei einigen Schüler*innen umgangen wird.

Das Verwenden von literarischen Texten im Unterricht fördert die Wiedererkennung von bestimmten Erfahrungen oder Erwartungen mit literarisch bedeutenden Figuren in anderen Kontexten (Müller, 2012). In der Primarstufe bezieht sich dies vor allem auf Märchenfiguren (z.B. Aschenputtel, das zur Prinzessin wird) oder Figuren aus der Kinderliteratur (z.B. Pippi Langstrumpf als starke Heldin und Rebellin). Einige literarische Texte spielen mit dem Wissen über literarische Figuren (z.B. Märchenparodien). Durch das Hören literarischer Texte können Kinder dieses Wissen ebenso erlangen wie beim Lesen.

Einige literarische Texte können in altertümlicher Sprache verfasst sein (Müller, 2012), die etwas ganz Eigenes darstellt (z.B. in Märchen und Sagen). Es werden ganz bestimmte Wendungen benutzt, die diese Textsorten markieren (z.B. *Es begab sich, er verdingte sich* etc.). Das Hören kann hier entlastend auf das Verstehen wirken, da man nicht, wie beim Lesen, an Fremdwörtern oder unbekannten Wendungen scheitert, die den Lesefluss beeinträchtigen können. Doch auch das Hörverständnis kann durch zu viele unbekannte und fremd klingende Wörter gestört werden. Wichtig ist daher, dass gerade auch Wörter vorentlastet werden, die aktuell nicht mehr im Sprachgebrauch vorhanden sind, um so die Schüler*innen mit der Sprache dieser literarischen Texte vertraut zu machen.

Lyrik oder literarische Texte können auf vielfältige Weise für Schüler*innen zugänglich und hörbar gemacht werden. Der Ursprung der Kinderlyrik liegt in Abzählreimen oder Ammenversen (Müller, 2012). Sie wurden also genau dafür geschrieben, laut vorgetragen zu werden. Es gibt viele Möglichkeiten, literarische Texte als Hörtexte im Unterricht umzusetzen (hier nur einige Beispiele):

- Erzählen einer frei ausgedachten Geschichte in lyrischer Sprache
- Vorlesen eines Textes in einer Lesung, bei der der*die Vorlesende die Stimme verändert
- Autorenrunden, bei der der*die Vorlesende einen eigenen literarischen Text den Kindern in der Klasse vorträgt
- Darbietung eines Hörspiels mit verteilten Rollen und Hintergrundgeräuschen
- Vortragen eines Textes im Radio, Podcast oder in Form eines Poetry Slams (z. B. mit eigenen Texten).

5.4.6 Ergebnisse – Hörtexte im Unterricht

Wir haben uns im Fragebogen dafür interessiert, welche **Hörtexte oder Hörbücher** die Lehrpersonen im Unterricht verwenden. Einige Lehrpersonen haben die Frage eher auf Audiomaterialien insgesamt bezogen beantwortet.

- Sehr häufig nannten die befragten Lehrpersonen LÜK-Hörübungen als spezifisches Material zur Förderung des Hörens.
- Viele Lehrpersonen verwenden Texte aus Zeitschriften für Kinder und Jugendliche als Hörtexte (z. B. *Spatzenpost, Lux*) und Hörtexte zu bestimmten Textsorten im Deutschunterricht (z. B. Märchen, Sagen, Fabeln, Sachtexte, Klanggeschichten, Bilderbücher, Gedichte), die sie sich teilweise in der Bibliothek ausleihen können.
- Zur Förderung von Englisch werden häufig *Tiger Tom* und *Playway* als Hörtexte verwendet.
- Eine Lehrperson verwendet Mitratgeschichten und Detektivgeschichten als Hörtexte im Unterricht.
- Eine Lehrperson gab an, dass sie selbst gerne vorliest und Kamishibai als Erzähltheater verwendet.

Einige Lehrpersonen verwenden die **Audiomaterialien**

- zu Lern- und Lehrbüchern, z.B. die Audiomaterialien, die bei Schulbüchern mitgeliefert werden;
- Sprachlichter mit Hörverständnisübungen (Materialien nur für die 1. Klasse),
- *Komm zu Wort*-Mappen zum Hörverständnistraining (Hörbilderbücher mit Arbeitsblättern aus dem DaZ-Bereich vom finken Verlag),
- *Audimus – Höraufgaben für die Volksschule* (Heft mit einer Sammlung von Höraufgaben des TIBS, https://tibs.at/content/audimus-hoeraufgaben-fuer-die-volksschule),
- *Hören und Verstehen* vom Schubiverlag und
- eine Lehrperson verwendet *Ohren auf!* (Kohlverlag, Hörverstehen trainieren).
- Außerdem nannte eine Lehrperson das Programm *Hören, Lauschen, Lernen* zur Förderung der phonologischen Bewusstheit in der Schuleingangsphase.

Viele Lehrpersonen nutzen Angebote, die **online verfügbar** sind:

1. *Amira-pisakids* (Hörtexte sind in verschiedenen Sprache abspielbar),
2. *Hoertexte-deutsch.at* (Hörtexte zu Alltagsthemen ab Grundstufe 2, die sich auch für den DaZ-Unterricht eignen) und
3. zusätzliche Audiomaterialien zu bereits vorhandenen Büchern und Schulbüchern (z.B. *Lilos Sprachbuch, Cederic*).

5.4.7 Kriterien für die Auswahl von Hörtexten

Um aus der Fülle der Hörmedien (Hörbücher, Hörspiele, Radiosendungen für Kinder, Podcasts ...) den richtigen Hörtext für den Unterricht zu finden, können diese Fragen helfen (s. Tabelle 12).

Tabelle 12: Bewertungskriterien für Hörbücher (in Anlehnung an Käser-Leisibach & Zingg-Stamm, 2016; Pronold-Günther, 2012b)

Bewertungskriterien	Fragen, die bei der Bewertung des Kriteriums helfen können:
Inhalt, Skript	Ist der Inhalt gut gegliedert und schlüssig? Kann man der Handlung von Beginn an folgen? Können die W-Fragen (Wo, Wer, Was, Worum) schnell beantwortet werden?
	Gibt es eine Identifikationsfigur, mit der man schnell vertraut wird?
	Wirkt die Geschichte glaubhaft? Ist sie spannend, lustig?
	Wie komplex ist der Satzbau? Wie lang sind die Sätze? Gibt es viele verschachtelte Sätze?
	Passt die Wortwahl zu dem Wissensstand der Zuhörer*innen? Werden Fachbegriffe erklärt und sind die Erklärungen klar und verständlich formuliert?
	Sind die Inhalte interessant und bieten sie Neues?
Sprecher*in	Wird klar und verständlich gesprochen?
	Wie viele Sprecher*innen sind beteiligt? Sind die Stimmen gut auseinanderzuhalten?
	Passen die Stimmen zu den Figuren?
	Wechselt das Ausdrucksrepertoire des Sprechenden, so dass das Zuhören nicht langweilig wird?
	Stimmt das Tempo?
	Wird die Geschichte glaubhaft vermittelt oder klingt der Text abgelesen?
	Werden Pausen eingesetzt, um Sinneinheiten zu gliedern?
Geräusche & Musik	Verdeutlichen die Geräusche Gesagtes?
	Schafft die Musik Atmosphäre? Werden durch die Musik sinnvoll Akzente gesetzt?
	Werden Geräusche und Musik dosiert eingesetzt oder überlagert die Geräuschkulisse das Gesprochene?
	Sind die Geräusche für die Kinder zuordenbar, werden sie erklärt, wenn sie noch nicht aus dem auditiven Weltwissen der Kinder stammen?
	Gibt es auch Pausen oder Stille?

Lesungen: Lesungen sind die schlichteste Version, eine Geschichte zu Gehör zu bringen. Ein*e Sprecher*in liest vor, ohne Musik und Geräusche (Becker, 2016).
Was ist los vor meiner Tür? (3CD) (Deutsch) Audio CD – Lesung *70 Tricks, um nicht baden zu gehen* (2 CD) – Lesung

Hörspiele und andere Inszenierungen: Hörspiele sind künstlerisch ausgestaltete Lesungen mit Musik, Klängen und Geräuschen. Die verschiedenen Figuren einer Erzählung werden von unterschiedlichen Stimmen gesprochen, ähnlich einer Theateraufführung (Becker, 2016).
„Atmende Bücher" Cornelia Funke: *Drachenreiter – die Feder eines Greifs*
Kuhlmann: *Lindbergh – die Abenteuer einer fliegenden Maus*

Sachtexte hören: Hier kann sich der*die Hörende nicht nur der Stimme der Geschichte hingeben, da er*sie sich auf die Informationen konzentrieren muss. Mit einem konkret ausformulierten Hörauftrag gelingt es leichter, konzentriert den Hörtexten zu folgen (Becker, 2016).
Ich weiß was (Albert E) – Dauer ca. 10 Minuten
Abenteuer – Maja Nielsen
Wieso? Weshalb? Warum? Eine Reihe zu verschiedenen Sachthemen. Jumbo Neue Medien & Verlag.
Frag doch mal die Maus. Europa.

Podcasts: Podcasts können sehr gut als Alternative von Kindersuchmaschinen eingesetzt werden. Hörtexte grenzen die Suche ein und sind nicht auf die Lesekompetenz der Schüler*innen ausgerichtet. Auch entgehen Lehrpersonen bei dieser Möglichkeit dem freien Bewegen im Internet. Angebote der öffentlich-rechtlichen Rundfunkanstalten mit ihren unterschiedlichen Wissensformaten für jede Alterstufe bieten eine gute Alternative, um die konzentrierte Informationsentnahme zu trainieren.

Kinder können durch mehrfaches Anhören der Texte bzw. das Drücken der Stopptaste mit Tablet oder Smartphone das eigene Rezeptionstempo mitbestimmen. Auch die Frage, ob die Hörtexte verlässlich bzw. qualitätvoll sind, müssen die Kinder nicht selbst entscheiden.
WDR: KiRaKa (z. B Rubrik Entdecken)
NDR: Mikado (z. B. Rubrik Mikado macht schlau)
Ö1: Kinderuni (z. B. Rubrik Zufall oder Strategie)
BR: Radiomikro (z. B. Rubrik Lachlabor)

Beim Einsatz von Podcasts sollte man beachten, dass man mit kürzeren Beiträgen beginnt, die auf Entscheidungsfragen bzw. W-Fragen Antwort geben. Der Einstieg fällt auch leichter, wenn man die Beiträge mit der gesamten Klasse anhört, aber beispielsweise differenzierte Aufgaben (leicht/mittel/schwer) stellt. Vermutungen anstellen (Auf welche Frage will ich eine Antwort wissen? Welche Vermutungen habe ich dazu?) helfen, den Arbeitsauftrag zu lösen (Pissarek, 2020).

Lyrische Texte, Gedichte: Gedichte eignen sich sehr gut, um Emotionen deutlich zu machen. Auch sprachlich unsichere Kinder können identifizieren, welche Sprechweise (ängstlich, laut, wütend, hektisch, ruhig …) gewählt wurde. Die Kinder üben durch unterschiedliches Vortragen verschiedene Sprechweisen ein und zudem bewusst und aufmerksam zuzuhören (Pissarek, 2016).

5.4.8 Ergebnisse: Einsatz von Hörtexten in den unterschiedlichen Klassenstufen der Volksschule

In einer weiteren Frage haben wir spezifisch nach dem Einsatz von Hörtexten gefragt. Wir wollten wissen **„In welchen Jahrgangsstufen setzen Sie Hörtexte ein?"**. Abbildung 6 zeigt die Häufigkeit des Einsatzes von Hörtexten in den entsprechenden vier Schulstufen der Volksschule.

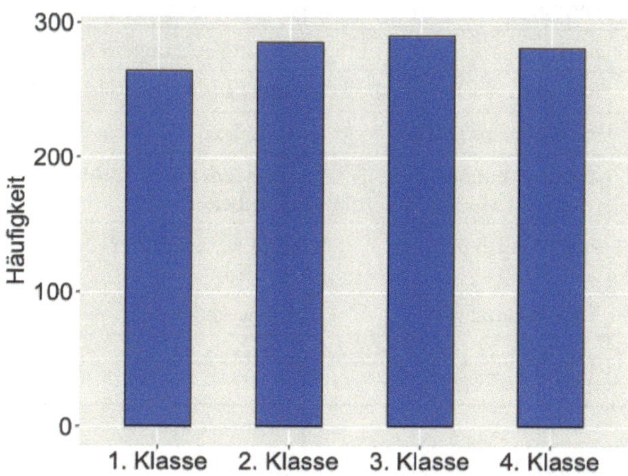

Abbildung 7: Häufigkeit des Einsatzes von Hörtexten in den Schulstufen. Quelle: eigene Darstellung.

Von den insgesamt 361 Lehrpersonen geben 264 an, Hörtexte in der 1. Klasse einzusetzen, 285 tun dies in der 2. Klasse, 290 in der 3. Klasse und 281 in der 4. Klasse. Es haben sich in unseren statistischen Vergleichen keine signifikanten Unterschiede zwischen den Angaben zu Häufigkeiten des Einsatzes von Hörtexten in den Klassenstufen gezeigt.

Anzumerken ist, dass von einem rotierenden System auszugehen ist, d.h., dass eine Lehrperson eine 1. Klasse übernimmt und bis zur 4. Klasse als Klassenvorstand begleitet, insbesondere für das Fach Deutsch. Dementsprechend kann daraus gefolgert werden, dass sehr viele, aber nicht alle Lehrpersonen in den jeweiligen Schulstufen mit Hörtexten arbeiten.

Unterschiedliche Schwierigkeit von Hörtexten

Es ist besonders wichtig, dass die Lehrperson bei der Arbeit mit Hörtexten im Unterricht im Vorhinein über dessen sprachliche und auditive Komplexität entscheidet. Hierfür kommen sehr viele Faktoren in Frage, die in der folgenden Tabelle zusammengetragen wurden:

Tabelle 13: Kriterien zur Bestimmung der Schwierigkeit eines Hörtextes (angelehnt an Buck, 2001)

	leichter Hörtext	**schwieriger Hörtext**
Sprechtempo	langsam	schnell
Pausen	häufig, länger	selten, kurz
Aussprache, Dialekt	vertraut	wenig vertraut
Betonung	natürlich	unnatürlich, ungewohnt
Wortschatz	bekannt	unbekannt
Grammatik	schlicht, verständlich	komplex
Satzstruktur	linear verbunden	ineinander verschachtelt, eingebettet
Inhalt, Gedanken	ausdrücklich benannt	implizit, müssen erschlossen werden
Wiederholungen	hohe Redundanz	wenig Redundanz
Textstruktur	deutlich linear bzw. zeitliche Abfolge	nicht linear
Thema des Textes	vertraut	nicht vertraut
verschiedene Dinge/Personen im Text	wenige, klar zu unterscheiden	viele, schlecht zu unterscheiden
Inhalt des Textes	konkret	abstrakt

Wichtig ist, dass man die Kinder dort abholt, wo sie sich wohl fühlen. Daher sollten das Thema und die Inhalte des Hörtextes bereits bekannt sein bzw. vorbereitet werden. Das Sprechtempo spielt ebenso eine wichtige Rolle, da dieses nicht, wie beim Vorlesen durch die Lehrperson, angepasst werden kann. Eine gute Möglichkeit ist hierbei auch das simultane Hören und Lesen eines Hörtextes (siehe Kapitel 4.4.2).

5.4.9 Zum Schluss noch ein paar Tipps: Hörspiele, Hörbücher und Hörtexte

https://magazin.oebv.at/spannende-hoerbuecher-fuer-kinder/

https://www.oebv.at/corona-vs-multimedia
Verschiedene Zeitschriften von JungÖsterreich (Spatzenpost, Lux, TOPIC, JÖ) und vom Buchklub (Mein Express / Meine Welt) gibt es jetzt mit Audio-Dateien.

https://vs-material.wegerer.at/deutsch/d_lautschule.htm
Hörbeiträge und Lieder OEBV

Abbildungsverzeichnis

Tabellenverzeichnis

Literatur

Akbulut, M. (2020). Sprachliche und allgemein kognitive Anforderungen des Sprachvergleichs – eine Aufgabenanalyse. *Zeitschrift für Fremdsprachenforschung, 31*, 235–262.

Aliakbari, A. (2008). Input beim Zweitspracherwerb. *Pazhuhesh-e Zabanha-ye Khareji, Special Issue, 48*, 93–105.

Allgemeine Unfallversicherungsanstalt (AUVA) (2018). *Mux Mäuschen still. Lärmprävention im Kindergarten.* Abgerufen von https://www.auva.at/cdscontent/load?contentid=10008.735719&version=1589988530

Araújo, V. L. S. (2008). The educational use of subtitled films in EFL teaching. In J.D. Cintas (Hrsg.). *The didactics of audiovisual translation* (S. 227–238). John Benjamins.

Arnu, D., & Ulrich, S. (2006). *Besser zuhören: Übungen und Hintergrundwissen zur Förderung der Zuhörfähigkeit.* Eigenverlag.

Asano, Y. (2018). Zugehört, wahrgenommen, aber nicht behalten: Zur auditiven Arbeitsgedächtniskapazität bei Mutter- und Fremdsprachlern. In M. Zorn & U. Lenker (Hrsg.), *(Zu-)Hören Interdisziplinär* (S. 105–118). Allitera.

Asher, J.J. (1969). The Total Physical Response Approach to Second Language Learning. *The Modern Language Journal, 53*, 3–17.

Baddeley, A. D. (2000). *Working memory* (2. Aufl.). Oxford University Press.

Bazhin, A. (2017). *Lernen lernen in Studium & Weiterbildung. Schlüsselkompetenzen und Lernmethoden für den persönlichen Erfolg.* Schäffer-Poeschel.

Becker, S. (2016). Sammelrezension. Ohrwürmer und Hörschätze. *Grundschule Deutsch, 2*, 46–48.

Behrens, U. (2010). Aspekte eines Kompetenzmodells zum Zuhören und Möglichkeiten einer Testung. In V. Bernius, & M. Imhof (Hrsg.). *Zuhörkompetenz in Unterricht und Schule: Beiträge aus Wissenschaft und Praxis* (Bd. 8) (S. 31–50). Vandenhoeck & Ruprecht.

Behrens, U., Böhme, K., & Krelle, M. (2009). Zuhören – Operationalisierung und fachdidaktische Implikation. In A. Bremerich-Vos, D. Granzer, M. van den Heuvel-Panhuizen, O. Köller, & G. Walther (Hrsg.), *Evaluation der Bildungsstandards Deutsch und Mathematik* (S. 357–375). Beltz.

Behrens, U., & Eriksson, B. (2009). Zuhören ist Gold. Der Kompetenzbereich „Sprechen und Zuhören". *Grundschule, 5*, 10–13.

Behrens, U., & Krelle, M. (2014). Hörverstehen – Ein Forschungsüberblick. *Didaktik Deutsch: Halbjahresschrift für die Didaktik der deutschen Sprache und Literatur, 20*(36), 86–107.

Behrens, U., & Weirich, S. (2016). It takes a whole village… Interdisziplinäre Perspektiven bei der Entwicklung eines Testverfahrens zum Zuhören. In I. Winkler & F. Schmidt (Hrsg.), *Interdisziplinäre Forschung in der Deutschdidaktik. „Fremde Schwestern" im Dialog* (S. 133–152). Peter Lang.

Belgrad, J., Schünemann, R., & Schupp, B. (2011). Möglichkeiten zur basalen Leseförderung durch Vorlesen. *ALFA-Forum, 79,* 12–14.

Bellet, S., & Festman, J. (im Druck). Die Nutzung individueller innerer Mehrsprachigkeit im Unterricht – ein Dilemma für Lehramtsstudierende zwischen Dialekt und Bildungssprache? *Zeitschrift für Interkulturellen Fremdsprachenunterricht*, Sonderheft Mehrsprachigkeit – konkret, hrsg. von M. Langner.

Berg, M. (2019). Gesprächsregeln im Unterricht. *Fördermagazin Grundschule, 3,* 10–18.

Berkemeier, A., & Spiegel, C. (2014). In der Schule Gesprächsfähigkeit fordern und fördern: Moderieren–Argumentieren–Zuhören. In E. Grundler & C. Spiegel (Hrsg.), *Konzeptionen des Mündlichen – Wissenschaftliche Perspektiven und didaktische Konsequenzen. Mündlichkeit, Band 3.* (S. 120–142). Hep-verlag.

Bernius, V., & Gilles, M. (2004). *Hörspaß. Über Hörclubs an Grundschulen.* Vandenhoeck & Ruprecht.

Bernius, V., & Imhof, M. (Hrsg.). (2010). *Zuhörkompetenz in Unterricht und Schule: Beiträge aus Wissenschaft und Praxis* (Bd. 8). Vandenhoeck & Ruprecht.

Bildung, B. F. P. (2018, 14. Mai). *Philosophieren mit Kindern | bpb.* Abgerufen von https://www.bpb.de/228237/philosophieren-mit-kindern

Binder, S., Hagen, M., & Kahlert, J. (2007). *GanzOhrSein – ein fächerübergreifendes Grundschulprojekt.* Westermann.

Böckelmann, A. (2002). *Hörspiele für Kinder. Kinderliteratur als Vorlage für Hörspiele – Ottfried Preußler als Autor – Bewertungskriterien.* Athena.

Brehm, R. M. (2014). *Handicap: Lesen und Schreiben? Geben Sie niemals auf! Die Chancen phonetisch-phonologischer Strategien.* Springer Spektrum.

Brinitzer, M., Hantschel, H.-J., Kroemer, S., Möller-Frorath, M., & Ros, L. (2016). *DaF unterrichten. Basiswissen Didaktik – Deutsch als Fremd- und Zweitsprache.* Klett.

Brosig, M. (2012). *Steigern Audioelemente in Kindersachbüchern die Merkfähigkeit der Kinder? Eine Untersuchung eines Ting-Buches mit Kindern im Alter von vier bis sechs Jahren.* Stuttgarter Beiträge zur Verlagswirtschaft 10.

Buck, G. (2001). *Assessing Listening.* Cambridge University Press.

Bundesinstitut für Bildungsforschung, Innovation & Entwicklung (BIFIE). (2015). *Themenheft für den Kompetenzbereich „Hören, Sprechen und Miteinander-Reden“* (2. Aufl.). Leykam.

Bundesministerium für Bildung (BMB). (2017). *Auditive Verarbeitungs- und Wahrnehmungsstörungen (AVWS). Hören und doch nicht verstehen.* Bundesministerium für Bildung, Sonderpädagogik/Inklusive Pädagogik. Abgerufen von https://www.google.com/url?sa=t&rct=j&q=&esrc=s&source=web&cd=&ved=2ahUKEwj6x9GOrP_uAhVGC-wKHQheAZAQFjACegQIBhAD&url=https%3A%2F%2Fwww.bildung-noe.gv.at%2Fdam%2Fjcr%3Aabaa448d-e6e8-405f-9b51-f28cedd8583a%2FAuditive%2520Verarbeitungs-%2520und%2520Wahrnehmungsst%25C3%25B6rungen%2520(AVWS).pdf&usg=AOvVaw23myNhj6w-DWxmBdnuLB3N4

Buneß, J. (2018). *Die 50 besten Hör-Spiele*. Don Bosco Medien GmbH.

Busch, A., & Stenschke O. (2014). *Germanistische Linguistik. Eine Einführung*. Narr Francke Attempto Verlag.

Carle, E. (2008). *Von Kopf bis Fuß* (9. Aufl.). Gerstenberg.

Carnevale, C. (2019). *Lernen erfolgt mit und durch Sprache*. Bundesministerium für Bildung, Wissenschaft und Forschung. Abgerufen von http://www.literacy.at/forschung/sprachsensibler-unterricht

Claussen, C. (2010). Erzählen lernen in der Grundschule. Vorschläge für das Erzählenlernen in der Sekundarstufe. In C. Claussen & V. Merkelbach, *Erzählwerkstatt. Mündliches Erzählen* (S. 35–82). Westermann.

Collazo, J. (2014). Migrationsliteratur hören, sprechen und erleben – Hörspielproduktion im DaF-Unterricht. In N. Bernstein & C. Lerchner (Hrsg.), *Ästhetisches Lernen im DaF-/DaZ-Unterricht* (S. 35). Universitätsverlag Göttingen.

Cortes, S. (2013). *Hörbücher im Deutsch-als-Fremdsprache-Unterricht* [Diplomarbeit]. Universität Wien. Abgerufen von https://docplayer.org/13700386-Diplomarbeit-titel-der-diplomarbeit-hoerbuecher-im-deutsch-als-fremdsprache-unterricht-verfasserin-sonja-valencia-cortes.html

Danan, M. (2004). Captioning and Subtitling: Undervalued Language Learning Strategies. *Meta: journal des traducteurs / Meta: Translators' Journal, 49*(1), 67–77.

Davis, M. H., Johnsrude, I. S., Hervais-Adelman, A., Taylor, K., & McGettigan, C. (2005). Lexical information drives perceptual learning of distorted speech: evidence from the comprehension of noise-vocoded sentences. *Journal of Experimental Psychology: General, 134*(2), 222.

DaZ-Portal (2021). *Lernbereich „Hörverstehen"*. Abgerufen von https://www.daz-portal.be/material/h%C3%B6rverstehen

Deutsche Gesellschaft für Phoniatrie und Pädaudiologie. (2019). *S1-Leitlinie 2019. Auditive Verarbeitungs- und Wahrnehmungsstörungen (AVWS) (AWMF-Register-Nr. 049-012)*. AWMF online. Abgerufen von https://www.awmf.org/uploads/tx_szleitlinien/049-012l_S1_Auditive-Verarbeitungs-Wahrnehmungsstoerungen-AVWS_2020-01.pdf

Dietrich, R. (2007). *Psycholinguistik* (2. Aufl.). J.B. Metzler.

Draxler-Zenz, T. (2018). *Wohlfühlgeschichten, mit Audio-CD. 30 Fantasiereisen mit Mutmach-Karten und CD*. Don Bosco.

Drews, S. (2007). *ZEBRA. Arbeitsheft Sprachförderung und DaZ*. Oebv.

Droll, H. & Staiger, M. (2015). Vorlesen! Mitlesen. Selbst lesen? Erkundungen zum lesedidaktischen Potenzial von digitalen Audiostiften. *kjl&m – forschung.schule.bibliothek, 67*(1), 79–87.

Dube, J. (2020). Digitales mehrsprachiges Lernen bei neu zugewanderten Schülerinnen und Schüler der Grundschule. *MedienPädagogik: Zeitschrift für Theorie und Praxis der Medienbildung*, 44–67.

Eckhardt, A.G. (2017). Hörverstehen in der Zweitsprache Deutsch. In B. Ahrenholz, & I. Oomen-Welke (Hrsg.), *Deutsch als Zweitsprache* (4. vollst. überarb. und erw. Aufl.) (S. 327–340). Schneider Verlag Hohengehren.

Eiberger, A., & Hildebrandt H. (2013). *Lehrersprache im Grundschulunterricht. Trainingsbausteine für eine wirksame verbale und nonverbale Kommunikation*. Persen Verlag in der AAP Lehrerwelt.

Erkert, A. (2011). *Inseln der Entspannung – Kinder kommen zur Ruhe mit 77 phantasievollen Entspannungsspielen* (8. Aufl.). Ökotopia.

Festman, J. (2021). *Deutsch lehren und lernen – diversitätssensible Vermittlung und Förderung*. Waxmann.

Festman, J., Gerth, S., Reiter, C., & Alber, E. (2020). *Lesen in der Primarstufe. Theorie und Praxis für Leseerwerb und Leseunterricht*. Waxmann.

Fimmen, M., Fischer, D., & Lenze, A. (2019). *Gemeinsam starten. Hören und Zuhören*. Finken.

Fischer, D., & Kellner, C. (o.J.a). *Komm zu Wort! 1 -Hör-Bilder-Buch. Deutsch für Kinder nicht-deutscher Muttersprache und Flüchtlingskinder*. Finken.

Fischer, D., & Kellner, C. (o.J.b). *Komm zu Wort! 2 -Hör-Bilder-Buch. Deutsch für Kinder nicht-deutscher Muttersprache und Flüchtlingskinder*. Finken.

Fölling-Albers (2017). Auf das Hören ist kein Verlass. Über Fehler und Irrtümer beim Schriftspracherwerb und seiner Didaktik. In K. Siekmann, I. Corvacho del Toro, & R. Hoffmann-Erz (Hrsg.), *Schriftsprachliche Kompetenzen in Theorie und Praxis: Festschrift für Günther Thomé* (S. 205–214). Stauffenberg.

Forster, M., Martschinke, S., & Frank, A. (2001). *Leichter lesen und schreiben lernen mit der Hexe Susi: Übungen und Spiele zur Förderung der phonologischen Bewusstheit*. L. Auer.

Frick, P., & Pepelnik, M. (2012). *Deutsch 2. Arbeitsheft. Sprachförderung und DaZ*. Oebv.

Frick, P., & Pepelnik, M. (2012). *Deutsch 3. Arbeitsheft. Sprachförderung und DaZ*. Oebv.

Frick, P., & Pepelnik, M. (2013). *Deutsch 4. Arbeitsheft. Sprachförderung und DaZ*. Oebv.

Gailberger, S. (2011). *Lesen durch Hören. Leseförderung in der Sek. I. Mit Hörbüchern und neuen Lesestrategien. Mit Kopiervorlagen und Hörbuch „Paranoid Park" auf CD-Rom*. Beltz.

Gehring, W. (2018). *Fremdsprache Deutsch unterrichten. Kompetenzorientierte Methodik DaF und DaZ*. Julius Klinkhardt.

Geissner, H.K. (2006). Sprechen-Hören-Lesen. In R. Wagner, A. Brunner & S. Voigt-Zimmermann (Hrsg.), *hören – lesen – sprechen* (S. 35–47). Ernst Reinhardt.

Geist, B. & Krafft, A. (2019). *Deutsch als Zweitsprache* (2., aktual. Aufl.). Narr/francke/attempo.

Gerth S. & Oberhauser C. (2020). Untertitel in Lehrfilmen im Unterricht braucht man nicht – oder doch? In M. L. Kieberl & S. Schallert (Hrsg.), *Hochschulen im digitalen (Klima)Wandel – Tagungsband zur 3. Online-Tagung Hochschule digital.innovativ #digiPH3* (S. 59–64). E. Weber Verlag.

Glaser, K. (2018). Digitaler Mehrwert im Englischunterricht der Grundschule – Wortschatzerwerb mit dem TING-Hörstift. In B. Brandt, & H. Dausend (Hrsg.), *Digitales Lernen in der Grundschule* (S. 151–178). Waxmann.

Göthe, A. (2018). *Rituale in der Grundschule. Einsatzmöglichkeiten und Chancen.* GRIN Verlag.

Greiten, K., Graf, D., & Wieder, B. (2020). Audiostifte – Potenziale und Ideen für den Einsatz im Unterricht. *Die Grundschulzeitschrift, 322,* 15–18.

Grzelachowski, L. C. (2019). *Methodensammlung zur Arbeit mit Hörtexten.* Beltz.

Gschwend, R. (2014). Zuhören und Hörverstehen – Aspekte, Ziele und Kompetenzen. In E. Grundler, & C. Spiegel (Hrsg.), *Konzeptionen des Mündlichen – Wissenschaftliche Perspektiven und didaktische Konsequenzen* (S. 143–160). hep verlag.

Gutzmann, M., Nodari, C., Landesinstitut für Schule und Medien Berlin-Brandenburg, & Pols, R. (2019). *Deutsch als Zweitsprache.* Landesinstitut für Schule und Medien Berlin-Brandenburg (LISUM).

Hackbarth, Y. (2017). Was ist los in der Welt? – Anregungen zum Einsatz von Kindernachrichten. *Praxis Grundschule, 4,* 24–25.

Hagen, M. (2008). *Förderung des Zuhörens in der Schule – Ansatz und Ergebnisse des Projektes „GanzOhrSein".* Abgerufen von http://docplayer.org/24268211-Foerderung-des-zuhoerens-in-der-schule-ansatz-und-ergebnisse-des-projektes-ganzohrsein.html

Hagen, M., & Huber, L. (2010). Wie kann Zuhören gefördert werden? Ansatz und Erfahrungen aus Schulen und Kindergärten. In V. Bernius, & M. Imhof (Hrsg.), *Zuhörkompetenz in Unterricht und Schule. Beiträge aus Wissenschaft und Praxis* (S. 183–203). Vandenhoeck & Ruprecht.

Hagenauer, S., & Bundesinstitut für Bildungsforschung, I. E. Ö. S. S. (2015). *Themenheft für den Kompetenzbereich „Hören, Sprechen und Miteinander-Reden".* Leykam.

Hannken-Illjes, K., Schlücker, B., & Dehé, N. (2016). Literatur lieber hören? Zum Einfluss des Hörens auf die Rezeptionsmotivation bei literarischen Texten im Deutschunterricht. In S. Bung & J. Schrödl (Hrsg.), *Phänomen Hörbuch. Interdisziplinäre Perspektiven und medialer Wandel* (S. 153–172). Transcript.

Hasselhorn, M., & Schneider, W. (2012). Vorschule. In W. Schneider & U. Lindenberger (Hrsg.), *Entwicklungspsychologie* (7., vollst. überarb. Aufl.) (S. 593–604). Beltz.

Hattendorf, E., & Hoppe, I. (2008). Ein Kinderbuch, „Lesende Ohren" und ein Zuhörheft. *Grundschulunterricht Deutsch, 1,* 23–26.

Hesse, H. G., Göbel, K., & Hartig, J. (2008). Sprachliche Kompetenzen von mehrsprachigen Jugendlichen und Jugendlichen nicht-deutscher Erstsprache. In E. Klieme (Hrsg.), *Unterricht und Kompetenzerwerb in Deutsch und Englisch. Ergebnisse der DESI-Studie* (S. 208–230). Beltz.

Heudecker, S. (2006). Hörbücher – Annäherung an ein Medium und seine Didaktik. In R. Wagner, A. Brunner & S. Voigt-Zimmermann (Hrsg.), *hören – lesen – sprechen* (S. 81–91). Ernst Reinhardt.

Hirschfeld, C., & Lassek, M. (2000). *Mit Mirola durch den Zauberwald. Beobachtungsverfahren für den Schulanfang.* Finken.

Hirschfeld, C., & Lassek, M. (2008). *Mit Mirola durch den Zauberwald. Beobachtungsverfahren zum Erfassen der Lernvoraussetzungen von Schulanfängern im Rahmen einer Gruppenbeobachtung.* Finken.

Höhle, B. (2012). Sprachwahrnehmung. In B. Höhle (Hrsg.), *Psycholinguistik* (2. Aufl.) (S. 39–52). Akademie Verlag.

Honnef-Becker, I., & Kühn, P. (2019). *Sprechen und Zuhören im Deutschunterricht: Bildungsstandards – Didaktik – Unterrichtsbeispiele.* Narr Francke Attempto Verlag.

Hurrelmann, B., Hammer, M., & Nieß, F. (1993). *Lesesozialisation. Bd. 1: Leseklima in der Familie.* Bertelsmann.

Hüttis-Graff, P. (2008). Vom Hören zum Lesen – Literarisches Lernen mit Lese-Hör-Kisten. In P. Wieler (Hrsg.) *Medien als Erzählanlass. Wie lernen Kinder im Umgang mit alten und neuen Medien?* (S. 105–123). Fillibach.

Imhof, M. (2010). Zuhören lernen und lehren. Psychologische Grundlagen zur Beschreibung und Förderung von Zuhörkompetenzen in Schule und Unterricht. In V. Bernius & M. Imhof (Hrsg.), *Zuhörkompetenz in Unterricht und Schule. Beiträge aus Wissenschaft und Praxis* (S. 15–30). Vandenhoeck & Ruprecht.

Imhof, M. (2013). Zuhören als Voraussetzung und Ergebnis von Unterricht: Einstellungen von Lehrerinnen und Lehrern zum Zuhören im Unterricht. In B. Eriksson, M. Luginbühl & N. Tuor (Hrsg.) *Sprechen und Zuhören – gefragte Kompetenzen? Überzeugungen zur Mündlichkeit in Schule und Beruf* (S. 63–84). Hep-Verlag.

Imhof, M. (2016). Schlüsselkompetenz Zuhören. *Grundschule Deutsch, 52, 10*–13.

Institut für Bildungsanalysen Baden-Württemberg (IBBW) (2021). *Selbstorganisiertes Lernen (SOL).* Landesbildungsserver Baden-Württemberg. Abgerufen von https://www.schule-bw.de/themen-und-impulse/individuelles-lernen-und-individuelle-foerderung/berufliche-schulen/massnahmen/index-1.html

Institut zur Qualitätsentwicklung im Bildungswesen (IQB). (2013). *Didaktische Erläuterungen zum Bereich Deutsch Zuhören in den Vergleichsarbeiten in der 3. Jahrgangsstufe (VERA-3).* Abgerufen von https://www.iqb.hu-berlin.de/vera/aufgaben/dep

Jeuk, S. (2016). Hören in mehrsprachigen Lerngruppen. *Grundschule Deutsch, 52,* 20–23.

Jochum, I. (2021). *Elektronisch unterstützte Kommunikation im Pflichtschulbereich – Analyse der Einsatzmöglichkeiten einer Toniebox in der ausgewählten schulischen Aktivität Morgenkreis.* [Masterarbeit] Pädagogische Hochschule Tirol.

Käser-Leisibach, U., & Zingg-Stamm, C. (2016). Hörkompetenzen sichtbar machen. *Grundschule Deutsch, 52,* 7–9.

Kannengieser, S. (2015). *Sprachentwicklungsstörungen. Grundlagen, Diagnostik und Therapie* (3. Aufl.). Elsevier Urban & Fischer.

Ketter, T. (2019). Praxismaterialien für den Klassenrat an Grundschulen. *mateneen – Praxishefte Demokratische Schulkultur, 02*, 20–23. https://doi.org/10.25353/ubtr-made-be1b-d1d6

Killgus, O. (2015). *1. Hören*. Abgerufen von https://daz.alp.dillingen.de/index.php/grundlagen/wie-koennen-wir-die-schueler-unterrichten/54-hoeren

Klinglmair, A. (2008). *Zur Rolle des Hörens im Deutsch als Zweitspracheunterricht. Analyse von Hörmaterial ausgewählter Lehrwerke im Hinblick auf ihren Einsatz im Unterricht erwachsener MigrantInnen* [Diplomarbeit]. Universität Wien.

Koeppel R. (2013). *Deutsch als Fremdsprache – Spracherwerblich reflektierte Unterrichtspraxis*. Schneider Verlag Hohengehren.

Komm zu Wort! Kiga und Vorschule – Hör-Bilder-Buch für Seiteneinsteier und DaZ-Kinder (o.J.). Finken.

Kortmann, S. (o.J.). *Komm zu Wort! Mathe – Hör-Bilder-Buch. Für Seiteneinsteiger und DaZ-Kinder.* Finken.

Krejtz, I., Szarkowska, A., Krejtz, K., Walczak, A., & Duchowski, A. (2012). Audio description as an aural guide of children's visual attention: evidence from an eye-tracking study. *Proceedings of the symposium on eye tracking research and applications*, 99–106.

Krelle M. (2011). Zuhördidaktik. Anmerkungen zur Förderung rezeptiver Fähigkeiten des mündlichen Sprachgebrauchs im Deutschunterricht. In V. Bernius & M. Imhof (Hrsg.), *Zuhörkompetenz in Unterricht und Schule. Beiträge aus Wissenschaft und Praxis* (S. 51–68). Vandenhoeck & Ruprecht.

Krelle, M. (2016). Dem Fahrraddieb auf der Spur. Mit Ratekrimis Zuhörkompetenzen erwerben. *Grundschule Deutsch, 52*, 38–40.

Krempin, M., & Mehler, K. (2017). *Leitfaden Sprachförderung in der heterogenen Grundschule.* Beltz.

Kuhl, T. (2020). *Rechtschreibung in der Grundschule. Eine empirische Untersuchung der Auswirkungen verschiedener Unterrichtsmethoden.* Springer.

Küspert, P., & Schneider, W. (2008). *Hören, lauschen, lernen – Anleitung: Sprachspiele für Kinder im Vorschulalter – Würzburger Trainingsprogramm zur Vorbereitung auf den Erwerb der Schriftsprache.* Vandenhoeck & Ruprecht.

Lang, C. (2020). Hörst du zu? Zuhören im Gespräch. *Fördermagazin Grundschule, 2*, 25–29.

Lehner, M. (2019). *Didaktik*. Haupt.

Littwin, G. (2018). Auf dem Weg zu einer Didaktik des Vorlesens. Zur Lernbarkeit prosodiebezogener Sprech- und Lesefähigkeiten. *Leseräume – Zeitschrift für Literalität in Schule und Forschung, 5*, 59–81.

Martschinke, S., Kirschhock, E., & Frank, A. (2001). *Diagnose und Förderung im Schriftspracherwerb, neue Rechtschreibung, 2 Bde., Bd.1, Der Rundgang durch Hörhausen*. Auer.

Martschinke, S., Kirschhock, E. M., Frank, A., & Lindenberg, D. (2014). *Diagnose und Förderung im Schriftspracherwerb: Der Rundgang durch Hörhausen: Erhebungsverfahren zur phonologischen Bewusstheit.* Auer.

Ministerium für Bildung, Wissenschaft und Kultur des Landes Schleswig-Holstein (2018). *Curriculare Anforderungen Deutsch als Zweitsprache. Allgemeinbildende Schulen.* Kiel.

Ministerium für Schule und Weiterbildung des Landes Nordrhein-Westfalen. (2021). *Fachdidaktische Hinweise Deutsch Grundschule – Sprechen und Zuhören.* Abgerufen von https://www.schulentwicklung.nrw.de/materialdatenbank/material/view/2109

Müller, A.-K. (2021). *30 Fantasiereisen für Frühling, Sommer, Herbst und Winter. Bildkarten für Kinder von 4–10.* Don Bosco.

Müller, C., & Schiefele, C. (2018). DaZ interaktiv und digital. Produktion von mehrsprachigen Bilderbüchern mit Vorlesestiften. *Fördermagazin Grundschule*, 2, 21–25.

Müller, K. (2012). Hörtexte im Deutschunterricht. Poetische Texte hören und sprechen. In J. Baurmann & C. Kammler (Hrsg.), *Reihe Praxis Deutsch*. Kallmeyer in Verbindung mit Klett.

Niedersächsische Landesschulbehörde. (2017, Mai). *DaZ-Unterricht in der Schule.* Abgerufen von https://www.nibis.de/uploads/1heihoke/ibus/Material-171103/2017-05-02%20Handreichung%20Deutsch%20als%20Zweitsprache.pdf

Noack, C. (2016). *Phonologie.* Universitätsverlag Winter.

Oomen-Welke, I., & Rösch, H. (2018). Wissen über Sprachen erwerben – Sprachengebrauch reflektieren und respektieren. In I. Oomen-Welke & I. Dirim (Hrsg.), (S. 179–219). Fillibach bei Klett.

Pabst-Weinschenk, M. (2007). Zuhören gestalten – So sprechen, dass man gerne zuhört. *Deutsch Differenziert, 2,* 42–44 (mit Kopiervorlage und akustischen Übungsanleitungen auf CD).

Peters, F. (2020). Radio. Medium in der Grundschule. *Die Grundschulzeitschrift, 320,* 19–23.

Pfost, M., Freund, J. G., & Becker, S. (2018). Aspekte der Nutzung digitaler Lesemedien im Vorschulalter. *Frühe Bildung, 7,* 40–47.

Pissarek, M. (2016). Die Traurigkeit am Weihnachtsbaum ist völlig unverständlich. *Praxis Grundschule, 6,* 10–19.

Pissarek, M. (2020). Recherchieren mit Podcasts. *Praxis Grundschule,* 5, 26–31.

Podwika, D. (2020). Software zum Heftthema. *Praxis Grundschule,* 1, 48.

Pohlmann, S (2020). *Verstehend zuhören.* Auer.

Pospich, N. (2014). *Freies Erzählen – Präsentieren von Inhalten.* Beltz.

Priebe, B. (o.J.). *Sprachsensibler Fachunterricht – Operatoren. Box für die fächerübergreifende Sprachförderung ab dem 3. Schuljahr.* Finken. Abgerufen von https://www.sandner-lernen.at/shop/Finken-Verlag/sprachsensibler-fachunterricht-%E2%80%A2-operatoren/

Priller, J. (2020, 5. Oktober). *Die Hörspur im Unterricht – Einführung der Thematik.* Grundschul-Blog. Abgerufen von https://grundschul-blog.de/die-hoerspur-im-unterricht-rituale-und-methoden-fuer-die-einfuehrung/

Pronold-Günther, F. (2012a). Mit den Ohren lesen. Hörstrategien helfen beim Verstehen auditiver Sachtexte. *Grundschule, 9*, 18–20.

Pronold-Günther, F. (2012b). Was ist ein gutes Hörbuch? Qualitätskriterien für Hörproduktionen. *Grundschule, 9*, 16–17.

QUA-LIS NRW Schulentwicklung (2021). *Schulentwicklung NRW – Angebote – EGS – Didaktik und Methodik im EGS – Kompetenzorientierte Planung und Gestaltung des Unterrichts – TPR – Total Physical Response.* Abgerufen von https://www.schulentwicklung.nrw.de/cms/angebote/egs/didaktik-und-methodik-im-egs/kompetenzorientierte-planung-und-gestaltung-des-unterrichts/tpr-total-physical-response/

Rathmann, C., & Vach, K. (2016). Hast du das schon gehört? In Hörtexte zu Sachfragen eintauchen. *Grundschule Deutsch, 52*, 28–29.

Reichel, S. (2018). *Hörverstehen trainieren – für Zwischendurch: Mit kurzen Hörstücken & differenzierten Aufgaben sinnentnehmendes Zuhören in der Grundschule üben (2. bis 4. Klasse).* Auer Verlag i.d. AAP LFV.

Reißmann, W. (2009). Hörmedien. In B. Schorb, G. Anfang & K. Demmler (Hrsg.), *Grundbegriffe Medienpädagogik Praxis* (S. 116–118). München.

Rickheit, G., Sichelschmidt, L., & Strohner, H. (2007). *Psycholinguistik.* Stauffenberg.

Riegler, S., Laser, B., & Girshausen, B. (2015). *Sprache untersuchen 3+4.* Vpm bei Klett.

Ritterfeld, U., & Lüke, T. (2021). Audio stories as incidental language teachers: A compensatory approach for migrant and low-SES children in Germany. *Journal of Media Psychology: Theories, Methods, and Applications, 33*, 60–71.

Rodendahl, J. (2016). *Auditive Figur-Grund-Wahrnehmung. Materialien in zwei Differenzierungsstufen.* Persen.

Rogge, J.-U., & Rogge, R. (2004). Hörklassiker für Kinder. *Der Deutschunterricht*, 64–78.

Rösch, H. (2011). *Deutsch als Zweit- und Fremdsprache.* Akademie Verlag.

Rost, D., & Hartmann, A. (1992). Lesen, Hören, Verstehen. *Zeitschrift für Psychologie, 200*, 345–361.

Rubin, D.L., Hafer, T., & Arata, K. (2000). Reading and listening to oral-based versus literate-based discourse. *Communication Education, 49*, 121–133.

Schader, B. (2012), *Sprachenvielfalt als Chance. Das Handbuch. Hintergründe und 101 praktische Vorschläge für den Unterricht in mehrsprachigen Klassen.* Orell Füssli.

Schäfer, B. (2014). Der Erwerb phonologischer Bewusstheit und ihr Zusammenhang mit anderen sprachlichen Leistungen. In A. Fox-Boyer (Hrsg.), *Handbuch Spracherwerb und Sprachentwicklungsstörungen. Kindergartenphase* (S. 25–37). Elsevier Urban & Fischer.

Schlatter, K., Tucholski, Y, & Curschellas, F. (2016). *DaZ unterrichten. Ein Handbuch zur Förderung von Deutsch als Zweitsprache in den Bereichen Hörverstehen und Sprechen.* Schulverlag Plus.

Schmidt, S. (2009). *Förderung von sprachbehinderten Kindern im Unterricht anhand von Hörbüchern.* Abgerufen von https://phbl-opus.phlb.de/frontdoor/index/index/docId/242

Schnitzler, C. (2012). Phonologische Bewusstheit und Schriftspracherwerb am Schulanfang und in der Schuleingangsphase. In S. Ringmann, & J. Siegmüller (Hrsg.), *Handbuch Spracherwerb und Sprachentwicklungsstörungen: Schuleingangsphase* (S. 1–24). Elsevier Urban & Fischer.

Schönicke, J., Wirts, C., & Utz, E. (2014). *Ohren spitzen in der Krippe.* Stiftung Zuhören. Abgerufen von https://www.stiftung-zuhoeren.de/wp-content/uploads/2020/10/Brosch%C3%BCre-Ohren-Spitzen-download.pdf

Schulpsychologischer Dienst des Kantons St. Gallen. (2010). *Was ist „auditive Wahrnehmung"? Theoretische Erläuterungen und praktische Übungen.* Abgerufen von https://www.schulpsychologie-sg.ch/pic-pdf-liste-themen/Auditive-Wahrnehm-Ueb.pdf

Sénéchal, M., Ouellette, G., & Rodney, D. (2006). The misunderstood giant: On the predictive role of early vocabulary to future reading. In D.K. Dickinson & S.B. Neumann (Hrsg.), *Handbook of Early Literacy Research* (Bd. 2, S. 173–184). Guilford Press.

Sodian, B. (2012). Denken. In W. Schneider & U. Lindenberger (Hrsg.), *Entwicklungspsychologie* (7., vollst. überarb. Aufl.) (S. 385–412). Beltz.

Spiegel, C. (2009). Zuhören im Gespräch. In M. Krelle & C. Spiegel (Hrsg.), *Sprechen und Kommunizieren* (S. 189–203). Schneider Verlag Hohengehren.

Spinner, K. H. (2007). Literarisches Lernen in der Grundschule. *kjl&m (Kinder- und Jugendliteratur und Medien in Forschung, Schule und Bibliothek),* H. 07.3, 3–10.

Staatsinstitut für Schulqualität und Bildungsforschung (ISB). (2016). *Förderschwerpunkt Hören im Fokus. Lehrersprache.* Abgerufen von https://www.lehrplanplus.bayern.de/sixcms/media.php/71/GS_D_1-2_LB1.1AuditiveWahrnehmung.pdf

Staatsinstitut für Schulqualität und Bildungsforschung München. (2010). *Förderschwerpunkt Hören IM FOKUS.* Abgerufen von https://www.isb.bayern.de/download/8080/foerderschwerpunkt_hoeren_im_fokus_1.pdf

Stamm, C. Z., Käser-Leisibach, U., & Bertschin, F. (2014). *Ohrwärts: zuhören und literarisches Hörverstehen: Kompetenzerhebung mit Förderangeboten für 9- bis 10-jährige.* Lehrmittelverlag Solothurn.

Stiftung Zuhören. (2020). *Willkommen zurück. Gemeinsam lauschen, zuhören, wieder ankommen! Praxistipps für Kitas und Grundschulen im Alltag mit Corona.* Abgerufen von https://www.stiftung-zuhoeren.de/wp-content/uploads/2020/10/Stiftung-Zuh%C3%B6ren_Willkommen-zur%C3%BCck_Praxismaterial-f%C3%BCr-Kita-und-Grundschulen_September-2020.pdf

Studienkreis GmbH. (2021). *Anschaulich erzählen: Vorarbeit – Deutsch.* Abgerufen von https://www.studienkreis.de/deutsch/anschaulich-erzaehlen-vorarbeit/

Taboada, A., & Guthrie, J. T. (2006). Contributions of student questioning and prior knowledge to construction of knowledge from reading information text. *Journal of Literacy Research, 38*(1), 1-35.

Thiel, B. (2006). Kompetenzen des Zuhörens und Sprechens in Gesprächsprozessen gezielt und aufbauend trainieren. In R. Wagner, A. Brunner & S. Voigt-Zimmermann (Hrsg.), *hören – lesen – sprechen*. Ernst Reinhardt.

Topalovic, E., & Uhl, B. (2017). *Deutsch lernen: Hören – Sprechen – Lesen – Schreiben. Band 1: Basale Sprachfähigkeiten*. Westermann.

Weinert, S., & Grimm, H. (2012). Sprachentwicklung. In W. Schneider & U. Lindenberger (Hrsg.), *Entwicklungspsychologie* (7., vollst. überarb. Aufl.) (S. 433–456). Beltz.

Weirich, S., Bachinger, A., Trendtel, M., & Krelle, M. (2019). Listening comprehension tests in Germany and Austria – Research report and critical review. Contribution to a special issue on Assessing Oracy, edited by Antonia Bachinger, Anne-Grete Kaldahl and Gert Rijlaarsdam. *L1- Educational Studies in Language and Literature, 19,* 1–26. https://doi.org/10.17239/L1ESLL- 2019.19.03.05

Wendlandt, W. (2017). *Sprachstörungen im Kindesalter. Materialien zur Früherkennung und Beratung*. (8., überarbeitete und erweiterte Aufl.). Thieme.

Wermke, J. (2010). Hördidaktik und Hörästhetik. Lesen und Verstehen auditiver Texte. In V. Frederking, H.-W. Huneke, A. Krommer & C. Meier (Hrsg.) *Taschenbuch des Deutschunterrichts* (S. 182–201). Schneider Verlag Hohengehren.

Werner, M., & Sauerborn, H. (2018) *Sprachliche Operatoren im Unterricht thematisieren*. Abgerufen am 07. Mai 2021, von http://euliteracy.eu/sprachliche-operatoren-im-unterricht-thematisieren

Wiemann, B. (2009). *Wir hören was wir verstehen, aber wir verstehen nicht immer, was wir hören. Evaluation und Verbesserungsvorschläge für Hörverstehensaufgaben im Anfängerunterricht der Erwachsenenbildung* [Magisterarbeit]. Technische Universität Chemnitz.

Wild, J. (2020). Mann über Bord. Ein Krimi, der das Zuhören fördert. *Praxis Grundschule, 1*, 24–27.

Wildemann, A. (2013). *Sprachliches Lernen am Übergang von der Kita in die Grundschule*. Abgerufen von https://bildungsserver.berlin-brandenburg.de/fileadmin/bbb/schule/grundschulportal/tagungen/sprachbildung_130530/wildemann_sprachliches_lernen_am_uebergang_kita_grundschule.pdf

Wildemann, A., & Hoodgarzadeh, M. (2011). Talking Book als Lernmedium für Lernende und Lehrende. *PPP-Präsentation bei Tagung: Deutsche Gesellschaft für Lesen und Schreiben (DGLS): Lesen-und Schreibenlernen mit neuen Medien, 25*(27.11).

Wildemann, A., & Rathmann, C. (2014). *Sprachlicher Anfangsunterricht*. Finken.

Zingg Stamm, C., Käser-Leisibach, U., & Bertschin, F. (2014). *ohrwärts. Zuhören und literarisches Hörverstehen. Kompetenzerhebung mit Förderangeboten für 9- bis 10-Jährige.* Lehrmittelverlag Solothurn.

Zurich University of Teacher Education (PHZH). (2018, 31. August). *Vorübung: Gemeinsam Reihum-, Fortsetzungs- oder Kettengeschichten erzählen.* Abgerufen von https://myheritagelanguage.com/de/book/promoting-writing-first-language/introduction-low-threshold-level-writing-examples-activities-promote-motivation-2/preliminary-exercise-shared-story-telling-turns-sequels-chain-stories/